建築の仕組みが見える

Mechanism of architecture

X-Knowledge

施工がわかる木造住宅入門

著／杉浦 充

01

JN218942

物《ぶっ》件《けん》概《がい》要《よう》

今回、写真撮影を行った建物をご紹介。
狭小地でも二世帯がストレスなく住めるように、さまざまな工夫を凝らしている。

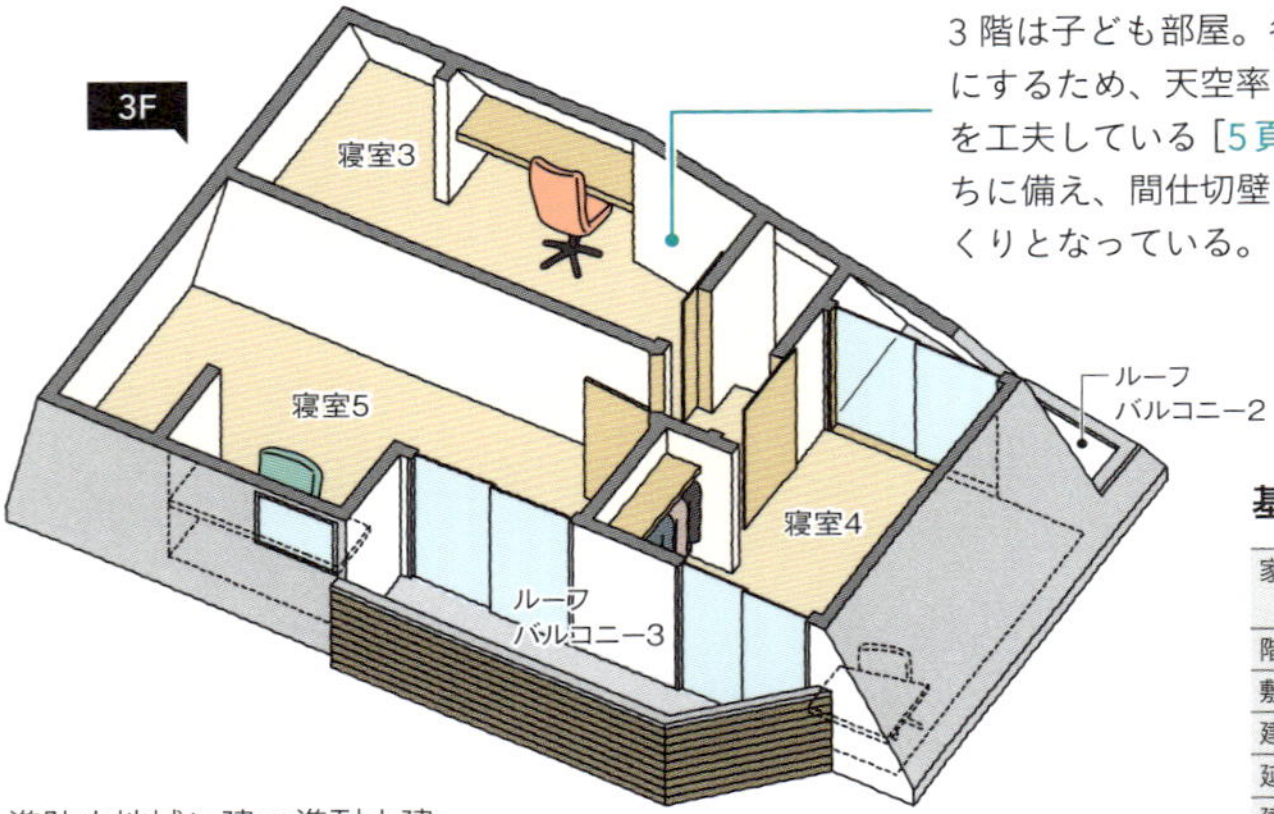

3階は子ども部屋。各部屋を平等な広さにするため、天空率を用いて屋根の形状を工夫している［5頁］。子どもの独り立ちに備え、間仕切壁は将来撤去できるつくりとなっている。

基本データ

家族構成	親世帯夫婦、 子世帯夫婦＋子ども3人
階数	地上3階
敷地面積	68.21㎡
建築面積	46.17㎡
延べ床面積	124.781㎡
建ぺい率	67.69%
容積率	158.77%
用途地域	第1種中高層住居専用地域
高度地区	45m 第2種高度地区
防火指定	準防火地域
構造	木造軸組金物工法 準耐火構造

準防火地域に建つ準耐火建築物［4頁］であるため、主要構造部を石膏ボードで被覆する必要があり、通常柱や梁を露出できない。そこで燃え代設計［※1］を活用して化粧柱を設け、準耐火建築物でも意匠性を高めている。

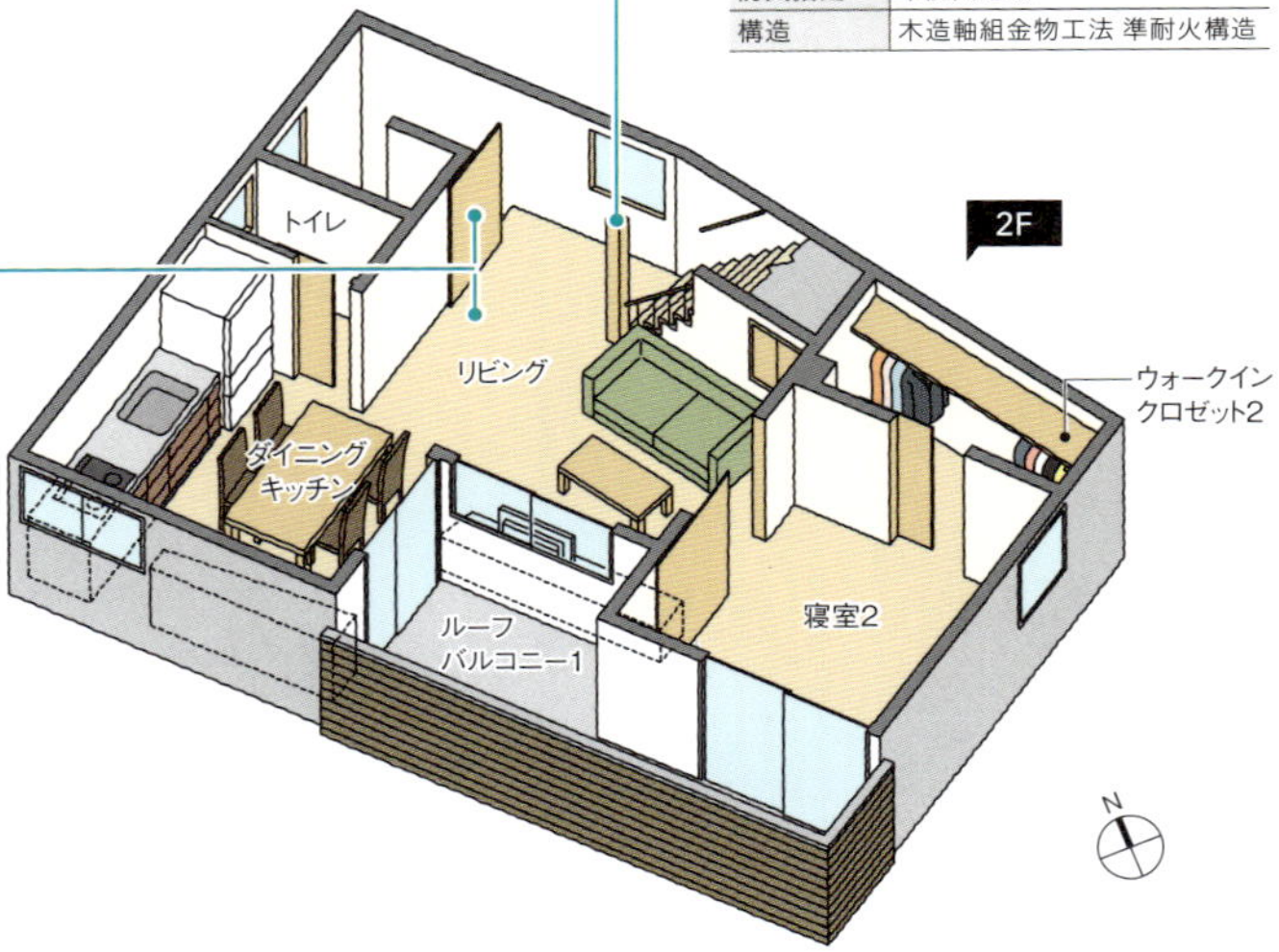

2階は子世帯の夫婦の主寝室とその家族5人の共用スペース。親世帯と空間を区分けするために、階段部分にも間仕切を設けている（避難時はバルコニーからはしご車を使う）。スペースの関係で浴室は1階に1つとした。

※1 火災で消失する木材の部分（燃え代）を想定して部材の断面寸法を考えること。表面部分が燃えても構造耐力上支障のないことを確かめる方法なので、柱が通常より太くなる

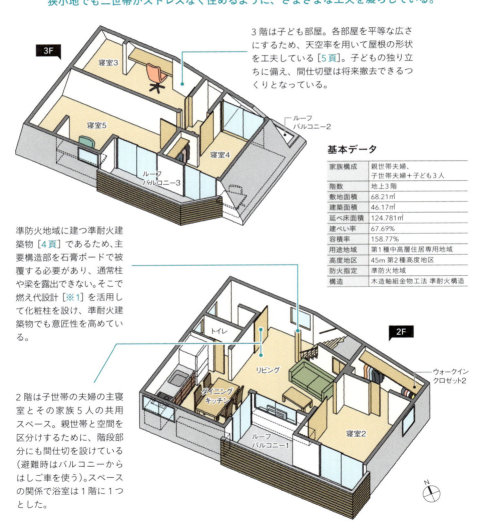

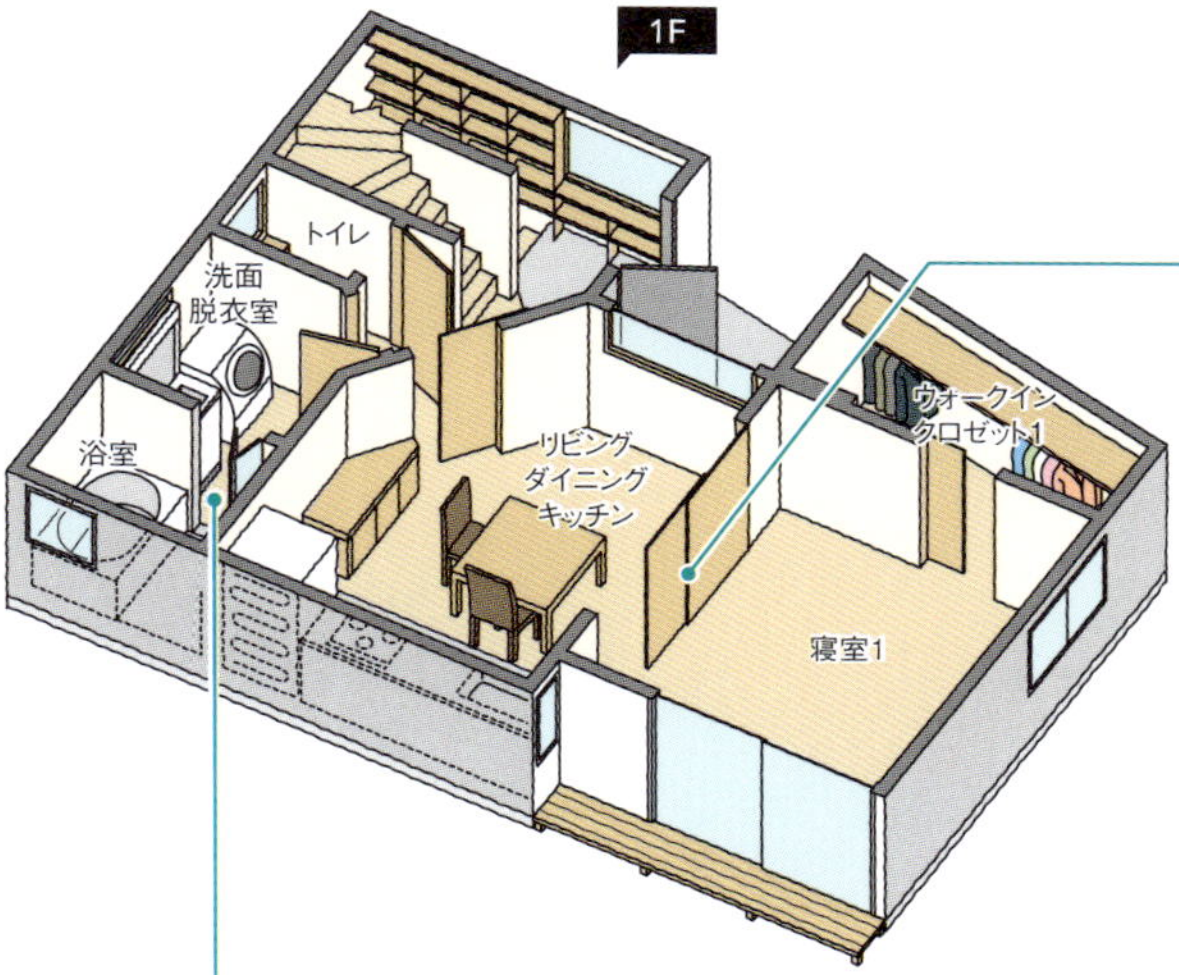

1階は親世帯の夫婦の寝室と共用スペース。寝室の間仕切は、ほぼ全面を建具としているので、戸2枚を引き込めば、開放的な空間としてフレキシブルに使える。しかし、そのぶん壁の直下率［※2］が下がってしまうため、構造計算をして耐力壁を全体的にバランスよく配置できるようにした。

高齢である親世帯は、階段を必要としない1階に配置。部屋間はもちろん、水廻りなども段差が少ないつくりにして安全性にも配慮している。

構造計算が必要な建築物は、意匠設計者だけでなく、構造設計者にも基本設計段階から相談して進めます

PICK UP! ＞ 将来撤去して駐車場として使える設計に

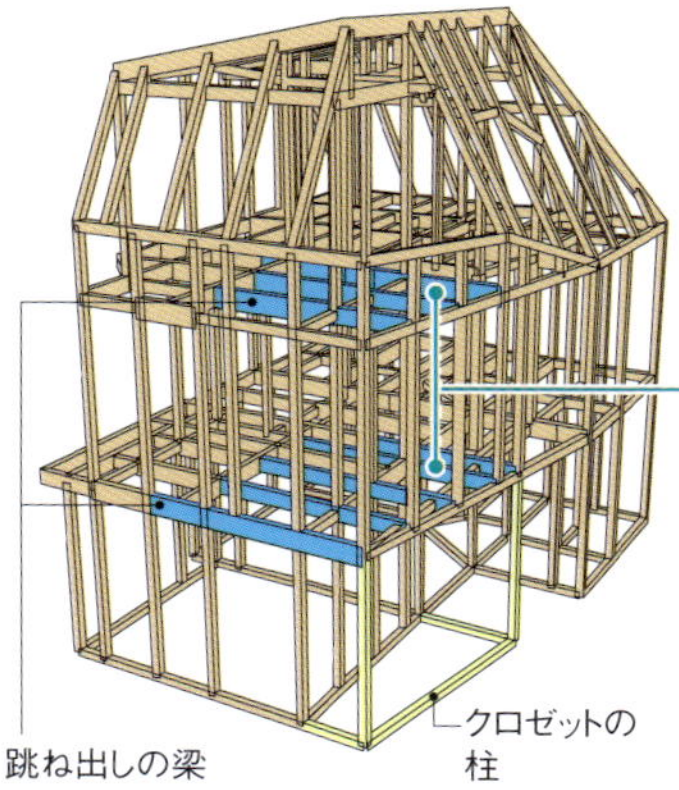

本事例は、面積の制約から現状では敷地内に駐車スペースがない［4頁］。将来、建物の一部（クロゼット）を撤去して駐車場に転用もできるよう、2～3階部分に跳ね出しの梁を設けて、1階クロゼット柱の代わりに上階の荷重を負担させている。跳ね出しの梁は通常荷重がかかる床だが、本事例にように上階を利用することで荷重を分散する方法がとれる

※2 1階と2階の壁や柱が一致する割合

敷地条件と高さ制限

本事例の敷地は、準防火地域内のため、準耐火建築物以上にしなければならなかった。さらに20坪の狭小地で、2方向が道路に面しているため、高さ制限も厳しい。そんな条件をクリアする工夫を紹介する。

● 敷地の特徴

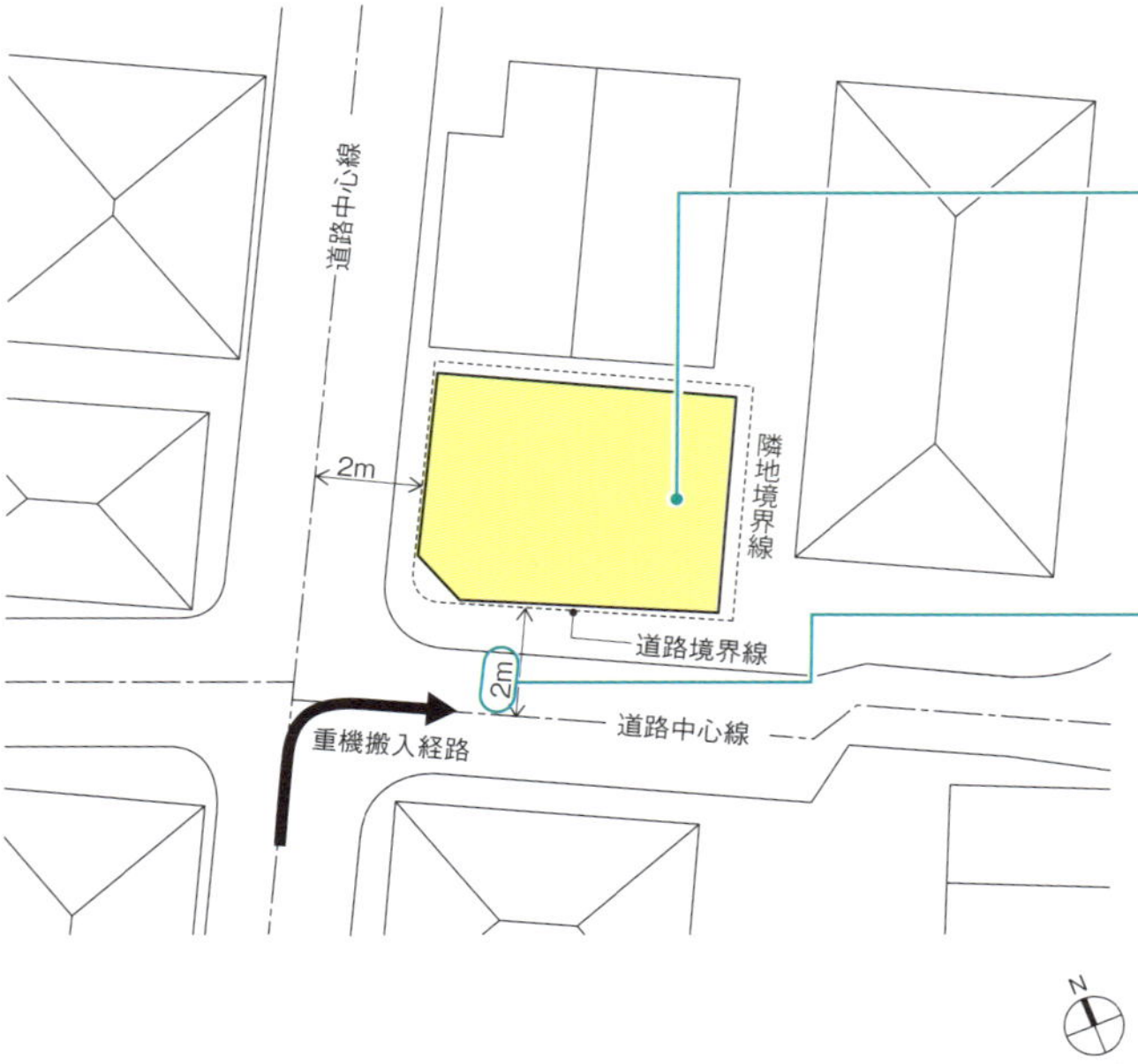

本事例は都市計画法により指定された準防火地域内の物件。そのため、準耐火建築物［※3］にしており、構造材に防火被覆をするため、石膏ボードを下地に採用している。

道路幅員が4m未満のため、2項道路［※4］によるセットバックの影響を受けた。二世帯住宅に必要なスペースを考えると駐車場を設けられなかったので、設計に工夫を凝らした［3頁］。

2025年4月以降は、旧4号建築物［※6］に該当する新3号建築物（木造平屋で≦200㎡）も押さえましょう

PICK UP! ＞ **図書省略のできない2号建築物**

2号建築物とは、木造、かつ、2階建てまたは平屋で延べ面積＞200㎡に当てはまるものを指す。また、①平屋・2階建てで延べ面積＞300㎡かつ高さ≧16m、②階数≧3に該当する建物は許容応力度等計算による構造計算で安全性を確かめる必要がある。本事例は3階建てのため、図書省略［※5］ができず、許容応力度等計算を行う必要があり、構造設計者を入れている

※3 耐火建築物以外の建築物で、主要構造部が準耐火構造、またはそれと同等の準耐火性能（法2条9号の3）を有するもの。外壁の開口部で延焼のおそれのある部分に防火戸などを有する

※4 建築基準法上の道路とされる幅員4m以上に満たない場合でも道路とみなす制度。その場合、中心線から外側にそれぞれ水平距離2mの位置を道路境界線とみなし、建築物を建てる必要がある

物件概要

●高さ制限と屋根形状

建築物の北側は、隣家の日照確保のために、高さを規制した「北側斜線」がかかる。本事例は、第２種高度地区にも該当するため、壁の５mの高さから図のような角度で削られる。

設計の前に敷地条件や斜線制限について把握しておくのデス！

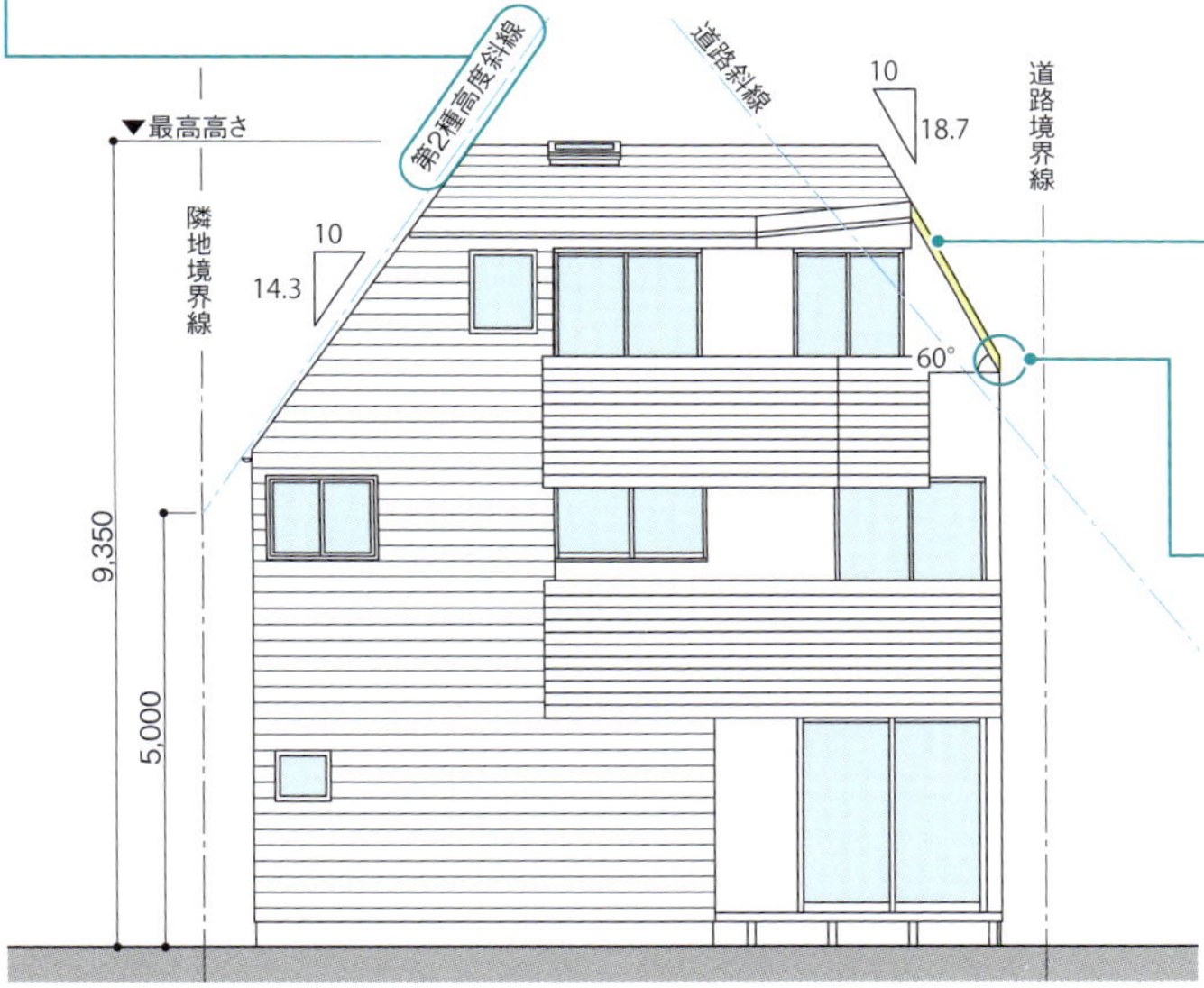

本事例は、天空率［下図］を使っても、３階の途中から壁が削れてしまうことに。そこで壁量不足を補うべく、屋根も耐力壁としている。屋根の角度壁が60°以上であれば、耐力の低減を加味したうえで、耐力壁として扱える。

屋根にかかる水平方向の力を腰壁部分で支える必要があるため、通し柱をこちら側に多く入れるなどして構造上の弱点となる短柱を補強した。

本事例は、道路斜線制限［※７］が２方向からかかるので、天空率を用いて当初はロフト程度しかとれなかった３階を部屋として使えるようにしました

PICK UP! ＞ 天空率の考え方

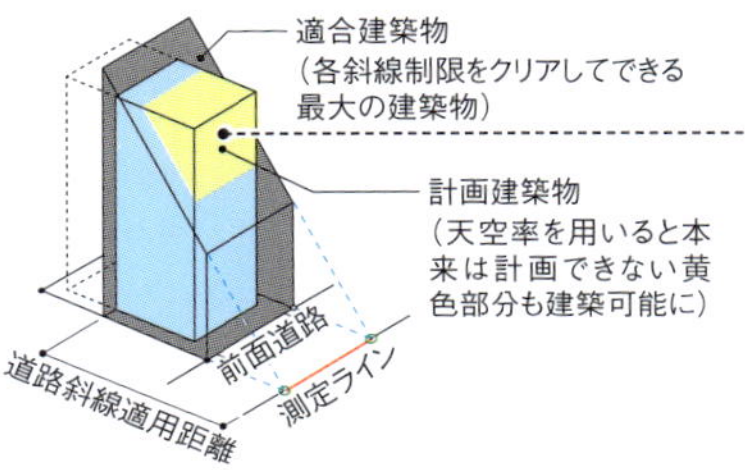

天空率とは、半球上に想定した天空に建物を射影し、それを円に水平投影した場合の全天に対する天空の割合のこと。適合建築物、予定する「計画建築物」それぞれの天空率とを比較し、算定するすべての位置で天空率が計画建築物＞適合建築物なら斜線制限が適用されない

※５ 図書省略認定制度。国土交通大臣があらかじめ安全であると認定した構造方法の建物について、通常の構造計算書の代わりに国土交通大臣が指定した簡単な計算書をもって確認申請図書とできる制度

※６ ４号建築物のすべての条件「不特定多数の人が利用しない建物」「木造の建築物」「階数２階以下」「延べ面積500㎡以下」「高さ13m以下」「軒の高さが９m以下」に該当する木造住宅を指す

※７ 道路の採光や通風が確保されるように、道路に面した建築物の一部分の高さを制限する規定

全体工程表

12	11	10	9	8	7	6	5	4	3	2	1	week no.
3rd month				2nd month				1st month				
						上棟式				地鎮祭		祭事ほか
		瑕疵担保保険 中間検査						瑕疵担保保険 配筋検査			敷地・地盤調査 SWS 試験	検査、調査
				屋根足場設置		足場設置					仮設 仮囲い	仮設工事
							埋戻し 土間コン	配筋 基礎打設	砕石転圧 捨てコン 打設	地縄張り 遣り方 根切り		基礎工事
床下地 バルコニー 下地		屋根断熱 外壁下地	耐力壁 設置	開口部 下地	屋根下地	土台敷き 建方	プレカット 打ち合わせ					木工事
												板金工事
トップライト 設置	サッシ 取り付け		サッシ搬入									金属建具工事
バルコニー 防水工事	ルー フィング											防水工事
												木製建具
												ガラス工事

コンクリート打設

バルコニー防水工事

建方

7th month		6th month				5th month				4th month			
26	25	24	23	22	21	20	19	18	17	16	15	14	13
引渡し取り扱い説明会		建て主完成検査											スイッチ・コンセントチェック外壁検討
		完了検査											
			内部養生撤去	足場解体			仮設トイレ移動仮囲い撤去						
				木塀工事	階段取り付け		ボード張り	内部壁下地幅木設置			天井下地	フローリング張り	壁の断熱材充填
					金物・木塀・門扉搬入						屋根板金工事	外壁板金工事	
		網戸取り付け											
		門、引戸取り付け	内部建具吊り込み、仕上げ、家具調整		家具造作				内部金物搬入	建具採寸			
		鏡採寸、取り付け											

中間検査

屋根板金工事

全体工程表

3rd month				2nd month				1st month				
12	11	10	9	8	7	6	5	4	3	2	1	week no.
												左官工事
												塗装工事
												内装工事
		ユニットバス設置（1〜2日間） 在来工法（約1週間）										住設機器工事
内部配管			内部配管					配管スリーブ				給排水衛生設備工事
屋内の配線、スイッチ・コンセントボックス設置												電気設備工事
												ガス工事
												空調設備工事
												外構工事
												雑工事

左官工事（下塗り）

ユニットバス設置

内部配管

屋内の配線

7th month		6th month				5th month				4th month			
26	25	24	23	22	21	20	19	18	17	16	15	14	13
						上塗り・養生期間				ラス張り・下塗り・養生期間			
			内部塗装 家具塗装	外部塗装									
					クロス張り付け	板張り							
						住設機器搬入							
			外部配管 器具取り付け									内部配管	
			分電盤取り付け			内部、外部器具取り付け				屋内の配線		スイッチ・コンセントボックスの調整	
				道路掘削、外部配管、試運転									
			器具取り付け、試運転										
					土間、境界セットバック工事、外構・植栽工事								
	手直し工事	内部クリーニング			外部クリーニング								

外構・植栽工事

目次

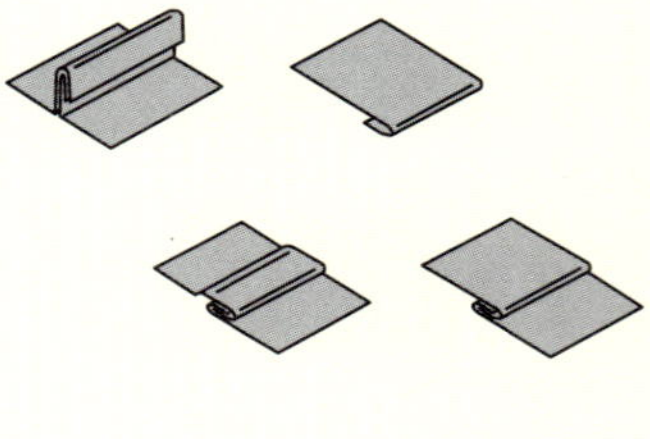

建方《たてかた》 ▼ 042

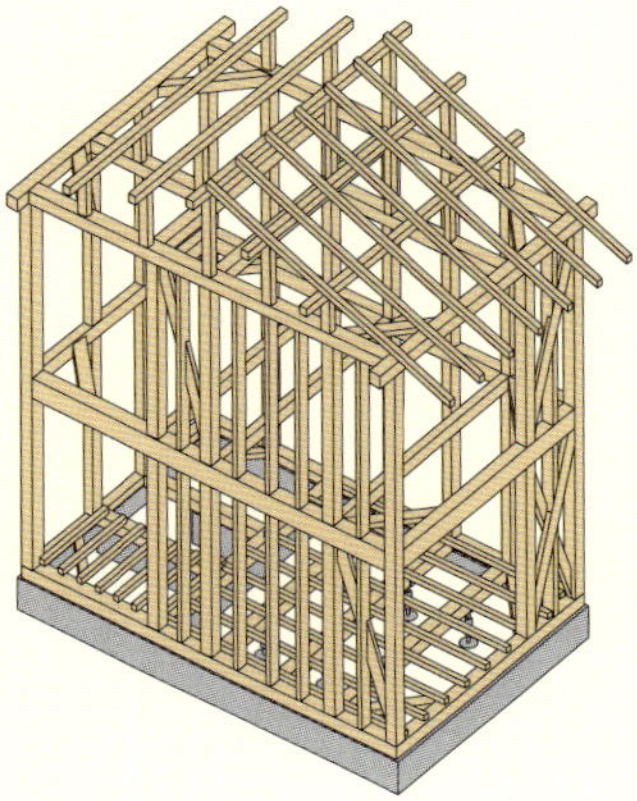

屋根《やね》 ▼ 062

外部開口部《がいぶかいこうぶ》 ▼ 072

浴室《よくしつ》 ▼ 076

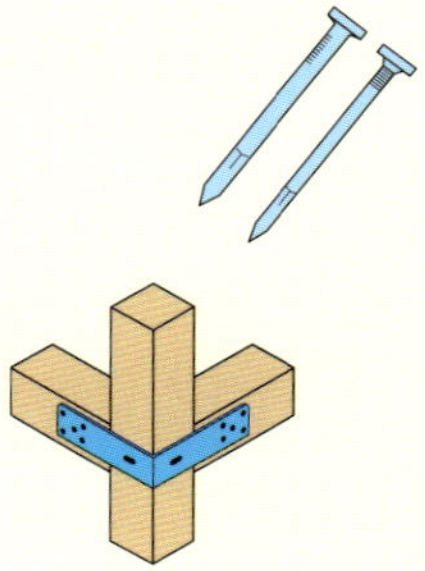

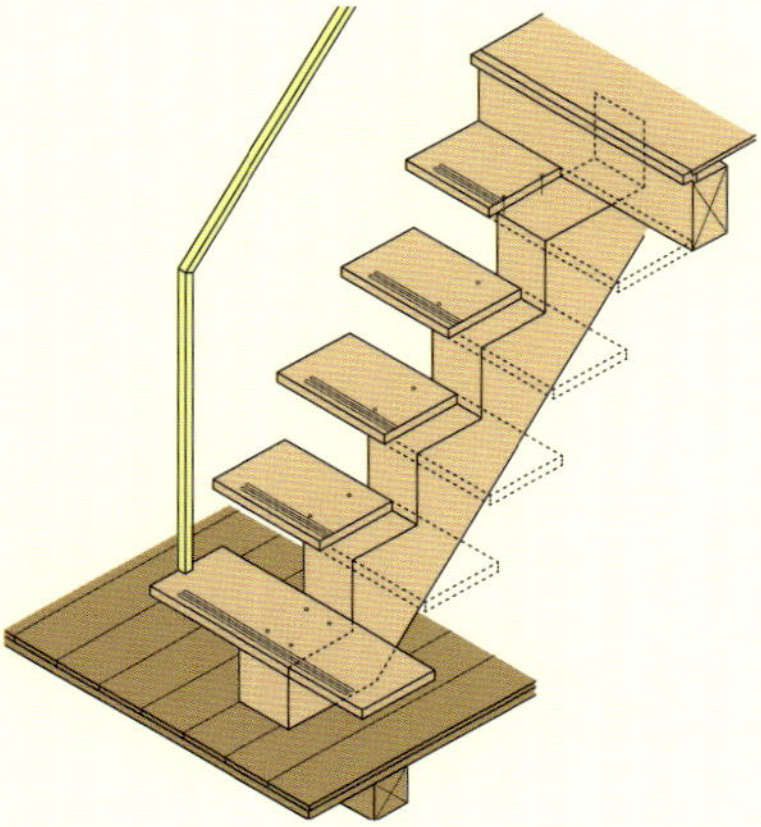

Character紹介

鳶

綾瀬・シングワンチャー

（あやせ・しんぐわんちゃー）

タイ人とのハーフ。老若男女に爆モテしている天然人たらし。大好きな棟梁の前ではシャイで何も話せなくなる

現場監督

赤坂建美

（あかさか・たけみ）

素直で一生懸命な新人現場監督。分からないことはとことん聞く質問魔。思ったことはすぐ顔に出ちゃうタイプ

給排水衛生設備工事

霞ヶ関 泉

（かすみがせき・いずみ）

おっとりして優しそうだが結構毒舌。水へのこだわりが強い。施工に厳しく、ミスがあると静かにブチ切れる

大工

代々木匠子

（よよぎ・しょうこ）

大工家系で姉御肌。頼み事は断れない。普段は優しいが適当な仕事をすると電動ドライバーで追いかける

設計者

神宮前・アイリーン・麗子

（じんぐうまえ・あいりーん・れいこ）

アメリカ生まれのIQ200の超天才少女。日本語がうまく使えず命令口調になりがちだが根はいい子

電気設備工事

根津 光

（ねづ・ひかる）

電脳オタクでマイペース。頭の回転が速く、早口。モノの仕組みに萌えるタイプでデザインには一切興味なし

監修（設計者）

杉浦 充

（すぎうら・みつる）

実力派一級建築士。今回の物件を設計。建て主の無理難題にも応え切るノウハウを蓄積している

建て主

日比谷基子

（ひびや・もとこ）

ITベンチャー企業の若き社長。親との二世帯同居のため建て替えることに。せっかちで、やたら横文字を使う

本文デザイン	工藤亜矢子（OKAPPA DESIGN）
カバー・表紙デザイン	名和田耕平デザイン事務所
カバーアートワーク	ア・メリカ
キャラクターイラスト	如月憂
イラスト・トレース	加藤陽平、志田華織、杉本聡美、田嶋広治郎（フレンチカーブ）、長岡伸行、長谷川智大、濱本大樹、堀野千恵子、若原ひさこ
DTP	竹下隆雄（TKクリエイト）
印刷・製本	シナノ書籍印刷

※本書は「建築知識」2020年10月号特集を加筆・再編集したものです。

キャラクターと学ぶ！

木造住宅
現場写真帖

X-Knowledge

調《ちょう》査《さ》

隣家の位置

こちらの窓ガラスと隣家の窓の位置、ガラスの種類（透明・くもり）を確認する。また、キッチンの排気口と窓が至近距離で接していないかも要確認

敷地の高低差

道路・隣地と敷地との高低差から、雨水の流れを確認する。敷地に雨水が流れ込む場合は、雨水枡や排水ポンプを設置するなどの対策が必要

建物の配置

敷地境界線、道路境界線からの離れが図面どおりか、未撤去の舗装などがないかを確認する。また、駐車場の勾配や車の軌跡上に電柱などがないかも見ておきたい

境界杭の有無

杭がない場合は事前に確認をしておく［左頁］。また、塀やフェンス類がどちらの所有物かも調べておく

電気・ネットの引込み位置

図面どおりで問題ないか、電柱・電線の位置を確認し、引込み線と窓との干渉に注意する

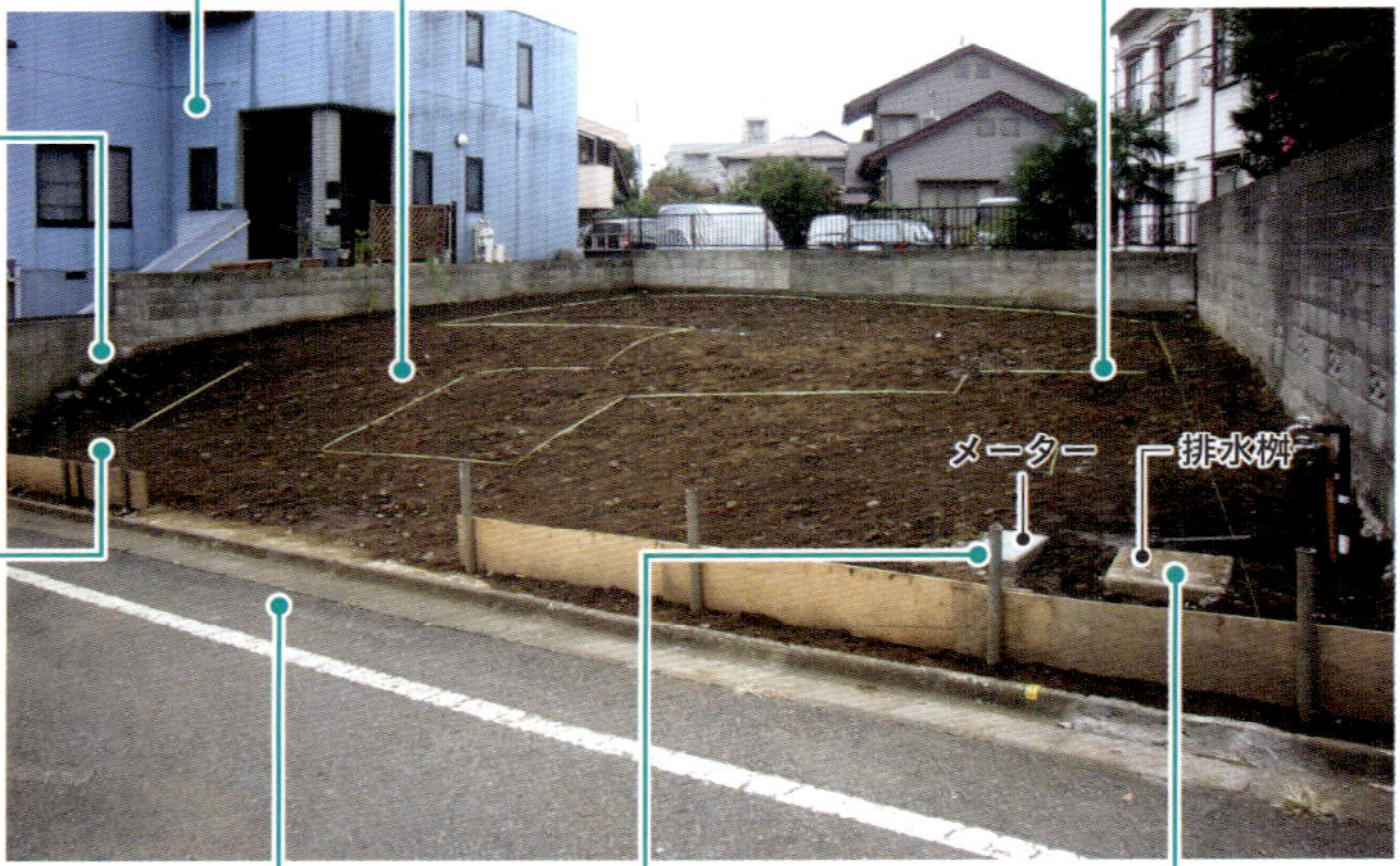

仮BMの設定

正式なBM（ベンチマーク）を決定する［19頁］前に、仮のBMを設定しておくとよい

メーター機器類の位置

図面どおりで問題ないか、隣家の窓との干渉にも注意して確認する。また、隣家の室外機などとこちらの窓が干渉していないかも見ておく

排水管・給水管

排水管は勾配や土かぶりがとれるか、最終枡の管底高を確認する。給水管は管径が20㎜以上かを見ておく

＼こっそり呟く… 現場X／［※1］

たけみ @takemi 6:30

今日から新しい現場！進捗を見て工程を調整しないとね！職人さんの段取りも進めよう

アヤセ @ayase1120 7:04

新しい現場、今日から調査が始まるってたけみが言ってたような。工程表を確認しよう

IZUMI @kasumigaseki 7:42

赤坂さんの現場、今日は敷地調査だから後で給排水の状況を確認しておかなきゃですわ

Eileen @eileen_reiko 9:00

今日は近隣挨拶。現場をスムーズに進めるにはこれが重要なのですヨネ！

※1 現場Xのつぶやきは、各工程の解説の一貫で、すべて架空のものです。また、作業中にSNSへ投稿することや個人情報を書き込むことは禁止です

敷地調査

現場での段取りを円滑にするためにも、着工前に敷地の状態を把握しておく。特に隣地との関係や、インフラの状況などは役所の資料だけでは確認できないことも多いので、現状を確認し、工程を計画する。

1 境界と道路の確認

官民境界杭の位置から、計画敷地の道路境界線を確定する。境界杭がない場合は道路台帳や登記簿謄本［※2］などで確認する。道路は原則幅員4m以上を指すが、4m未満でも道路とみなされる場合がある［4頁］。2項道路に面して建物が建つ場合は、道路の中心から2m後退した部分を敷地境界線とする。

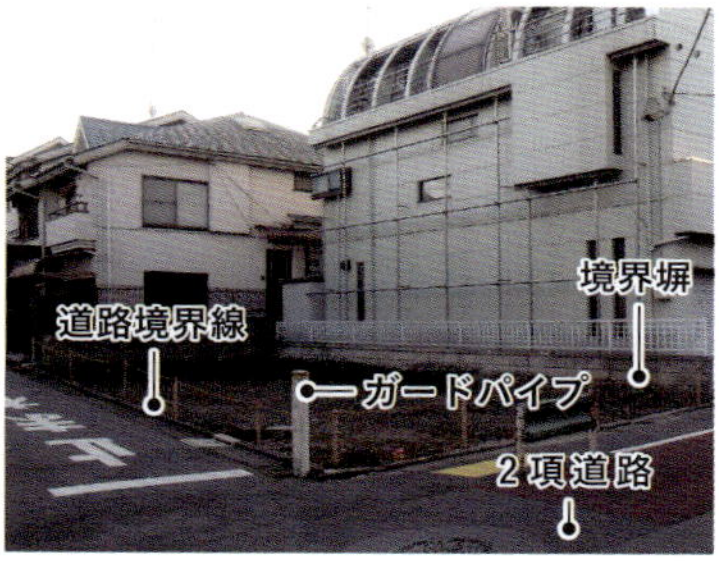

PICK UP! 道路の境界と塀の基準

L型側溝の敷地側端部は、道路境界線に設定されていることが多いので、ここから道路幅員なども測っておくとよい。隣接する既存境界塀については所有者や安全性を確認しておく。高さ1.2mを超える塀の場合は控え壁（径9㎜以上の鉄筋入り）を3.4m以下ごとに配置し、基礎面において壁の高さの1／5以上突き出す必要がある［158頁］

2 インフラの確認

ガス・水道・電気の各種資料をもとに、現地の状況を確認しながらインフラを計画する［※3］。ガスは、都市ガスまたはLPガスのどちらの供給地域であるかを確認。水道は量水器の口径をチェック。2階以上では、最低でも口径20㎜が必要。併せて、排水の枡の位置も確認しておく。電気は、電柱の位置から電気の引込み経路を想定する。旗竿地の場合、道路から建物までの距離が長く、受電ポール［※4］の新設が必要なケースもあるので要注意。

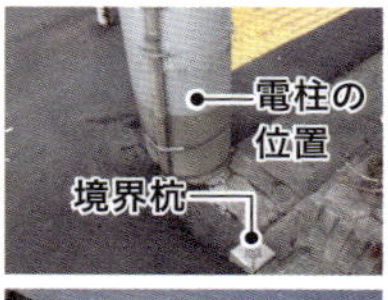

※2 土地や建物の概要などが記載された紙の文書。登記のデータを出力する「登記事項証明書」の請求はオンラインでも可能
※3 水道は役所で水道台帳などを確認。ガスの種別は現地のメーターのマークで確認する
※4 電力線や電話線を直接家に配線せず、一度ポールで受けてから地中配線して家まで引き込むためのもの

PICK UP! 給排水設備はサイズや勾配を確認

口径が小さい水道は一度に流れる水量が限られるため、同時に使用できる水栓の数は2つまでとされている。水量不足を発生させないためにも、口径については建て主と打ち合わせのうえで決定する。水道負担金［※5］がかかる地域もあるので、事前にネットなどで調べておく

口径を確認する際は必ずふたを開けて確かめましょう

3 敷地の環境を確認

敷地の形状や周囲との関係を確認する。敷地に隣接してごみ収集場所がある場合は、玄関などの位置も検討が必要。また近隣トラブルを防ぐため、隣地境界線から建物までの距離は民法上の50㎝以上確保できているか［※6、24頁］、越境物の有無、開口部の位置に問題がないか（隣家の窓との対面を避ける）などを確認する。隣地の植栽が越境している場合は、隣地住民と協議したうえで対応を図る。

隣地の植栽は借景としての利用価値があれば、トラブルを避けたうえで開口部の計画に積極的に生かすこともできチャウヨ！

着工前に近隣挨拶をしましょう。振動や音の出る作業はトラブルになる場合があるので、あらかじめ工事について近隣に説明しておくことが大切。設計者・現場監督・建て主が一緒に挨拶するのが理想的です

PICK UP! 搬入経路の確認

工事の際は、生コン車やポンプ車など大きな車両が現場に2台横付けすることも。車両が待機できる場所があるか、周辺に渋滞が発生する道路はないかなども確認しておく。搬入経路次第で見積り金額も変わるため、注意が必要。また旗竿地では、長物の搬出入に手間がかかる。手運びが発生する場合は人件費がかさむので、敷地条件に応じた搬出入方法も併せてチェックしておく

※5 水道の利用に際して、水道局に納付しなければならない料金のこと
※6 防火地域・準防火地域において外壁を耐火構造とした場合には、基準法上の解釈が優先され、民法のこの規定が適用されないケースもある

地鎮祭

工事着工にあたり、敷地の守護神を祀って土地を使用する許可を得て工事の安全を祈願する地鎮祭が行われる。このとき、建て主とともに地縄の位置を確認し、BM［※7］および設計GLを確定させることが多い［23頁］。

神前には、御神酒《おみき》、米、塩、海の幸、山の幸、水の神饌品《しんせんひん》を供える。建て主か施工者が準備をし、設計者は奉献酒を準備するとよい。清酒2升を捧げるのが一般的で、2本を束ねてのし紙を付ける。近年は神社がお供え物含めて神饌品をすべて用意してくれることもが多い

地鎮祭を行うかどうかは建て主の自由なので、工事請負契約時に意向を確認しておく。行う場合は、建て主か施工者が神社に予約をし、神主に納める初穂料や所要時間、流れなどを設計者から建て主に伝える

建て主は、神主（神社）への謝礼のお金（初穂料）を用意する。金額は3～6万円程度で、神主が帰るタイミングで手渡すことが多い

宗教上の理由から、仏教式、キリスト教式もあるが、基本的に同じような内容になる

祭場は敷地のほぼ中央に参列者用のスペースも考えて設ける。祭壇は南向き、または東向きとする。地鎮祭の幕は青白幕を使う

地鎮祭が終わったらいよいよ遣り方の設置が始まります。その前に、搬入や引き込みの手間がかかる仮設用の電気、トイレなどの設置も終えておきましょう！

PICK UP! ＞ 地鎮祭の儀式の流れ

❶修祓《しゅばつ》の儀と降神《こうしん》の儀
神主が参列者とお供え物をお祓いする。神主が祝詞をあげ、神様をお迎えする

❷献饌《けんせん》の儀と祝詞奏上《のりとそうじょう》
神主が御神酒の入っている瓶子と水の蓋を取って神様にお供えし、祝詞をあげる

❸四方祓い
建物の四隅を榊でお祓いし、切紙をまき、土地を清める

❹地鎮の儀
設計者が鎌で草を刈る所作を3度行う（苅初）。建て主が鍬で土を掘る所作を3度行う（穿初）。施工者が鋤で土をならす所作を3度行う（土均）

❺玉串奉奠
神主、建て主、設計者、施工者の順で祭壇に玉串を捧げ、工事の安全を祈念する

❻撤饌・昇神の儀
神主が昇神の詞を唱え、神様に帰っていただく

❼神酒拝戴
神前から下げたお酒と酒肴で祝う

※7 敷地や建物の高さの基準となる任意点。前面道路のマンホールなどに設定されることが多い

地盤調査

地盤調査は建築物の規模や構造により調査方法が異なる。スクリューウエイト貫入（SWS）試験や標準貫入試験などの方法があるが、木造住宅ではSWS試験が一般的とされる。

1 SWS試験の実施

ロッドに一定の荷重をかけて自沈するかを確認し、自沈しない場合1m貫入させるのに要した半回転数をもとに支持力を評価する。費用は1宅地当たり6万~10万円ほど[※8]。敷地の四隅と中央を含む計5カ所以上で調査を行う。ただし特殊な地盤性状が予想できる場合は、調査箇所を増やして対応する。

地盤改良が発生すると、段取りを含めて1～2週間ほど工期が延びマス。費用は最低でも20万～30万円程度かかるので、地盤改良が決まった段階で建て主と打ち合わせをしておいてくだサイ！

PICK UP! ＞ 自動式SWS試験の手順

SWS試験には手動式と自動式がある。自動式では、制御装置が自沈の状態を検出し、荷重が自動的に切り替えられる仕組みとなっている。地盤に垂直に貫入されるよう水平器で水平をとり、リングゲージでスクリューポイントの摩耗状態をチェックする。ロッドが貫入されたら試験開始となる。貫入深度やロッドの回転数などは、ケーブルを通じて制御装置に記録される。簡易的な検査なら、その場で確認できる。試験後ロッドを専用の道具で引き抜く。2時間前後で調査は終了する

土による汚れは近隣とのトラブルになることも。機材を移動させる際は必ず養生しておきましょう

※8 土質試験まで行うと10万円程度になる

地盤改良の種類

1 表層地盤改良

軟弱地盤が GL-2 m以浅の地盤に適用。まずバックホーで軟弱地盤を掘削し、セメント系の固化材を掘削した土に混合して均質に攪拌する。ランマーなどの重機で仮転圧後、ローラーで転圧する。深さ 0.5m 以内ごとに転圧が十分に行われているかを確認する。

2 ジオクロス工法

支持地盤から支える工法と異なり、基礎直下にシートを敷いて不動沈下を防止する工法。シートは引張強度、引裂強度が大きく、荷重を分散する耐久性の高い。ジオクロスは 2 方向に敷設して土のせん断抵抗を高め、不同沈下を防ぐ。

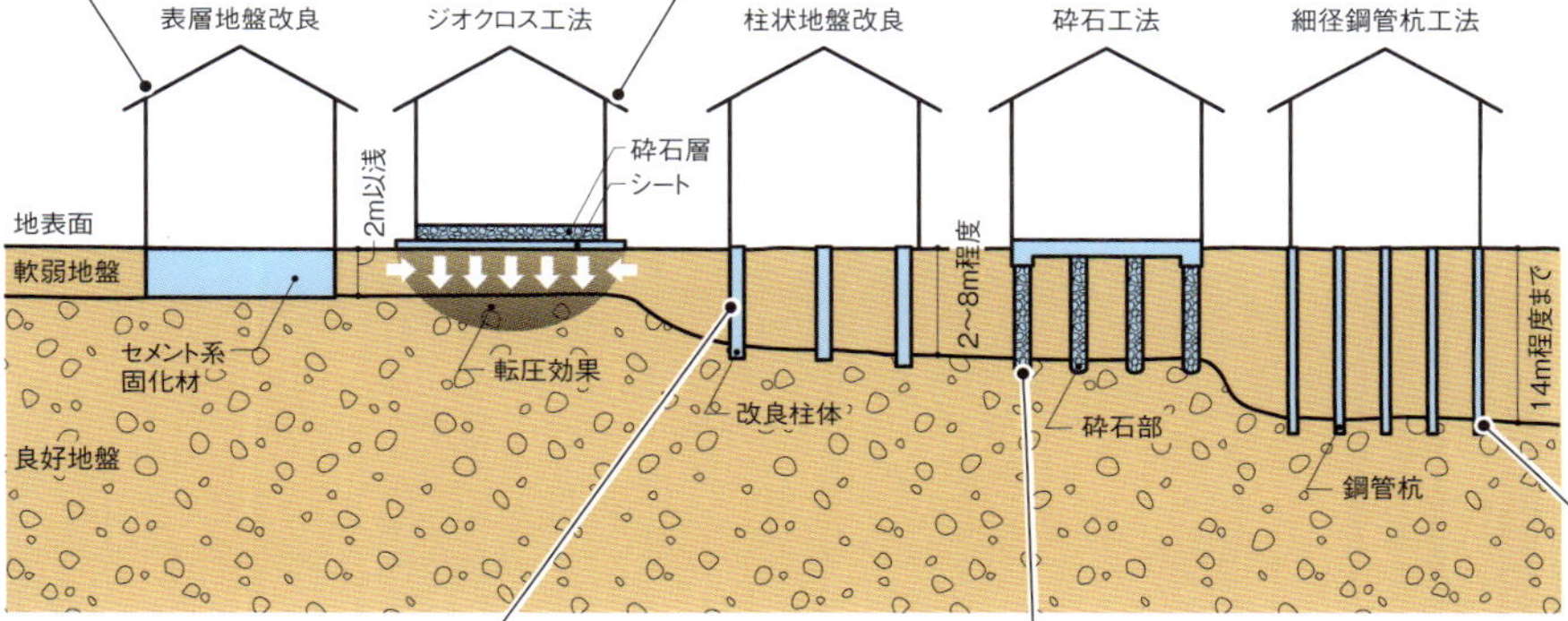

3 柱状地盤改良

軟弱地盤の層が GL-2 〜 8m の地盤に適用。重機のロッドの先端からセメントミルクを放出しながら攪拌して掘削する。設計深度まで掘削したら、ロッドを逆回転させて攪拌しながら引き上げる。改良柱体の天端レベルが正しいか、杭の位置、本数が正しいかを確認する。

4 砕石工法

掘削した穴に直径 2 〜 4㎝の砕石を入れ圧力をかけながら側面と底面に砕石を入れて砕石の脊柱をつくる「砕石パイル工法」もしくは、軟弱地盤の全部または一部を砕石に置き換えて転圧して締め固める「砕石置換工法」がある。前者は地盤条件が限られるが、後者はさまざまな地盤に適用可能。

5 細径鋼管杭工法

軟弱地盤が 14m 程度まで適用できる。軟弱地盤に細径鋼管を貫入して、地盤がもともと持っている支持力とパイプの支持力の複合作用で地盤を補強して沈下を防ぐ。一般的なパイプを使用しており残土コストも不要なほか、短納期、小型の重機など小規模建築物向けの工法である。

地盤調査の結果、地盤改良が必要であると判定が出たら地盤改良工事を行うよ！基礎の位置・高さに応じて改良柱体の位置・高さも決まるので、施工者や設計者も立ち会いましょう

地盤改良への立ち合いが難しい場合は、工事完了後に届く報告書で改良の範囲や改良体・杭の位置などを確認するヨ

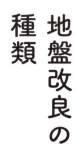

地業《じぎょう》

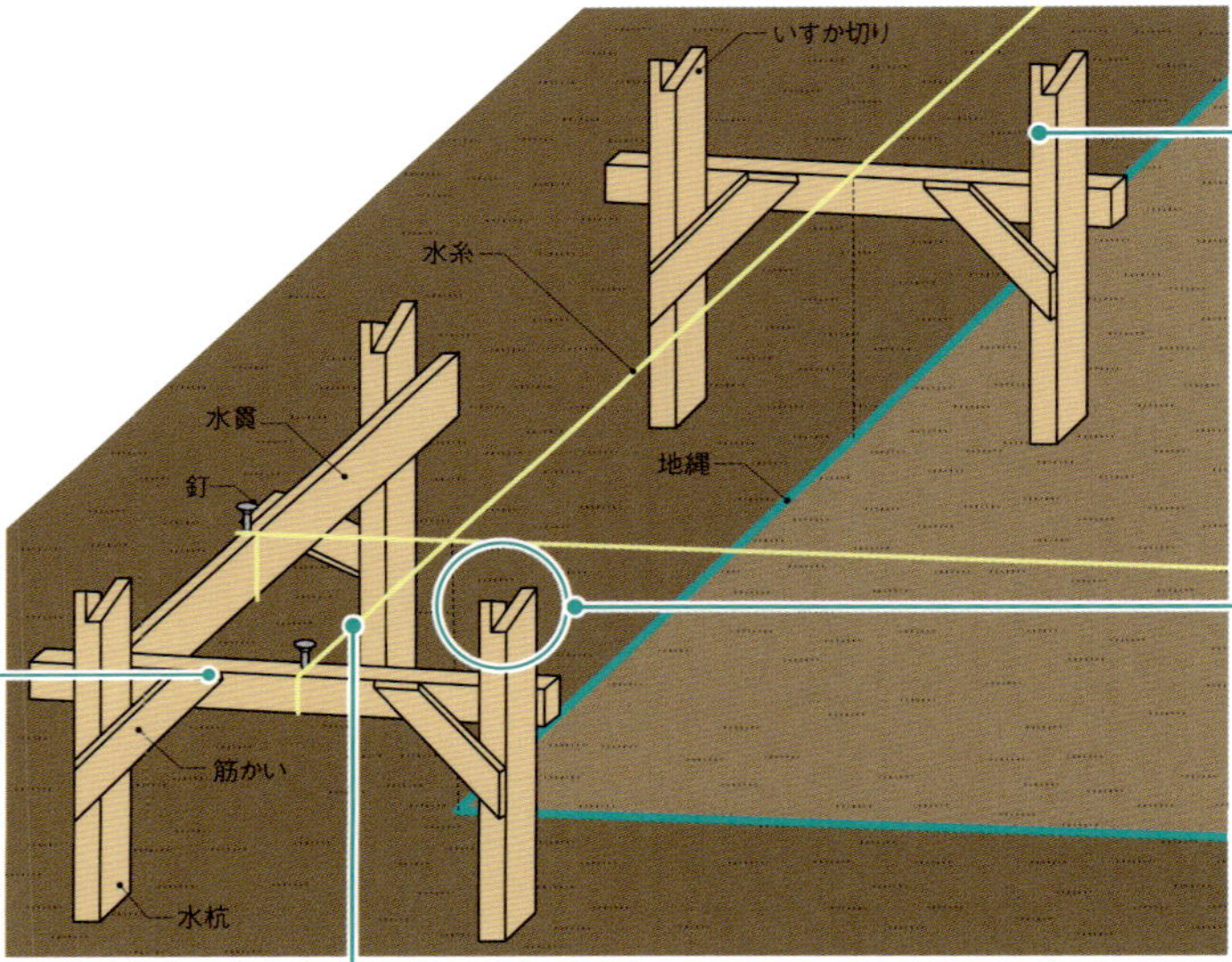

水杭《みずくい》

水貫《みずぬき》を固定するための杭。地縄から500～600㎜離して、等間隔で地面に打ち込み、レーザーレベルで出した基準高さを記入する

いすか切り

水杭の頭を互い違いに切り落とすこと。上から力が加えられると杭先が潰れるため、杭が動かされたどうかを判別できる

水貫《みずぬき》

水杭に示された基準高さをつなぎ、水平に打ち付ける小幅の板。建物外周を囲い終わったら、基礎の位置（心）を墨出しする

水糸

水平や基礎心を出すために水貫に張る糸。水貫の上面に釘を打ち、糸が釘の左右を交互に通るように水貫に数回巻き付けて留める

＼ こっそり呟く… 現場X ／

IZUMI @kasumigaseki 10:11

隣地との距離が結構近かったから、外部配管を先行しておかないとだわ……。

たけみ @takemi 15:18

明日は隣家の方（吉沢亮似）に挨拶！　今夜は高級パック2重張りだ！！

光 @hikaru 10:49

今朝のたけみちゃん、顔面の摩擦係数0って感じだった。クリア塗料のなかに落ちた？

杉浦充 @jyu_sugiura 11:00

そろそろプレカットの発注か。床レベルと床材の厚みを確定しなくてはですね……

地縄張り・遣《や》り方

図面から敷地の上に建物の位置や高さを写し取る地縄張りと遣り方。地縄張りで最初に出す基準点がその後のすべての工程に影響する。後から確認するのではなく、監理者が作業に立ち会うことが望ましい。

このタイミングで設計GL［※2］の設定が問題ないかも確認しましょう

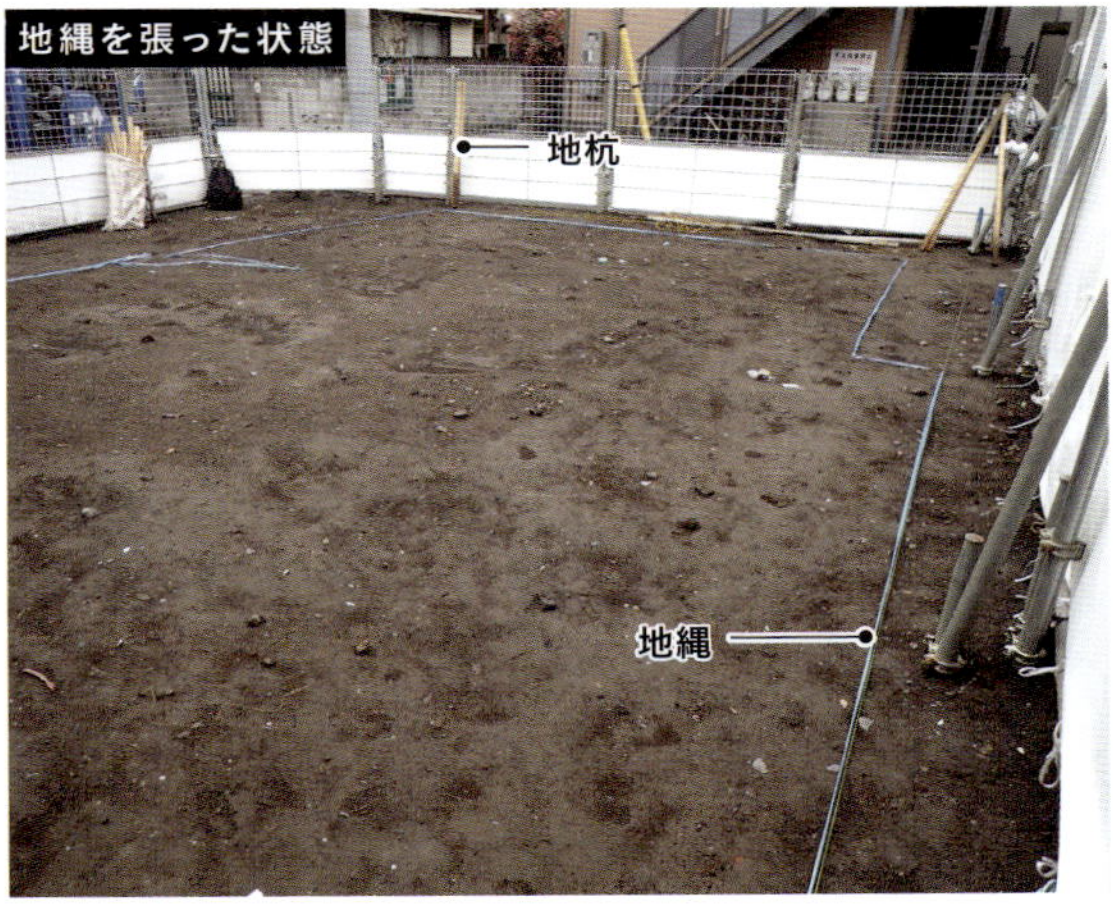

1 地縄を張る

設計図に指定された位置に、基準となる地杭［※1］を打つ。基準点から直角を出しながら、建物外周の中心線上に地縄（縄やビニール紐）を張り、建物の位置を出していく。

道路と敷地の水勾配を確保できるか、縁石の高さが車の出入りに支障がないかも確認しましょう

PICK UP! 斜線制限とのかかわり

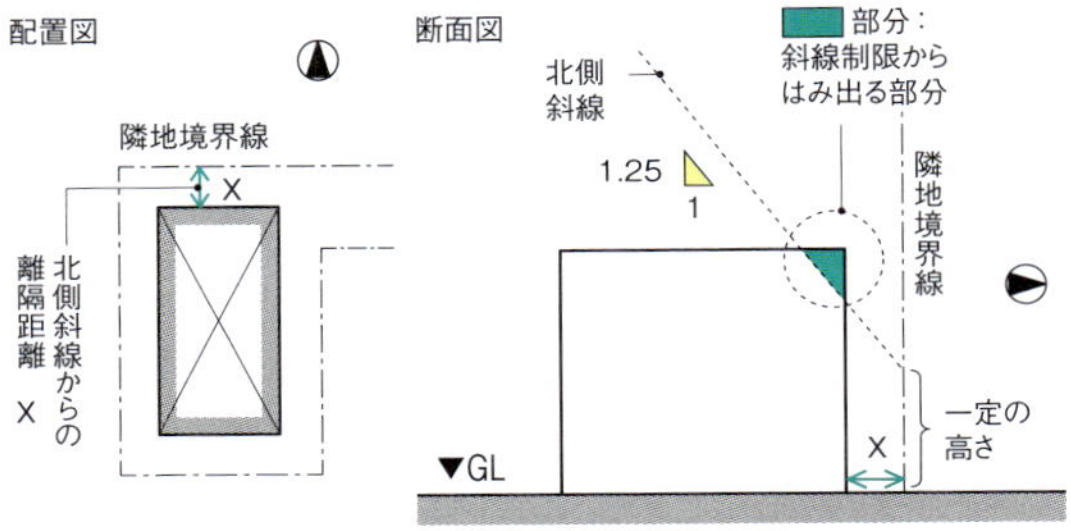

建築基準法による北側斜線制限［左図］や、高度地区制限［※3］では、道路・隣地境界線を起点に予定建築物の高さ制限を受ける。境界線と建物の離隔距離Xが不足すると、建物の角が斜線を越えてしまうため、境界線からの寸法出しは正確に行うよう現場に指示する

※1 建物の位置を出すために先行して地面に打つ細杭｜※2 予定建築物の基準高さとなるレベル。建物底面の過半部分が地面に接するレベルであることや、建築基準法上の基礎高さ（300㎜以下）を遵守すること、道路までの水勾配が確保できることなどが設定条件となる｜※3 都市計画法によって定める一定地域（高度地区）内の建築物に設けられた高さ制限。本事例では、第2種高度制限［5頁］がかかっている

2 水杭を打つ

地縄から500~600㎜程度外側に離して、はじめに建物の四方隅部に水杭を打つ。隅部の水杭を水糸で結び、糸に沿って1.5~1.8mピッチで残りの水杭を打っていく。

施工者から基礎伏図が提出されたら、基礎の高さ、躯体通り心寸法、立上り部の位置、コンクリート厚、心ずれ、補強筋の有無などを確認しよう

PICK UP! 〉民法上の隣地との離隔距離

民法では、隣地境界線から建物の外壁面まで500㎜以上の離隔を確保するよう定められている［※4］。都内などの密集地では最低限しか確保できないケースが多いが、余裕があれば外周部の作業性を考慮して1,000㎜程度確保するのが望ましい

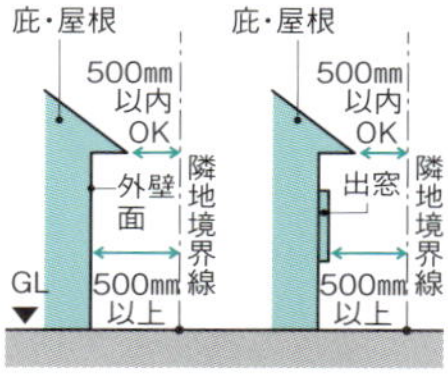

3 基準高さを墨出し

レーザーレベルやスケールを使い、水杭に水貫を打ち付けるための基準高さを墨出しする。

4 水貫を留める

水杭に出した墨に従い、水貫を水杭に留め付けていく。一度留めた水貫は原則として取り外さない。

※4 市区町村によって規定が異なるため事前確認すること

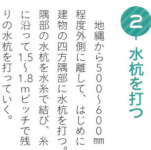

5 水貫を補強する

水貫が動いたり倒れたりしないよう、筋かいや添え木を適宜取り付けて補強する。

水、セメント、骨材などの配合を示すコンクリート配合計画書の提出も早めに現場監督に促して、設計基準強度やスランプなどが仕様どおりか確認しておこう

6 基礎心を出す

設計図を確認しながら基礎心と基礎幅を出し、水貫に墨出しする。水貫に釘を打ち、水糸を張り終えたら完了。

搬入出の際に遣り方が邪魔にならないよう、下水道接続工事などは遣り方前に終わらせるよう段取りしてね

PICK UP! 遣り方の確認

遣り方でのレベル設定は今後の施工精度にかかわる。①遣り方の基礎心が地縄張りの心と合致しているか、②基準高さ（基礎天端高さ）が確保できているか、③隣地との離隔距離は確保できているか、の3点を入念にチェックする

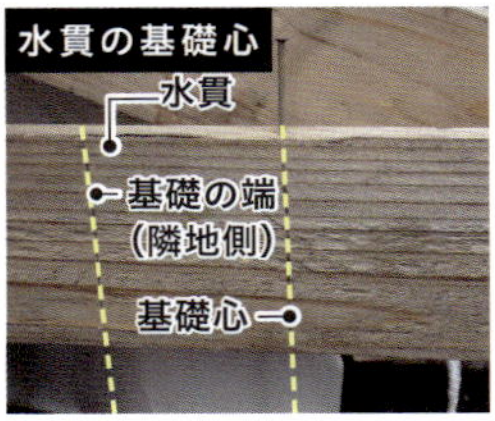

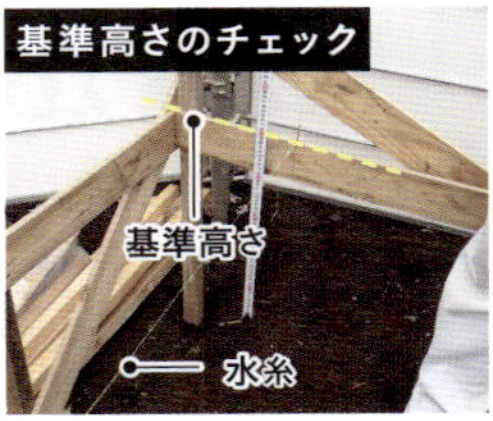

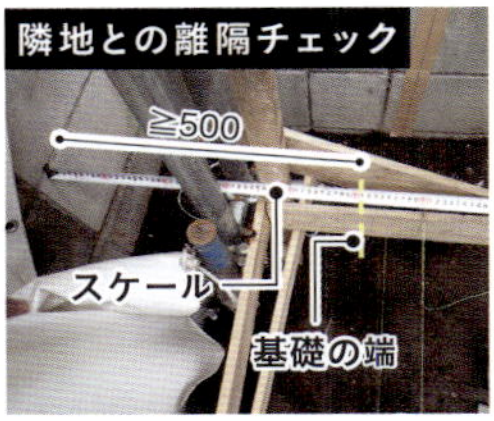

根《ね》切《ぎ》り

根切りでは、基礎をつくるために地盤面以下をユンボ〔※5〕などの重機で掘削する。遣り方で張った水糸を基準とし、根切りの深さ・幅が正しいかを基礎断面図などで確認しながら行う。

1 重機で掘削する

遣り方が終わると、現場にユンボが運ばれてくる。水貫に張った水糸を目安にしながら、ユンボで根切り底まで掘り進める。

根切り底は支持地盤〔※6〕であることがベスト。ボーリング試験のデータや地盤調査報告書と照合し、支持地盤でない場合は、支持地盤に辿りつくまで掘り進めることも検討します。関東地方では、地耐力をもつ関東ローム層〔※7〕が表出しているケースも。この場合は地耐力を維持するために地盤を乱さないほうがよいでしょう

PICK UP! ＞ 根切りに関する名称

根切りで躯体工事・防水工事などのための作業スペースを余分に掘削することを余掘りまたは掘り越しという

根切り底に溜まった水を排水するために揚水ポンプを据える穴を釜場と呼ぶ

傾斜面や勾配のついた掘削面を法面《のりめん》という。垂直の場合を素立ち、法面と法面の間に細道（犬走り）を設けたものを多段式と呼ぶ

根切り工事によって発生した残土を処理することを残土処分という

※5 地面の掘削などに用いる小型の油圧ショベル。バックホーとも呼ぶ
※6 構造物の荷重を支えることができる地耐力（荷重に耐えられる強さ）をもった地盤のこと
※7 関東地方に分布する火山灰起源の地層群。酸化した鉄分を含み、赤みがかった土質であることから「赤土」とも呼ばれる

2 根切り深さの調整

ユンボである程度の深さまで掘ったら、ばか棒を用いて根切り深さを確認する。ばか棒にはあらかじめ、遣り方天端（水糸の高さ）から根切り底までの深さを印付けしておく。最後は手作業（シャベルなど）で深さを微調整し、正確な根切り底のレベルを出す。正確なレベルが出たら、床付《とこづ》け［※8］を行う。

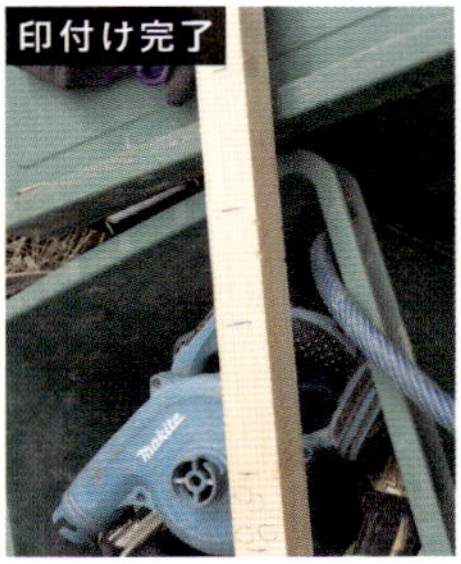

根切り底の土の状況に応じて、砕石転圧《さいせきてんあつ》［28頁］用の石の種類を変える場合はここが最後のタイミング。根切りに立ち会えない場合は、遣り方に先立ち、スコップや手動のコア抜き機［※9］などで事前に根切り底を確認しておけば安心ですね

PICK UP! ＞ 根切りの幅・深さの確認

根切り底の深さ（GLから砕石下端までの距離）は、地震などの外力による建物の移動・転倒や、土中水分の凍結による構造物の変形破壊を防ぐために設定される。スケールで計測した根切り底までの深さ［右図］と、断面図［左図］で指示した寸法との間で、整合性が取れているかどうかを現地で確認しよう。このとき、根切りの幅も併せて確認すること

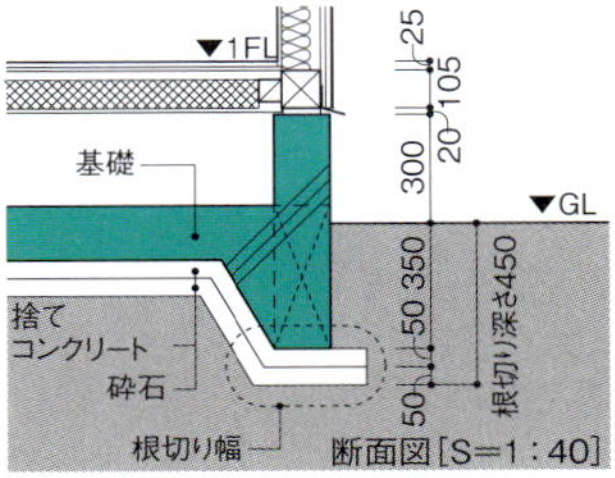

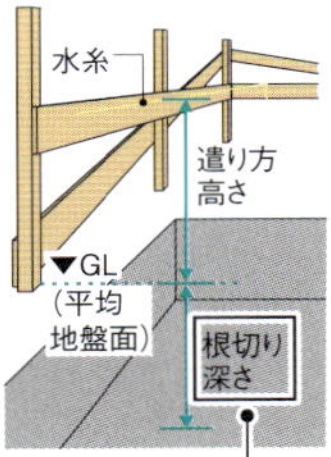

まず根切り底から水糸までの距離を測り、そこからGLから水糸までの高さ（遣り方高さ）を引けば根切り底の深さが分かる

※8 一定の根切り深さで掘り揃えること
※9 円筒状に穴をあけられるドリルのこと。根切り底の確認であれば、穴の目立たない直径10㎝程度のものを選ぶとよい

砕石転圧《さいせきてんあつ》・捨てコンクリート打設

根切りを終えたら、根切り底に砕石を敷いて転圧し、その上に捨てコンクリート（以下、捨てコン）を打つ。捨てコンは基礎下全面に打つこともあれば、型枠が建てられる外周部のみに打つ場合もある

1 砕石を敷き込む

まず、根切り底と底盤下に基礎砕石を敷いていく。隙間なく敷き詰めるよう、砕石の大きさは40㎜未満のものを選ぶとよい。

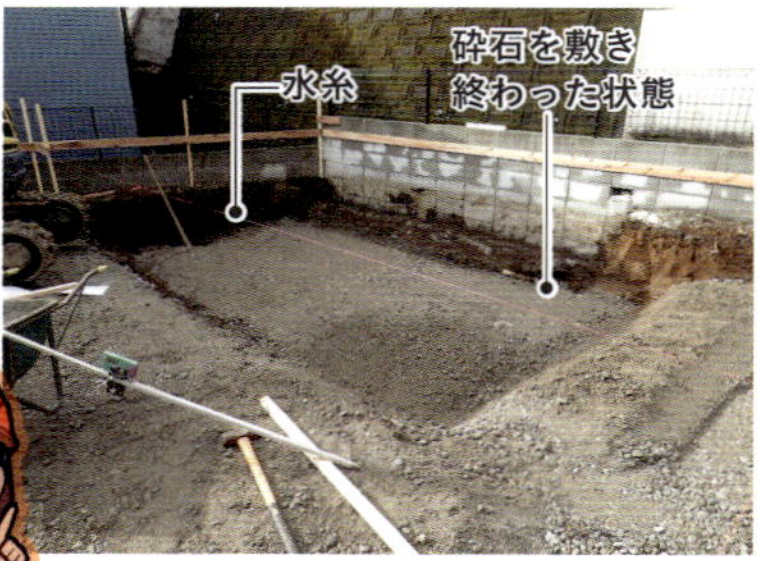

地業の形状を基礎伏図・詳細図や平面図と照合しておきましょう

2 砕石を転圧する

ランマー［※10］で砕石を転圧していく。不同沈下《ふどうちんか》［※11］を防ぐため最低3回は転圧し、必要な地耐力を確保する。

3 捨てコンの厚さを確認

スケールと水糸を使って捨てコンの正確な厚さを確認し、厚さの目印を出す。厚さ30～50㎜は確保する。砕石の転圧を終えたら、捨てコン打設前に防湿シートをかぶせる。

防湿シートは厚さ0.1㎜以上、重ね代は150㎜以上確保しようネ

基礎断熱工法のベタ基礎は、底盤の厚みが100㎜以上なら防湿シートは不要よ

※10 地面の締め固めに使う転圧機
※11 軟弱な地盤や基礎の耐力不足などにより発生する建物の不均一な沈下

4 捨てコンを打設

防湿シートの上から捨てコンを打設する[※12]。打設する厚さの目印に従い、コンクリート表面を鏝《こて》でならす。

捨てコンを流す

表面に基礎の墨出しをするため、レベル差が出ないように鏝《こて》でならす

捨てコンクリートの強度はFC=13.5～15N／㎡程度。施工者によって基礎下全面に施工することもあれば型枠が立てられる外周部のみとする場合もあるよ

5 基礎心の墨出し

捨てコン打設後は、1～2日程度養生する。乾いたら基礎心の墨を出し、型枠留めの金具を設置して完了。

水糸
下げ振りで芯を出す

型枠留め(下部)

型枠留め(上部)

PICK UP! 墨出しの手順

基礎心の墨出しは左の手順で行う。請負業者の工務店が直接基礎工事を行うことはまれ。専門業者に下請けに出すことが多く、根切り以降は専門業者に任せてしまうこともあるため、隠蔽部分となる基礎心の確認は監理者自らが行うことが望ましい

① 下げ振りで遣り方の水糸と捨てコンの心墨が一致しているかを確認
② 水糸と捨てコン間の距離を計測し、根切り深さと基礎高さを確認
③ 捨てコン上の各心墨の間隔をすべて計測
④ 基礎の入る位置、基礎ベースの幅を計測し、図面と照合する
⑤ ④の計測幅に余裕がない場合は該当部を掘らせて適正幅を確保

※12 コスト削減のため、墨出しの下地として基礎底部のみに打設することも多い

基《き》礎《そ》

配筋

配筋は、定着長さや継手長さが適切かを確認しておく［32頁］

かぶり厚さ

鉄筋からコンクリート表面までの距離を「かぶり厚さ」という。基礎の耐久性に影響するので、部位ごとに必要な寸法を確保しておく。かぶり厚さの確保にはスペーサーも用いる［33頁］

ベタ基礎

木造住宅は、不動沈下対策など構造的な理由からベタ基礎が一般的［32頁］

給排水の経路を確保

最終枡の管底高を計測し、1／50勾配で水上部が所定の土かぶりがとれるようにしておく。配管スリーブは、給排水経路図や平面図で位置に問題ないかも確認しておく

現場の検査

基礎配筋の段階で、配筋検査を実施する［35頁］。施工者は住宅瑕疵担保責任保険などの検査も受けるので、設計者も任意で立ち会う

コンクリートの品質

コンクリート打設前には、受け入れ検査を行い、品質が適切かを確認する［38頁］

＼こっそり呟く… 現場X／

たけみ @takemi 6:21

ミキサー車を停めるための道路使用許可も申請したし、近隣対応もばっちり！

光 @hikaru 6:45

電線の防護管設置作業って電力会社さんしかできないから、見てるとウズウズするの

IZUMI @kasumigaseki 7:08

もうすぐスリーブの設置作業。サイズを確認して手配しておかないとですわ

アヤセ @ayase1120 7:31

知り合いの大工が現場監督と結婚するらしい。まあアタシは棟梁以外考えられないけどね♡

配筋

捨てコンに基礎の墨出しを行った後、配筋作業に入る。配筋は建築物の強度や耐久性にかかわるため、意匠設計者や構造設計者がコンクリート打設前に確認検査を行い、必要があれば是正する。

1 外周型枠の設置

配筋の前に外周型枠を設置する。型枠には木製と鋼製があり、基礎の形状や高さから判断して選定する。木製は加工がしやすく、変則的な箇所でも設置が容易。鋼製は再利用できるため、長期的に考えると施工側のコストを抑えることができる。

2 基礎配筋

捨てコンに墨出しした基礎心をもとに配筋する。配筋は、①外周立上り部、②ベース部、③内部立上り部の順番で行う。

PICK UP! ＞ 鉄筋の現場加工

立上り部や補強筋など、初めから鉄筋を曲げていると作業しにくい箇所は、ベンダーなどを使い現場で加工する［※2］

擁壁が必要な場合は、配筋作業の前に設置を行うよ！［※1］

※1 隣地と高低差がある土地は災害などによる圧力で斜面が崩れやすくなるため、擁壁（壁状の構造物）工事が必要になることもある

※2 数本同時に加工できる油圧式や電動式のベンダーもある

PICK UP! ＞ ベタ基礎の配筋例

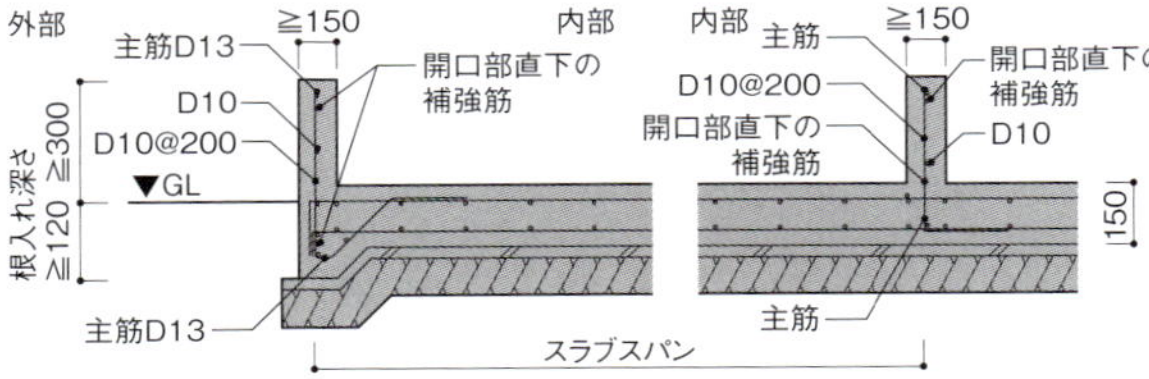

木造住宅ではベタ基礎が主流。ベタ基礎の配筋例は左図のようになる

3 結束線で鉄筋を緊結

コーナーやスラブ筋の定着長さを確認しながら配筋する。コンクリート打設時に鉄筋が動かないよう、0.9㎜径以上の結束線で鉄筋どうしを緊結する。鉄筋の定着長さは一般的に主筋で40d以上、補強筋で25d以上が必要となる。

「d」とは鉄筋の太さのこと。主筋の鉄筋の太さが10㎜のとき、定着長さは400㎜以上必要ということになります

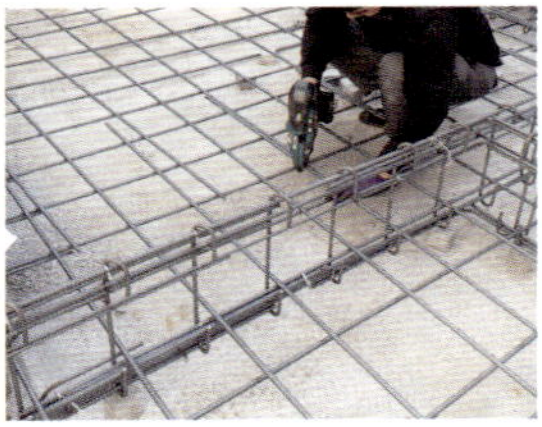

4 鉄筋の長さを確認

鉄筋の長さが足りない場合は重ね継手にして、継手長さが適切に取れていることを確認しながら進める。

PICK UP! ＞ 継手長さの確認

表 鉄筋の定着および重ね継手の長さ

鉄筋の種類	コンクリートの設計基準強度（N／㎟）	定着の長さ			特定の定着および重ね継手の長さ（L1）
		一般（L2）	下端筋（L3）		
			小梁	スラブ	
SD295	21	35dまたは25dフック付き	25dまたは15dフック付き	10dかつ15㎝以上	40dまたは30dフック付き
	18	40dまたは30dフック付き			45dまたは35dフック付き

＊ 継手は応力の小さい位置に設けることを原則とする。直径の異なる鉄筋どうしの継手は、細いほうの材の継手長さとする

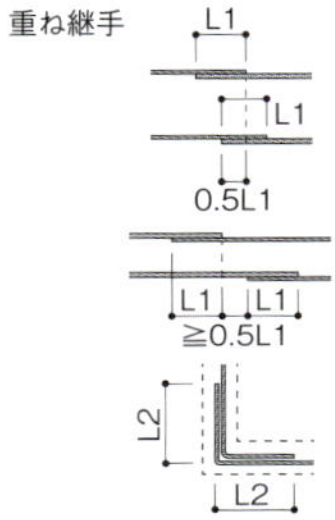

継手長さは、コンクリートの設計基準強度と鉄筋の強度で決まる。継手の位置は1カ所に集中させず、相互にずらして設ける

5 かぶり厚さの確認

スペーサーを使い、ベース部と立上り部のかぶり厚さを確保する。かぶり厚さはベース部で60㎜以上、立上り部で40㎜以上となるように、部位に応じてスペーサーの形状を使い分ける［36頁］。

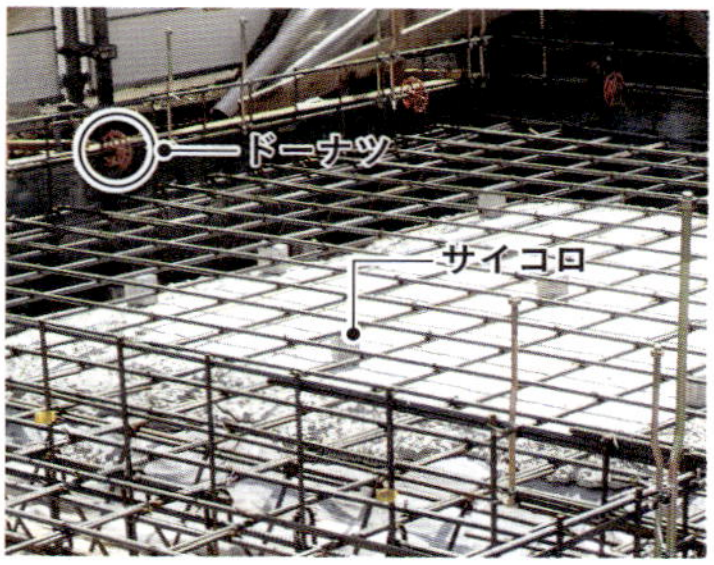

PICK UP! ＞ スペーサーの設置

通称「サイコロ［写真左］」、「ドーナツ［写真右］」と呼ばれる2種類のスペーサーで鉄筋のかぶり厚さを適切に保つ。910㎜ピッチ程度で鉄筋の下に配置する

6 アンカーボルトの設置

基礎伏図を参照しながらアンカーボルトを設置する。アンカーボルトはコンクリート打設時にずれやすいので、固定治具《じぐ》などを使ってしっかり固定されていることを確認しながら進める［※3］。

PICK UP! ＞ アンカーボルトのピッチ

アンカーボルトは2.7m以内ごとに配置する。アンカーボルトにズレが生じると、土台敷きや構造金物の取り付けに影響するため、注意して確認する

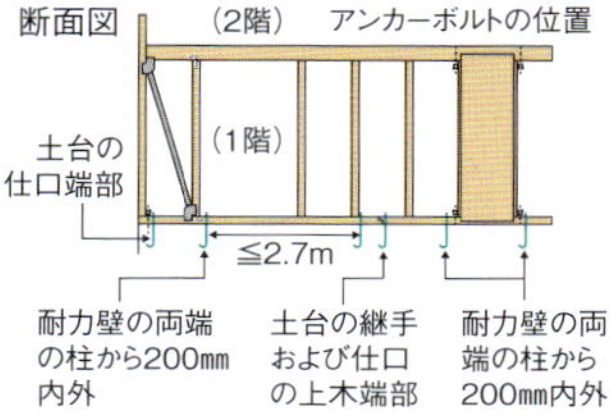

PICK UP! ＞ 高さと位置の確認

レーザーレベルを使い、立上りコンクリートの天端レベルと位置を確認しながらアンカーボルトを設置する

※3 アンカーボルトの心は、土台幅1／3の中央の範囲内に設置するように注意

配管スリーブ設置

配筋後、配管スリーブ〔※4〕の設置を行う。配筋前に配管の位置を墨出しをしておく。配管が連続する箇所については、ジャンカ〔※5、41頁〕やひび割れ対策を事前に検討しておくこと。

1 配管スリーブの設置

配管スリーブを設置する。スリーブが集まる箇所でも、スリーブどうしの間にはスリーブ径の3倍の間隔を確保する。メンテナンスを考え、配管類は基礎底盤ではなく立上り部から通すことが望ましい。

スリーブと鉄筋の間には40㎜以上のかぶり厚さを設けるようにしましょう

PICK UP! > スリーブの補強筋

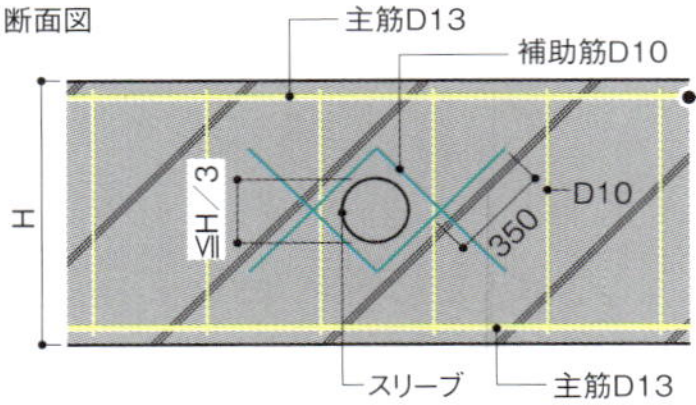

開口部の径が80㎜以上の場合、補強筋を入れる。開口部補強の方法については特記仕様書に明記しておく。左図は補強筋の配置例

※4 設備の配管類が基礎コンクリートなどを貫通できるよう、あらかじめ埋め込んでおく管のこと
※5 コンクリートの打設不良により、空隙ができて脆くなっている状態のこと。豆板《まめいた》ともいう

配筋検査

配管スリーブの設置作業が完了したら、コンクリートを打設する前に、意匠設計者・構造設計者・現場監督による配筋検査を行う〔※6〕。鉄筋の定着長さやかぶり厚さに注意して確認を行う。

1 定着長さの確認

基礎コーナー部は、立上りの上端主筋・下端主筋の端部が重なることが多い。そのため、これらの主筋に40d（主筋の径の40倍の長さ）の定着がとれているかを確認する。隅部の主筋で定着がとれていない場合、コーナー補強筋を入れて40dの定着をとる。

表 本事例の基礎配筋

鉄筋の仕様		鉄筋の結束
種類	SD295A	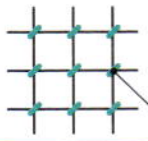 梁スラブ、壁筋は1本ごとに結束
径	D10～D16	
継手方法	重ね継手	

PICK UP! ＞ スラブ筋と縦筋の定着長さを確認

スラブ筋は基礎立上り部分で定着をとる必要がある。立上り主筋を越えたところで先端を下げ入れ、40dの定着をとる。また立上りの縦筋は、呑込み部分で定着をとる必要がある。スラブ天端から内側に曲げ入れて40dの定着をとる

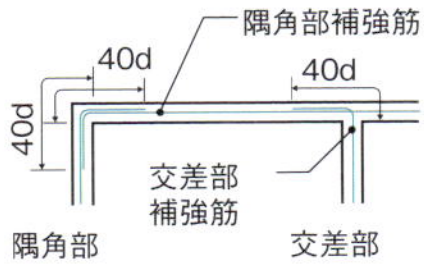

基礎主筋平面図

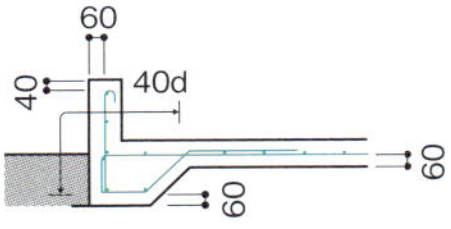

スラブ筋断面図

※6 構造計算が入らない場合は、意匠設計者と現場監督のみで配筋検査を行う

2 かぶり厚さの確認

かぶり厚さは鉄筋からコンクリート表面までの距離のこと。鉄筋の強度、耐久性に重要な意味をもつ。かぶり厚さがきちんととれているかの確認も重要。

基礎の立上り部分では50㎜以上のかぶり厚さが必要。縦筋のフックの向きによっては必要なかぶり厚さがとれない場合があるので、フックの掛け方を調整するデス！

PICK UP! ＞ スラブ筋のかぶり厚さを確認

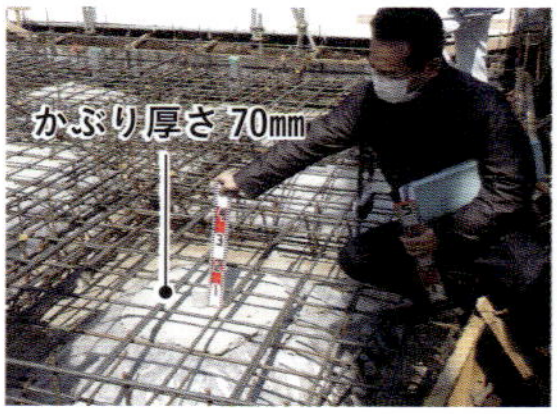

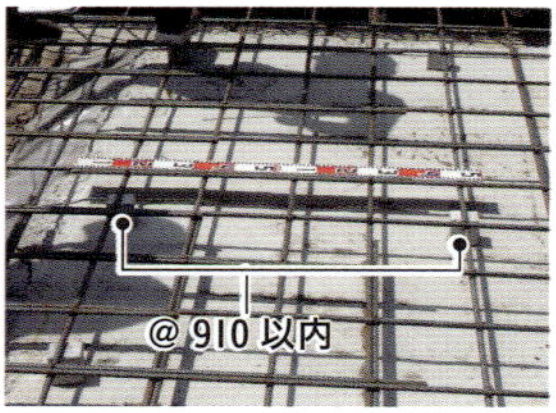

スラブ筋下端のかぶり厚さは、70㎜程度確保する必要がある。かぶり厚さ確保のため、910㎜以下の間隔でスペーサー（サイコロ）をスラブ筋の下側に設置する［33頁］

立上り部のかぶり厚さを確保する際は、「ドーナツ」［33頁］を使ウヨ

立上り部も基礎梁同様、構造上重要な部位です。立上り、基礎梁の主筋、縦筋、スラブ主筋などの定着が絡んでくるので注意深く確認します。特に基礎下端のスラブ主筋へ補強筋の定着をしっかりと確認しましょう

3 配筋の確認

基礎梁（ベタ基礎の立上りを地中にも伸ばして断面を大きくした部分）は、建物外周のほか、構造上重要な箇所にも設けられる。基礎梁の主筋はスラブの主筋などと絡むので、それぞれの配筋の間隔をロットで正確に測定しておく。

④ スリーブ廻りの確認

梁貫通孔が連続する場合の間隔は、（φ1＋φ2）×3／2で算出する［※7］。

基礎部分とかかわる2階トイレの排水スリーブやエアコン隠蔽配管用の配管スリーブは忘れやすいので注意！

PICK UP! 開口部廻りの補強筋の確認

人通口は補強筋としてフックを設ける。なお、地中梁が入っている場合は補強が緩和されることもある。最近は気密性を考慮して、通気口を設けないこともある

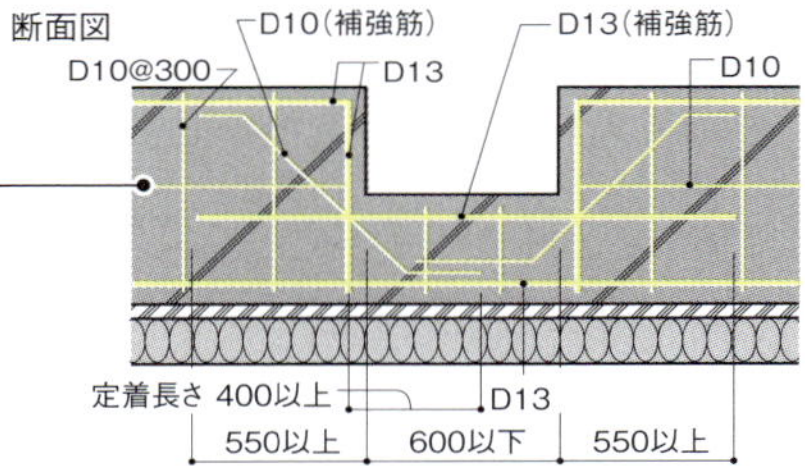

⑤ 打設前確認

コンクリート打設直前に、最終確認を行う。図面どおりにホールダウン金物が設置されているかを確認。鉄筋に緊結されているか、360㎜以上埋め込まれているかなども併せて確認する。

縦筋と横筋が十字になっている部分については、結束線で緊結しマス。配筋検査により是正の必要が発生した場合は、コンクリート打設前までに工程を調整して是正してくだサイ！

※7「建築工事共通仕様書」（公社）日本建築家協会（監修）により規定

コンクリート打設

コンクリート打設はベース部から立上り部へと、2日に分けて行う。ひび割れが発生しないよう手順を遵守し、締め固められていることを確認しながら施工する。季節や天候に適した養生方法についても事前に確認しておく。

1 生コン受け入れ検査

コンクリート打設当日、打設の前に生コンの受け入れ検査を行う。スランプ・フロー試験［※8］からテストピース［※9］採取まで、RC造と同様適切に行う。検査結果は写真に残すとともに、配合計画書などと相違がないか確認する。

激しい雨が降っている場合などはコンクリートの強度や耐久性に影響するので、施工予定日の天候にも注意し、確認しておきましょう！［※10］

配合計画書（抜粋）

配合の設計条件					
呼び方	コンクリートの種類による記号	呼び強度	スランプ又はスランプフロー cm	粗骨材の最大寸法 mm	セメントの種類による記号
	普通	30	18	20	N
指定事項（必須）	セメントの種類	呼び方欄に記載	粗骨材の最大寸法	呼び方欄に記載	
	骨材の種類	使用材料欄に記載	アルカリシリカ反応抑制対策の方法	A	
指定事項（任意）	骨材のアルカリシリカ反応性による区分	使用材料欄に記載	軽量コンクリートの単位容積質量	kg/m³	
	水の区分	使用材料欄に記載	コンクリートの温度	℃	
	混和材料の種類及び使用量	使用材料及び配合表欄に記載	水セメント比の目標値の上限	50.0％	
	塩化物含有量	0.30kg/m³ 以下	単位水量の目標値の上限	170kg/m³	
	呼び強度を保証する材齢	28日	単位セメント量の目標値の下限	320kg/m³	
	空気量	4.5％	流動化後のスランプ増大量	cm	

PICK UP! 〉生コン受け入れ時の確認

生コン車が到着したら、まず運搬時間が90分以内であることを確認。検査結果の許容数値を決め、コンクリート設計強度とスランプ値を確認する。不適切な場合は受け入れ拒否できるように、生コン業者および施工者と申し合わせをしておく。また採取した6本のテストピースは、7日後と28日後に3本ずつ圧縮強度試験を行う。試験報告書［写真右］で強度に問題がないことを確認する

試験報告書

供試体打込箇所	耐圧盤						
供試体採取年月日	2020年4月16日			供試体採取方法	JIS A5308		
供試体受領年月日	2020年4月22日			強度管理方法	通常の方法		
養生方法	標準養生			採取地点	荷卸し地点		
試験年月日・番号	2020年5月14日	試験第 05834 号		試験担当者	No. 3016 一柳 浩幸		
試験結果	供試体番号	スランプ	空気量		圧縮強度 N/mm²	材齢 28 日	管理材齢 28 日
	1	16.5	4.6		44.8	設計基準強度Fc＝	24 N/mm²
	2	16.5	4.6		47.1	品質基準強度Fq＝	24 N/mm²
	3	16.5	4.6		46.6	構造体強度補正値S＝	3 N/mm²
	圧縮強度平均値 F				46.2	調合管理強度Fm＝	27 N/mm²
立会者						試験結果の判定	F≧Fm 合格
備考	生コン温度 21℃ w/c≦50%、W≦170kg/m³						

T

※8 コンクリートの広がりを示すフロー値から、コンクリートの流動や変形に対する抵抗性を測定する。試験方法はJIS A 1150により規定されている
※9 圧縮強度試験（28日経過後に圧縮試験機にかける）に使用する試験体
※10 目安として、3mm／h以上の雨量が予想される場合は延期するのが一般的

②ベース部の打設

コンクリートを流し込む高さの目安として、あらかじめ目地棒《めじぼう》の設置や型枠の内側への墨付けをしておく。コンクリートの流し込みと同時にバイブレータで締め固め、その後表面をトンボや鏝《こて》でならし、ひび割れを防ぐためにタンパーでタンピング［※11］を行う。

PICK UP! ＞ **打設時はホールダウン金物に注意**

四隅の通し柱に緊結されるホールダウン金物は、その埋込み深さからベース部にまで達するため、ベース部および立上り部の２回の打設で周囲に隙間なくコンクリートが充填されていることを確認する。なお打設時に金物がずれないよう、鉄筋に結束し、固定治具《じぐ》で型枠に固定する

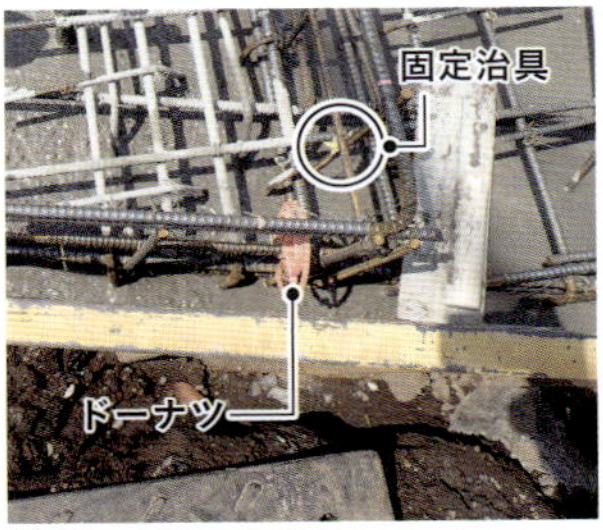

③立上り部の打設

ベース部の打設から5日後、立上り部の型枠を設置し、その日のうちに2回目の打設を行う。立上り部を打設する際は、アンカーボルトにあらかじめテープなどで養生をしておく。これにより、コンクリートが跳ねてねじ溝が埋まるのを防ぐことができる。ベース部と同様、バイブレータで締め固めて鏝《こて》でならす。

バイブレータで締め固める際は、１カ所当たり10秒ほどかけて丁寧に施工するように

ひび割れを防ぐために、コンクリートから浮き出てきた水分はスポンジなどで吸い取ってください！

※11 打設したコンクリートの表面をたたき、余分な水や空気を抜いて締め固めること

PICK UP! ＞ 立上り部型枠設置時の注意点

打設後に型枠を外しやすくするため、型枠の内側には剥離剤を塗布しておく。型枠の設置が完了したら曲がっている鉄筋がないかを確認し、不具合があれば打設前に直す。ゆがんだままでは適切なかぶり厚さが確保できないので要注意

立上り部の型枠内にも、コンクリートを流し込む高さの目印をつけておくのよ！それにベース部と立上り部の取合い部分にごみがあると、接合不良で強度が落ちてしまうから注意よ

4 レベラーを2回流す

立上り部の打設は天端まで流さず、目印の少し下までとする。その後レベラー[※12]で水平な天端をつくる。コンクリートが少し乾き、軟らかさがなくなってきたら、さらにレベラーを天端まで流し込む。コンクリート硬化後に型枠を外し、基礎工事は完了となる。基礎天端レベルの誤差は±3㎜以内にする。

基礎の施工が完了したら、基礎天端のレベルチェックを行います。この際、アンカーボルトが曲がっていないかを確認しておくのよ！

基礎のコンクリート打設時に玄関土間を併せて打設することも。生コン車に載せられる生コンの量は決まっているから、一度に作業すればコスト削減につながります！

PICK UP! ＞ 養生期間は湿潤状態を保つ

打設後は養生を正しく行うことが重要。打設後28日間はコンクリートが完全に固まっていない状態なので、シートなどで覆う方法や散水で水分を保ち、湿潤状態にする。コンクリートは完全に乾燥すると強度が低くなるため、水分を維持しながら養生する。ただし水が溜まりすぎている場合はポンプで排出する

※12 基礎用の天端仕上げ材のこと。型枠に流し込むだけで、平滑な仕上げがつくれる

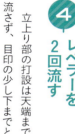

5 外部配管の敷設

型枠を外した後、外部配管の敷設を行う。穴を掘り、配管を入れるスペースを確保して設置する。外部配管を敷設するタイミングは敷地の状態などにもよるが、先に配管しておけば仮設トイレを早い段階で設置することができる。

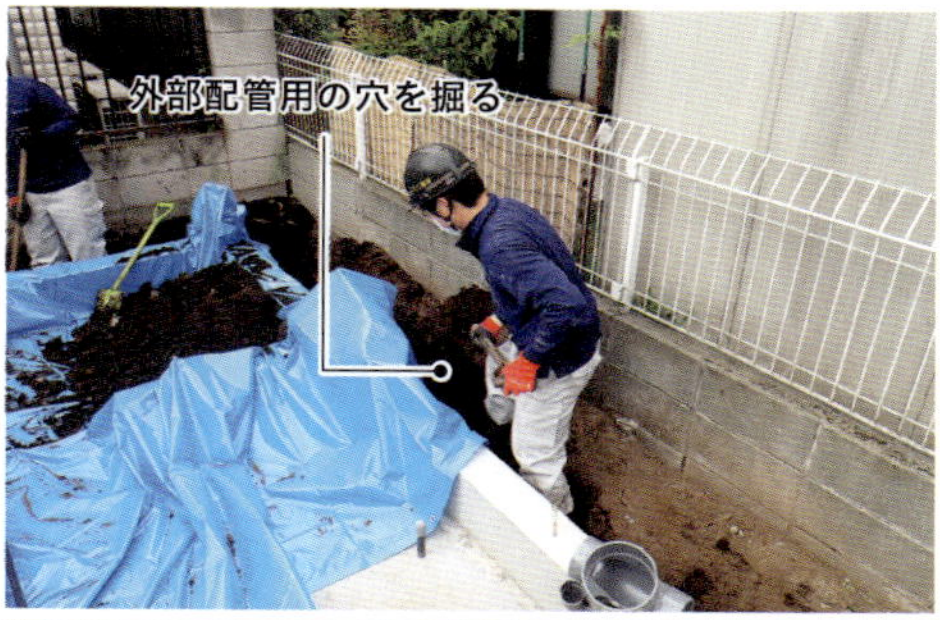

PICK UP! > コンクリートの打ちあがりを確認

地盤面から立上り天端高さは複数箇所で測定し、誤差が3㎜以内に収まっているか確認する。高さが不均等であれば、基礎パッキンのフィラーを用いるなどして調整する

コンクリートの欠陥［表］が発生していないか確認する。問題があれば、施工者に確認をしてすぐに補修などの手配を行う

表 コンクリートの欠陥の種類

ジャンカ	コールドジョイント
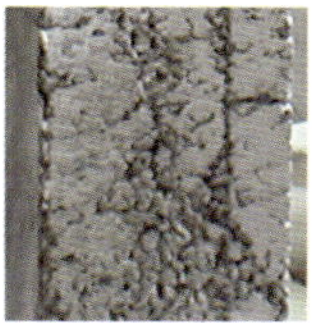 コンクリートの表面に空隙ができたもの。セメントと砂利が分離するなどして発生する。コンクリートの締め固め不足が主な原因	 先に打設したコンクリートと後から打設したコンクリートが一体化せず、接合面がひび割れのようになったもの。打設に時間がかかりすぎると起こる
対処法：無収縮モルタルを充填する。重度であれば該当部分を斫り出したうえで充填する	**対処法**：ポリマーセメントペーストを刷毛塗りする

仕上げにモルタルを使う場合には乾燥収縮などによるひび割れ（クラック）に要注意です！

建方《たてかた》

火打ち梁[※1]

小屋組や床組の梁の隅角部に斜めに留め付け、水平面を固める横架材（90×90㎜）。最近は火打ち金物とすることも多い。露しで使用する場合は木材のほうが見映えがよいが、鋼製は材の断面が細いので、天井仕上げなどの納まりに干渉しにくいというメリットがある

垂木

棟木、母屋、軒桁の上に架けられる小断面の部材［※2］。45×45～120㎜など、軒の出の寸法や屋根材の重さによって断面寸法はさまざま

通し柱

複数階を継目なくつなぐ柱（105×105㎜）。2階建て以上の建築物では、原則として四隅を通し柱とする［※3］。梁が複数方向から取り付くので、断面欠損を補うために120×120㎜とすることも多い［46頁］

基礎パッキン

基礎と土台の間に挟み込む、厚さ20㎜前後の部材。通気可能な通気パッキンなら基礎に換気口を設けずに床下の通気を確保することができ、湿気が土台に伝わらない。空気を通さない気密パッキンもある

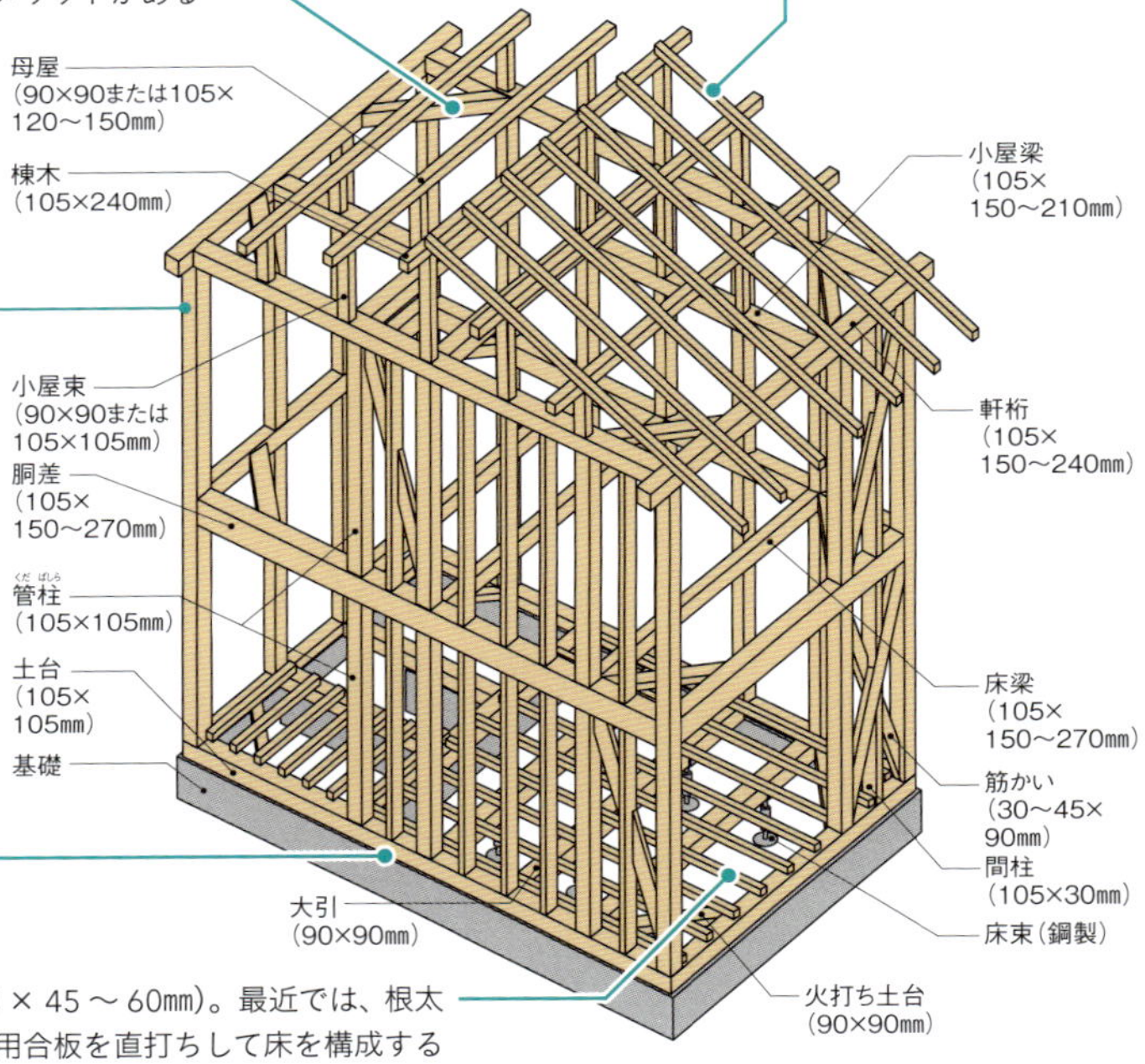

根太

床組を構成する小断面材（45×45～60㎜）。最近では、根太を省略し、大引や床梁に構造用合板を直打ちして床を構成する根太レス工法（剛床工法）［101頁］も普及している

こっそり呟く… 現場X

たけみ @takemi 7:11

2日前からずっと晴れ予報だし、ご近所への挨拶まわりも完璧。今日は建方日和ですね！！

アヤセ @ayase1120 7:51

今回の現場の高さはどれくらいかしら……。足場から見る棟梁もスキ…… #仕事しろ

代々木匠子 @yoyogi_syoko 8:01

ベテラン棟梁が下からビシバシ指示してくれるなら、今日は早くあがれそうだな

光 @hikaru 10:00

建方で隠れちゃうところに配線するなら絶対呼んでね？　忘れたら配線丸見え祭りだよ！

※1 イラスト内に示した寸法のうち、本事例にない部材（垂木、母屋、火打ち梁、火打ち土台）については一般的な部材寸法を記した
※2 小屋裏の空間を室内として見せる場合は、母屋と垂木を省略し、代わりに棟木から軒桁に架けて登り梁を渡すことが多い。本事例では3階の天井高さを確保するため、断面寸法105×105～210㎜の登り梁が架けられている［51頁］
※3 令43条5項

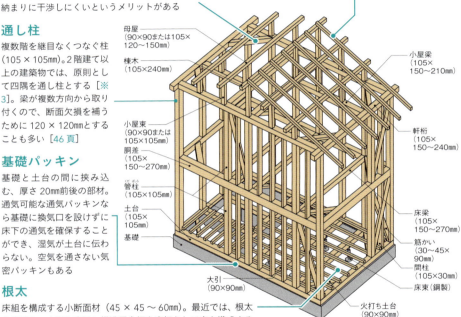

土台敷き

建物の重さを基礎にしっかりと伝達するためには、土台を正しく設置することが重要。建方が始まってしまうと土台のやり直しがきかないので、建方とは日を分けてしっかり施工する。特に、心ズレする箇所は要注意。

1 足場の設置

土台敷きの前に、建方で使用する仮設足場を組み立てる。敷地状況やスケジュールによっては、土台敷きの後に行われる場合もある。

2 プレカット材の搬入

土台敷きの当日、土台や大引などの部材がプレカット工場から現場に運ばれてくる［※4］。材に付けられた番付とプレカット図面が一致しているかを確認する。

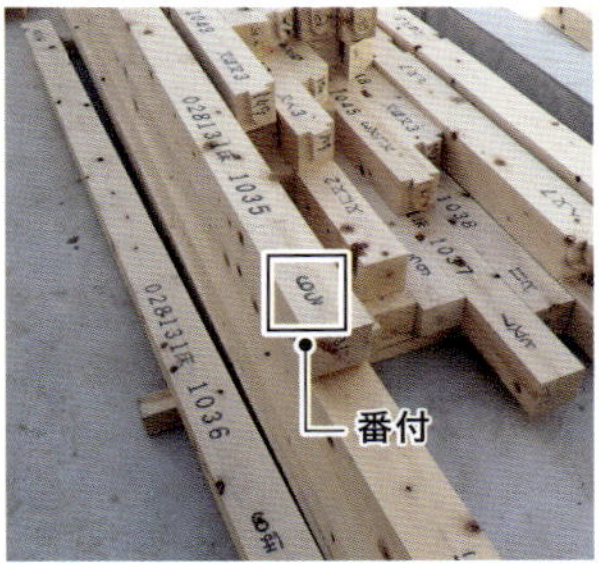

基礎工事〔30頁〕と並行して行われるプレカット業者との打ち合わせでは、搬入の日程や当日のスケジュール、搬入経路などもしっかり確認しておきましょう！

PICK UP! ＞ 搬入経路を見込んでスケジュールを管理

狭小地や、前面道路が狭く奥まった場所にある敷地の場合、レッカー車を現場のそばに付けることができず、材の搬入がスムーズにいかないことがある。搬入を何回かに分けたり、広い道にレッカー車を停めて小さい車に積み替えたり、人力で少しずつ運んだりして対応する。搬入経路上に幅員4m以下の道がある場合にこうした問題が生じる可能性が高い。時間やコストの増大につながるので、敷地の周囲の状況を事前に確認したうえで、搬入や施工のスケジュールを立てることが重要だ

※4 狭小地や旗竿地など、搬入に時間がかかることが見込まれる場合は前日に搬入しておくこともある

3 土台の墨を出す

基礎の上面に、土台を設置する場所の墨を出す。同時にアンカーボルトの位置を1階の床伏図と照らし合わせて確認し、現状の位置を測りとる。

4 土台に孔をあける

③で測った現状のアンカーボルトの位置を、土台に書き写す。墨をもとに土台に孔をあけていく。

5 土台に孔をあける

土台の墨を確認しながら、基礎の上に基礎パッキンを敷いていく[※5]。床断熱の場合は、浴室や玄関廻りなど、気密化が必要な箇所に気密パッキンを敷き、そのほかの部分には通気パッキンを設置するのが基本。基礎断熱の場合は、すべて気密パッキンを用いる。

連続タイプの気密パッキンをぐるりとめぐらせていく

基礎パッキンには、一部に敷く非連続タイプと、必要な長さに切って全周に敷く連続タイプがある。非連続タイプを使用する場合は、土台の水平性を確保するために、アンカーボルト、柱、土台継手の下には必ず設置するんだ

6 土台を敷く

材に付けられた番付を確認し、図面どおりに土台を敷き、防蟻処理を施す。土台にヒノキやヒバ、防蟻処理を施したツガ材などを使用する場合、防蟻処理の工程は不要[※6]。

※5 基礎パッキンは、土台よりも幅が小さいものが一般的。土台から基礎パッキンがはみ出さないように、土台の墨から逃げをとって設置する

※6 建築基準法では、地盤面から1,000㎜以内の構造体の木部に防腐・防蟻処理を施すことが定められている

PICK UP! ＞ 土台を敷く順序が大事

継手の形状が凹状になっている側（女木）を先に敷き、凸になっている側（男木）を上から重ねてはめ込んでいく。この順番を間違えるとはまらなくなってしまうので要注意

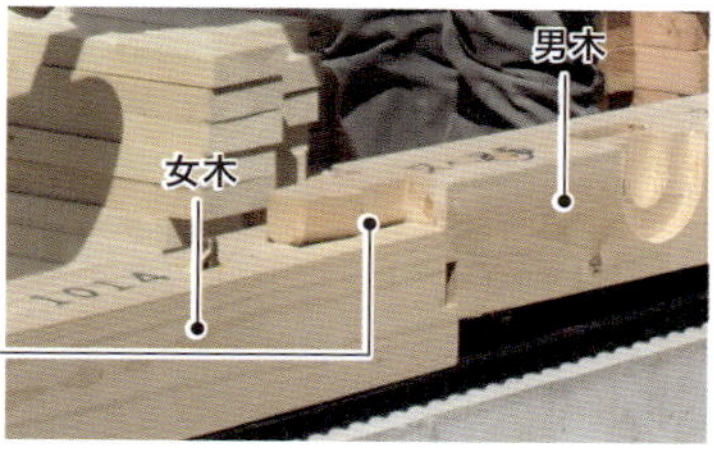

7 大引《おおびき》を取り付ける

土台を敷き終えたら、大引を取り付ける。あらかじめ高さを調節した鋼製束を大引にビス留めしておくと効率がよい。土台と大引の仕口を重ね、掛矢《かけや》でたたいてはめこむ。

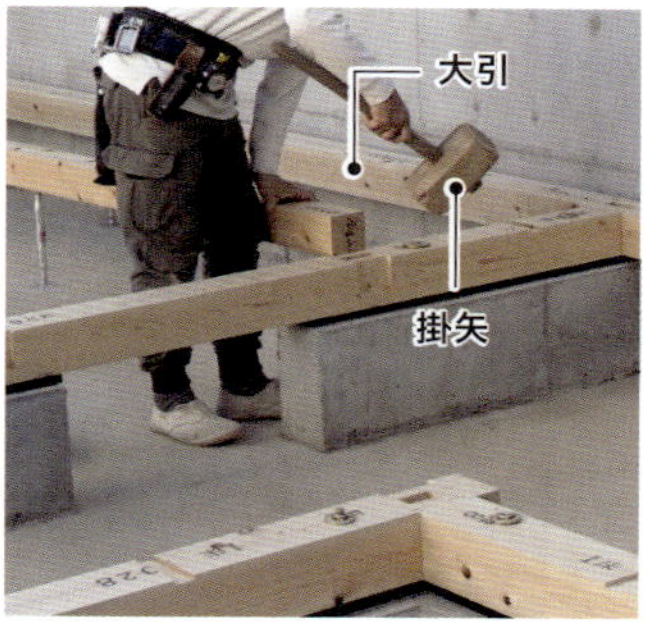

8 アンカーボルトを固定

アンカーボルトの位置やホゾ穴との干渉の有無を再度確認しながら、アンカーボルトを固定する。根太レス工法［101頁］の場合はスクリューワッシャー［※7］を用いる。

根太レス工法には、気密性が高い、施工手間を省けるなどのメリットがあります。一方、根太工法は、土台を切り欠くことなく給水管などを通すことができるので、配管スペースを十分に確保しにくい狭小地などで有効です

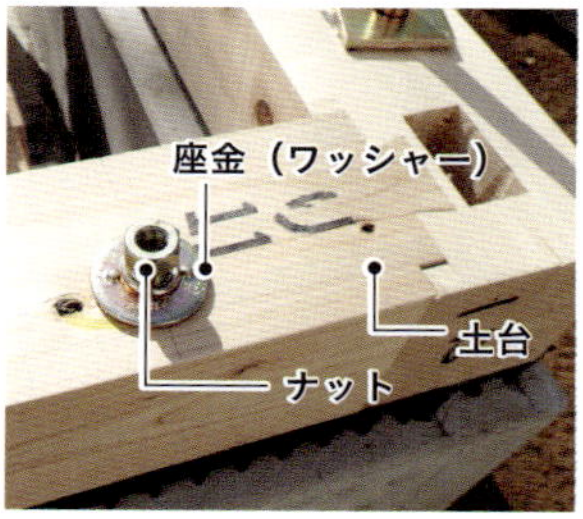

根太工法の場合は、アンカーボルトが飛び出た状態になる

9 土台完成

最後に水平器で土台や大引の水平を確認したら、土台敷き完了。土台の精度は建方全体に影響するので、この日のうちに土台の精度をしっかり確保し、建方に備える。

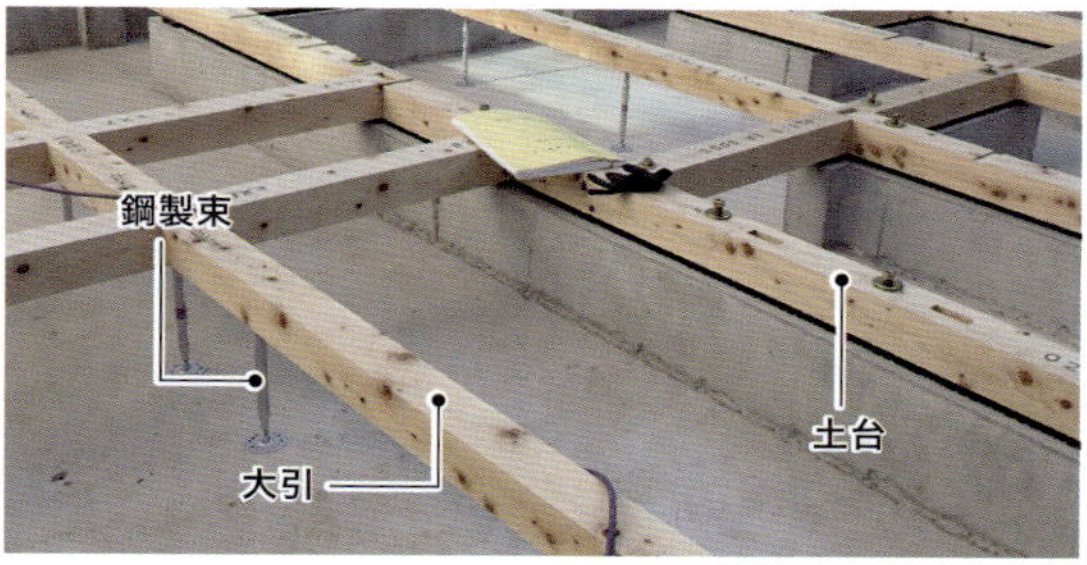

※7 座金とナットが一体になった、アンカーボルトを締めるための金物。締めると座金が土台内に埋まり、土台の上面がフラットに仕上がる

1階建方

建方は、1階柱の立て込みから上棟までが1日で一気に行われる。建方を終えると建物全体がシートで覆われるため、周辺からの外観の見え方が確認できるのはこの機会のみ。設計者はぜひ現場に立ち会いたい。

1 プレカット材の搬入

建方当日、プレカット材が搬入される。樹種、寸法、強度などが発注どおりかを確認する。

3 管柱《くだばしら》を立てる

通し柱以外の柱は、敷地の奥から手前の順に立てていく。手前から立てていくと、材を運ぶ時にじゃまになり、作業効率を下げてしまう。

2 通《とお》し柱を立てる

最初に、通し柱を立てる。1階から3階までを1本でつなぐ通し柱を四隅に設け、しっかり垂直を確保することで、軸組全体も安定する。

通し柱には桁の接合による断面欠損が大きいという欠点もありますが、それ以上に垂直をとりやすいという施工の利点が大きいです。構造用合板や筋かいで周囲をしっかりと固め、余計な水平荷重がかからないようにすれば、耐力も確保できます〔※8〕

4 横架材《おうかざい》を架け渡す

柱を立て終えたら、横架材を架ける。まず外周部を固め、大梁、小梁の順に架けていく。部材をクレーン車で吊りながら、仕口を合わせてはめ込む。

※8 隅角柱のみ4寸角にすることもある

床にかかる荷重は、その下階の小梁、大梁、柱へと伝わっています。建方の順番は、この逆をたどるようなイメージです！

周囲に電線がある敷地では、クレーン車が使えないことも。そのときは、下からさすまたで持ち上げて架け渡すの。重いよー！

5 横架材を金物で固定

横架材を架け渡し、軸組がおおよそ固まったら、接合部を金物で固定する。プレカットであけられた孔に金物を差し込み、留めていく。

座彫りされている箇所にボルトを入れ忘れると、後から施工する時に梁を切り欠くハメになる。取り付け忘れがないようしっかりチェックだ！

⑥ 柱の垂直を確保する

金物を固定し終わったら、水平器で柱の垂直を確認する。傾いている場合は、ターンバックル〔※9〕で調整し、すべての柱・梁が水平、垂直になるまで繰り返す。

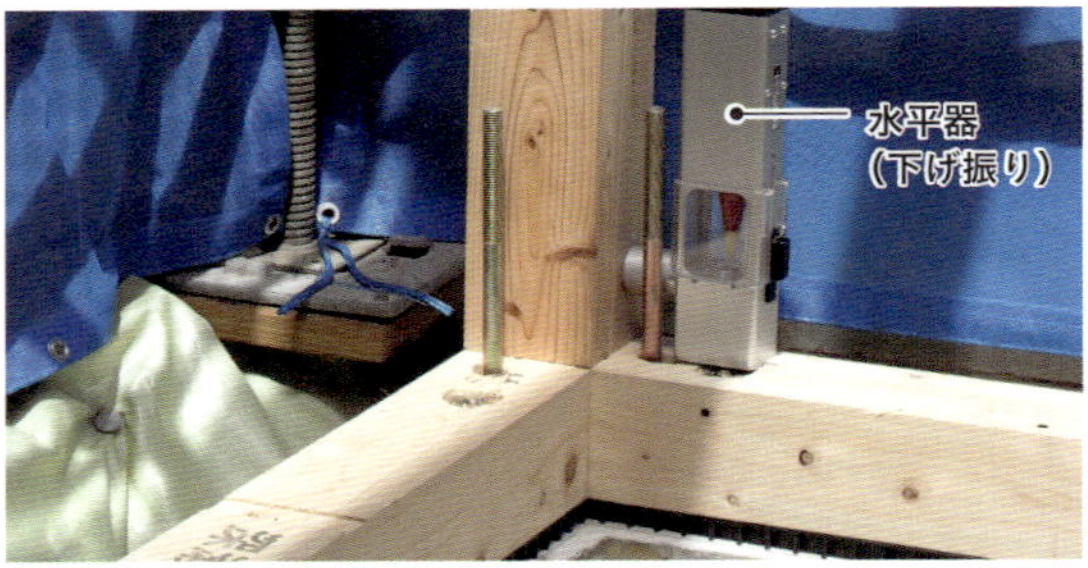

水平器は、糸に重りを吊して水平を確認する下げ振り〔写真上〕のほか、最近ではレーザー式のものがよく使われるな

⑦ 仮筋《かりすじ》かいを付ける

軸組の水平、垂直が確保できたら、これを維持するために仮筋かいを適宜取り付ける。

仮筋かい用の部材は、プレカット業者が必要な本数を見積もって同梱してくれるんだ。助かるな！

※9 ロープやワイヤーなどの張力を調整するための器具。両端に逆方向のねじがついた金属製の道具で、胴部を回転させて張力を調節する

2～3階建方

1階の建方が終わったら、同じように上の階の材を組んでいく。1日で建方を完了するには、大工のチームワークが重要だ。現場の進行状況を把握しながら、棟梁が作業分担の指示を出していく。

1 2階の床を張る

1階軸組を架け終えたところで、2階の床に構造用合板（24㎜厚）を張る（根太レス工法）［101頁］。構造用合板は水に濡れると耐力が低下してしまうため、一般的には小屋組が完成して野地板を張り、雨をしのげる状態になってから各階の床を張る。

本事例の場合は、小屋組材の一部に現場で手刻み加工［※10］を加える必要があったので、作業場所と安全性を確保するために先に2階の床を張りました

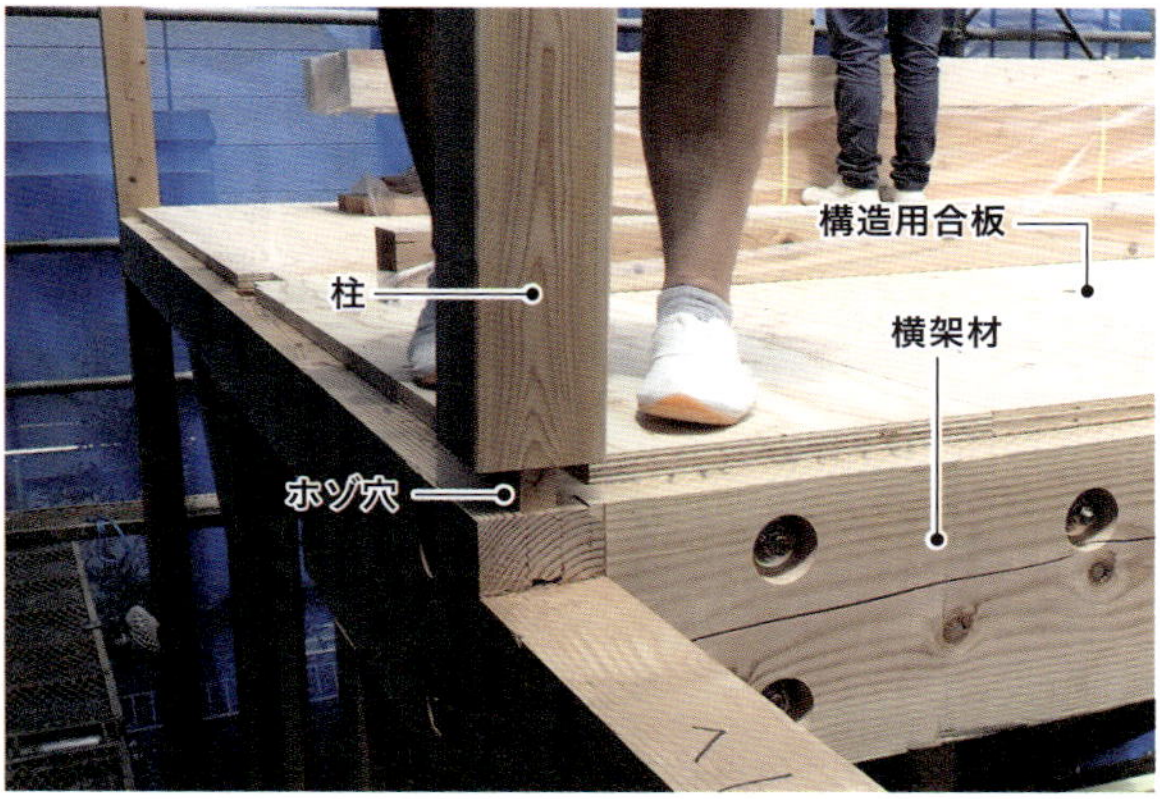

2 2階の柱を立て込む

1階同様、奥の柱から立て込んでいく。胴差、床梁などの横架材のホゾ穴（プレカット加工）に、柱を差し込んで固定する。

※10 プレカットの機械では加工できない複雑な形状の仕口や、露しの木組みを美しく見せたい場合などに、大工の手で加工を施す

プレカット業者との打ち合わせが不十分だと、化粧梁に不要な間柱欠きが施されてしまうことも。事前の打ち合わせはもちろん、搬入された材の状態チェックも欠かさずに！

PICK UP! ＞ **化粧材は慎重に！**

柱や梁に化粧材を用いる場合は、傷ついたり濡れたりしないように要注意。搬入時は紙などで養生されているので、仕口部分以外は仕上げまたは塗装工事まで養生したまま施工する

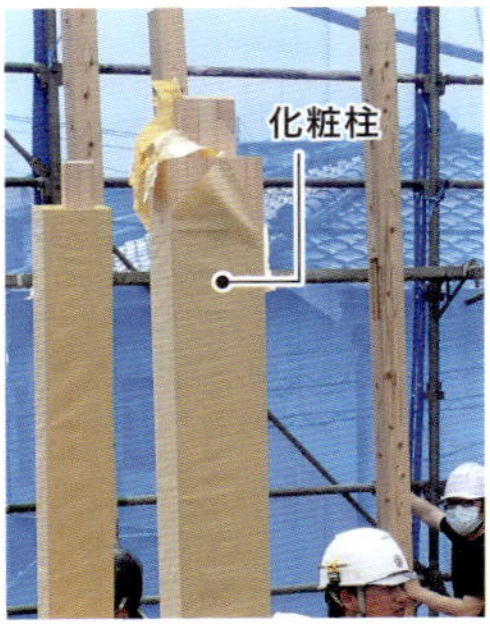

3 横架材を架け渡す

1階同様、外周から大梁、小梁の順に横架材を架ける。根太工法の場合は、水平面の変形を防ぐ火打ち梁［42頁］を取り付ける［※11］。

4 柱の垂直を確保する

柱の垂直を確認して建入れを行い、仮筋かいを設置したら、2階の建方は完了。

5 3階の軸組を立てる

3階も同様に柱を立てて横架材を架け、垂直を確認し、仮筋かいを設置する。

※11 根太レス工法の床は、水平力に強いため火打ち梁が省略される

PICK UP! > 仮柱を立てて屋根を支える

本事例では、斜線制限をクリアしつつ3階に部屋を確保するために、複雑な屋根の構造となった［5頁］。そのため施工の過程では、仮設の柱を立て、一時的に屋根を支えながら建方が行われた

6 小屋束《こやづか》と棟木を架ける

小屋梁のホゾ穴に小屋束を差し込んで母屋を渡し、軸組の一番高いところに棟木を架ける。本事例の場合、3階に広い空間を確保するために登り梁工法を採用している。そのため母屋と垂木［42頁］が省略され、代わりに登り梁を架ける。

7 登《のぼ》り梁《ばり》を架ける

棟木と軒桁の切欠きに合わせ、登り梁をはめ込む。勾配が異なる屋根が組み合わさった複雑な形状の場合は、現場で隅木や登り梁を手刻みで加工することもある。

いよいよ終盤！斜めの部材がパズルみたいにぴったりはまると気持ちいいわ

8 横架材を架け渡す

小屋組が完成して、建方は終了。通常は、この後の工程が天候に左右されないようにルーフィングまで終えることが多い[65頁]。本事例の場合は、ブルーシートをかけて雨に備えた。

重機が使えない狭小地だと、1日では野地板まで終わらないことも多いです。こんな状態で雨が降ったら大変！

PICK UP! ＞ 小屋組の施工手順と注意点

和小屋の施工手順

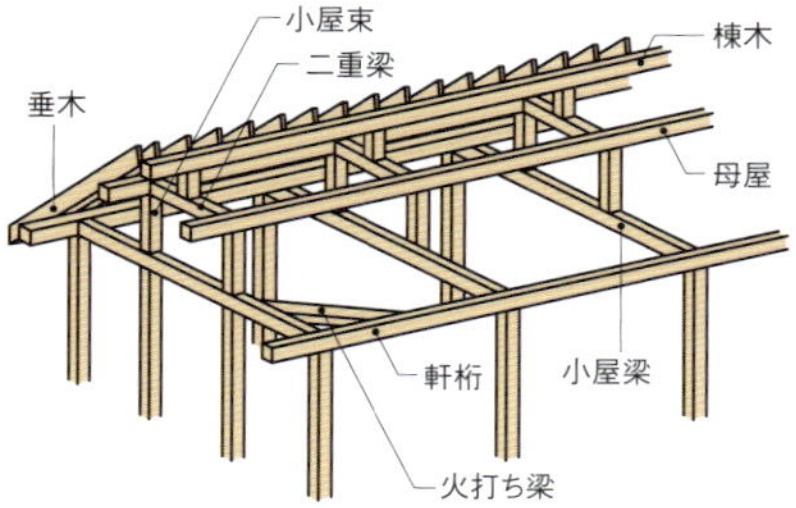

❶ 小屋梁に火打ち梁を取り付ける（小屋梁に厚さ24㎜以上の合板を張ることで、火打ちの設置を省略することもできる）
❷ 小屋束を立てる
❸ 母屋・棟木を架ける。母屋・棟木をけらばで露す場合は、雨水の浸入を防ぐため壁際の止水処理を徹底する
❹ 垂木を架けて完成。母屋を広くとる場合は垂木の成を大きくする

登り梁の施工手順

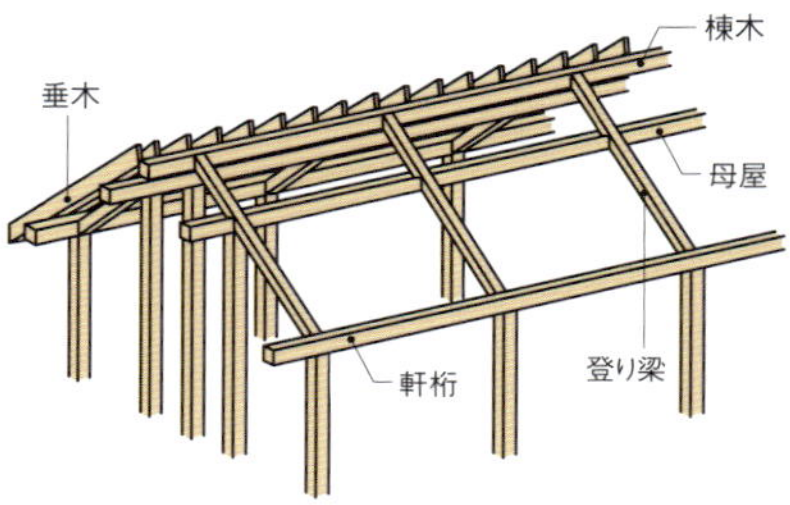

❶ 軒桁、棟木に登り梁を架ける。
登り梁は、勾配天井で梁を見せたくない場合などに用いられる
❷ 登り梁に対して直行方向に母屋を架ける
❸ 母屋に垂木を架けて完成。登り梁と母屋を格子状に組み剛床とし、直接野地板を張って平面剛性を確保してもよい

上棟式《じょうとうしき》

建方が完了したタイミングで、建て主と設計者、工務店、職人が集まり、上棟式を行う。上棟式は建物の無事を願い、職人をねぎらい、工事の安全を祈願する重要な節目。行う場合は早めに日取りを決めておこう。

1 現場を確認する

設計者は、建方が終了した現場を建て主に案内する。空間のボリュームや間取りを実際に見てもらいながら、工事の進捗を確認する。

上棟式は、住宅の全体像が実感できる重要な機会。後から建て主にイメージと違った！と言われないよう、ここできちんと見てもらいましょう。建て主が次に現場を見る機会は、コンセント設置時［83頁］になります

2 神事を執り行う

棟木に近い位置か、神棚の上に幣串《へいぐし》［※12］を取り付ける（①）。軸組のなかに神棚をつくり、供え物をする（②）。建て主と棟梁は神棚に二礼二拍手一礼し、米と塩、お神酒を持って四隅の柱を時計回りに3回清める（③）［※13］。

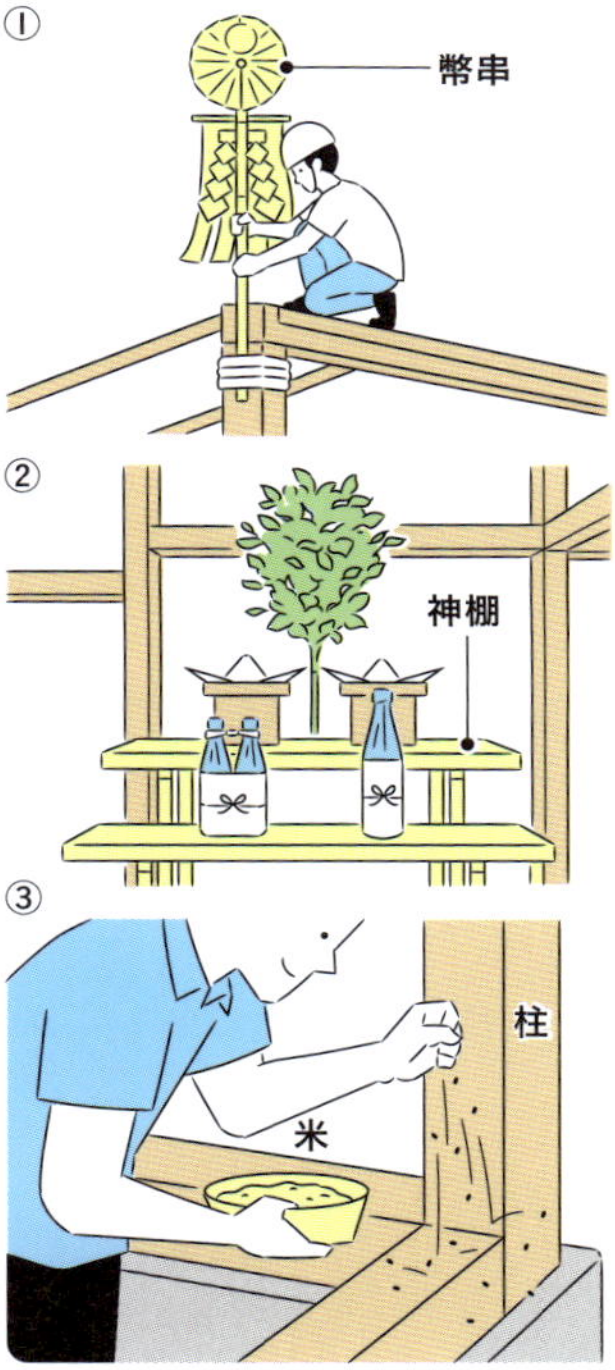

3 乾杯、建て主の挨拶

設計者が音頭をとり、乾杯。建て主の挨拶と職人の紹介を行った後、懇親会をひらく。

上棟式は、必ずしも建方当日というわけではないそう。建方の日は仕事で行けないから、同じ週の週末に上棟式だけ行うことにしたわ。最近は車で現場に集まる人も多いから、懇親会でお酒をふるまわないこともあるみたいね

※12 上棟式の際に、家内安全などを願って飾る縁起物。高さ1m程の角材に、円形の扇子や紙垂などが付いている
※13 上棟式の内容や手順は、地域や慣習により異なる

耐力壁の種類

木造の軸組構造のうち、地震や台風など水平方向の力に対抗する要素となるのが耐力壁だ。耐力壁は、筋かいを用いるものと面材を用いるものに大別できる。ここではそれぞれの基本的な構成について解説する。

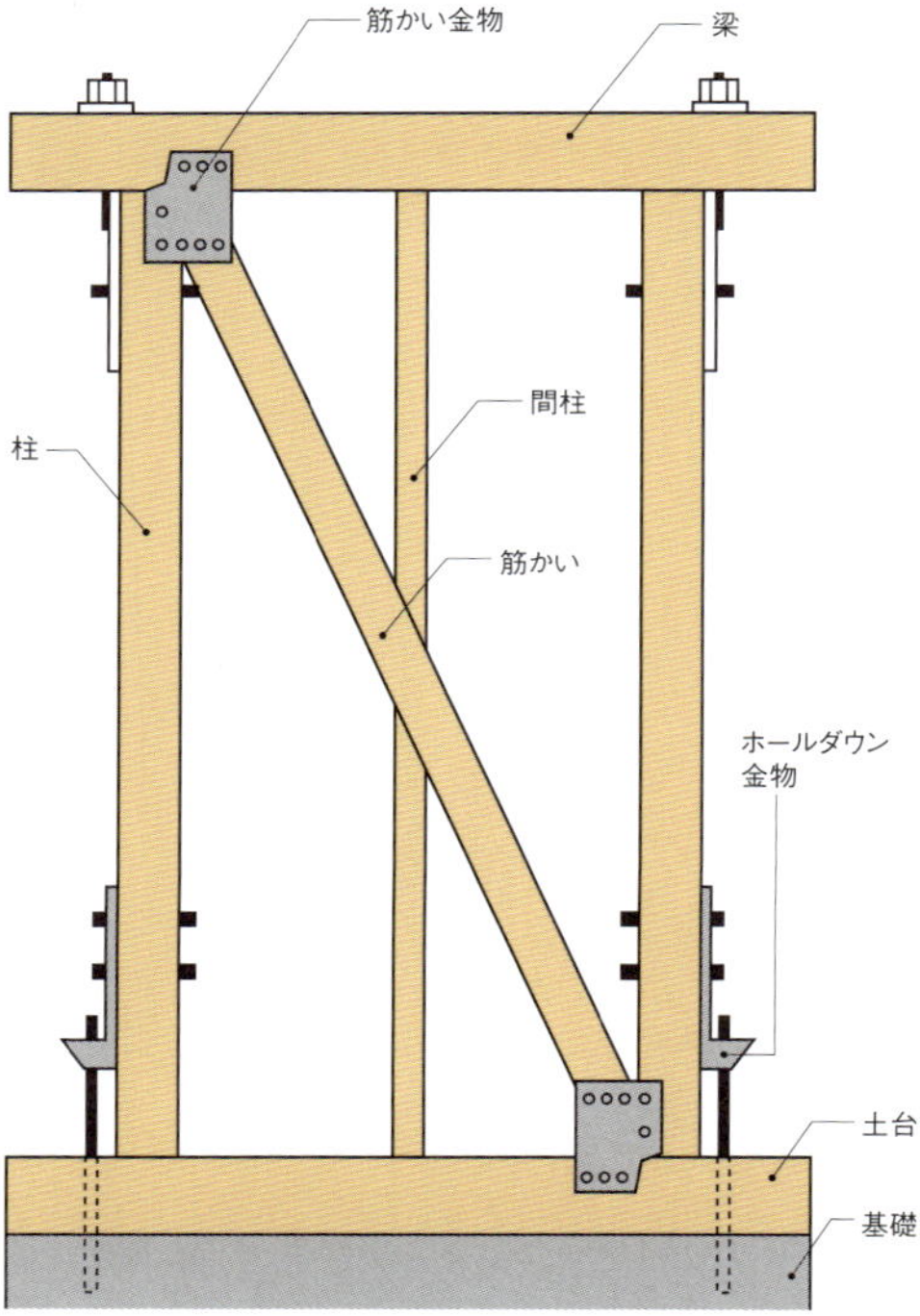

1 筋かい耐力壁

柱と柱の間に斜めの部材を渡し、壁の強度を高めたもの。1本の場合は片筋かい、2本を「×」にかける場合は両筋かいと呼ぶ。筋かいの強度は、壁の長さに対する高さの比に応じて低減する。柱の心々距離が910㎜の場合、横架材間の内法3185㎜までは低減がかからないが、それ以降は〝3.5×(柱心々距離)÷(横架材間内法高さ)〟で求められる係数の低減がかかる。

表1　軸組の種類と壁倍率[※14]の例

軸組	壁倍率
15×90㎜の片筋かい、またはφ9以上の鋼製ブレース	1.0
30×90㎜の片筋かい	1.5
45×90㎜の片筋かい	2.0
90㎜角の片筋かい	3.0
上記の筋かいをそれぞれたすき掛けに入れた軸組	上限5.0として各数値の2倍

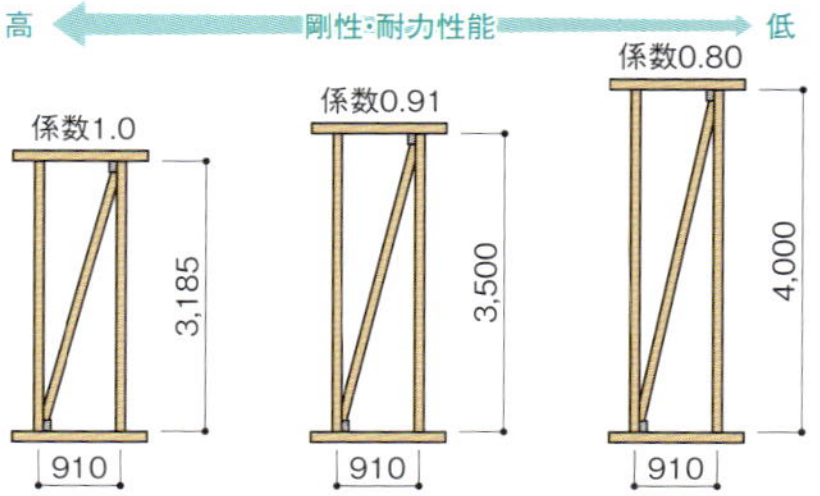

出典：『建築知識』2017年5月号（エクスナレッジ、2017）

※14 耐力壁の強度を示す指標。壁倍率1とは、1.96kNの水平力が加わった時に、長さ1当たりの層間変形角が1／120であることをいう。0.5～5.0の間で、軸組や釘などの仕様によって壁倍率の数値が設定されている

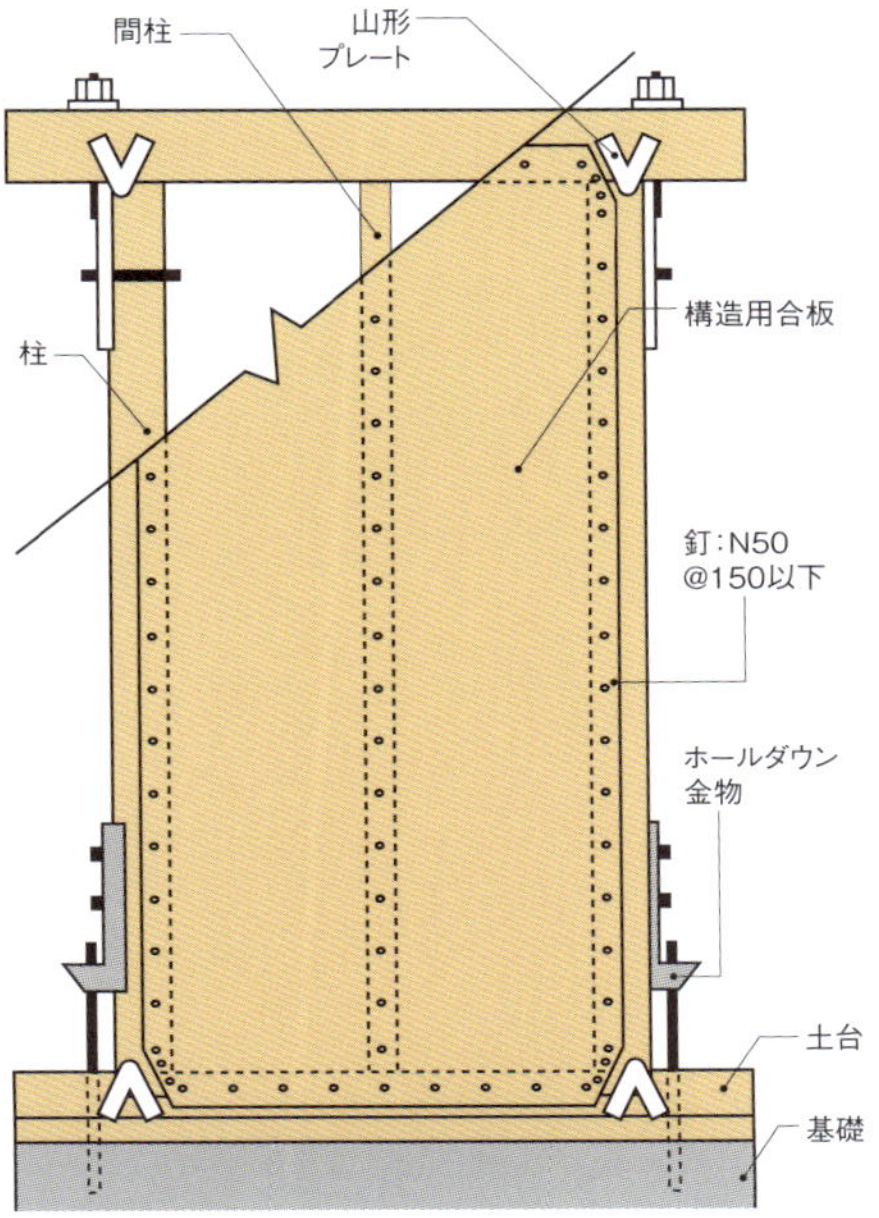

2 面材耐力壁

柱と柱の間に耐力面材を張った耐力壁。使用される面材には、構造用合板のほか、構造用パネル、パーティクルボードなどがあり、それぞれの厚さや留め付け方によって壁倍率が設定される［表2］。

表2 耐力面材の種類と壁倍率の例（大壁仕様の場合）

面材	厚さ(㎜)	壁倍率
構造用MDF	—	4.3
構造用合板	7.5以上	2.5
パーティクルボード	12以上	2.5
ハードボード	5以上	2.0
シージングボード	12以上	1.0
石膏ボード	12以上	0.9

3 釘

木造の軸組構法でよく使われる釘には、N釘やCN釘などの種類がある。いずれも、アルファベットの後につく数字が釘の長さを示す。

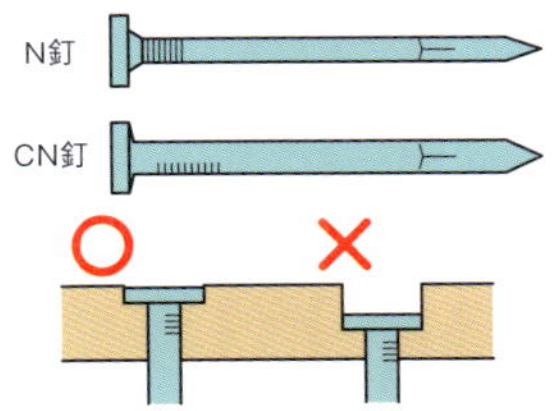

釘を強く打ち込みすぎるとめり込んでしまい、耐力低下につながる［※15］。めり込んだ場合は、付近に適切な圧力で増し打ちする

4 傾斜した耐力壁の扱い

構造計算上、傾斜角度が60°を超える面は壁として扱うことができる［※16、5頁］。面材耐力壁の場合、角度θで傾斜した耐力壁の壁倍率は、同じ仕様で鉛直に立った状態の壁倍率に$\sin\theta$（筋かいの場合は$\sin 2\theta$）を乗じた値となる。

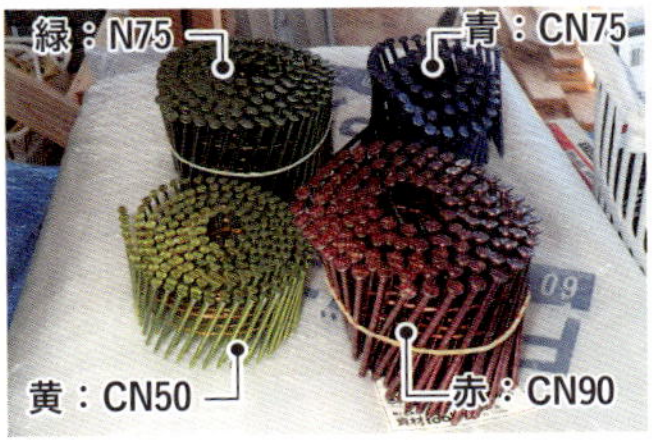

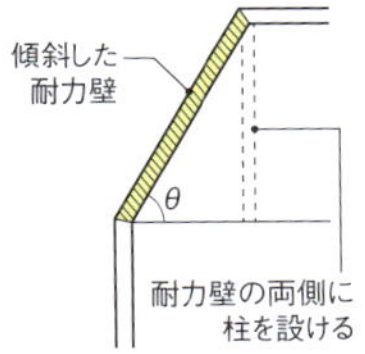

※15 厚さ9㎜の構造用合板の場合、1㎜のめり込みで10～20%、3㎜のめり込みで30～80%強度が低下する
※16「木造軸組工法住宅の許容応力度設計（2017年版）」（公益財団法人日本住宅・木材技術センター、2017）

筋かいと間柱

建方が終わると、外部では屋根工事に移行し、内部では筋かいや間柱、接合金物の取り付けがはじまる。上棟後は速やかに筋かいや面材などの耐力壁を取り付け、軸組を固定させる必要がある。

1 間柱を取り付ける

プレカット加工の間柱欠きに合わせて、間柱を取り付ける。120×45㎜の材を455㎜ピッチで設置する。

PICK UP! > **工事中の安全確保**

内部工事に取りかかる前に、転落や道具・部材の落下に注意が必要。転落の危険がある箇所には、羽柄材《はがらざい》など現場にある部材で簡易的な手摺を取り付けるなどして安全を確保する

2 筋かいを取り付ける

間柱には、筋かいの厚みの分だけ切欠きが施されている（プレカット加工）。この切欠きに筋かいをはめこみ、設置する。

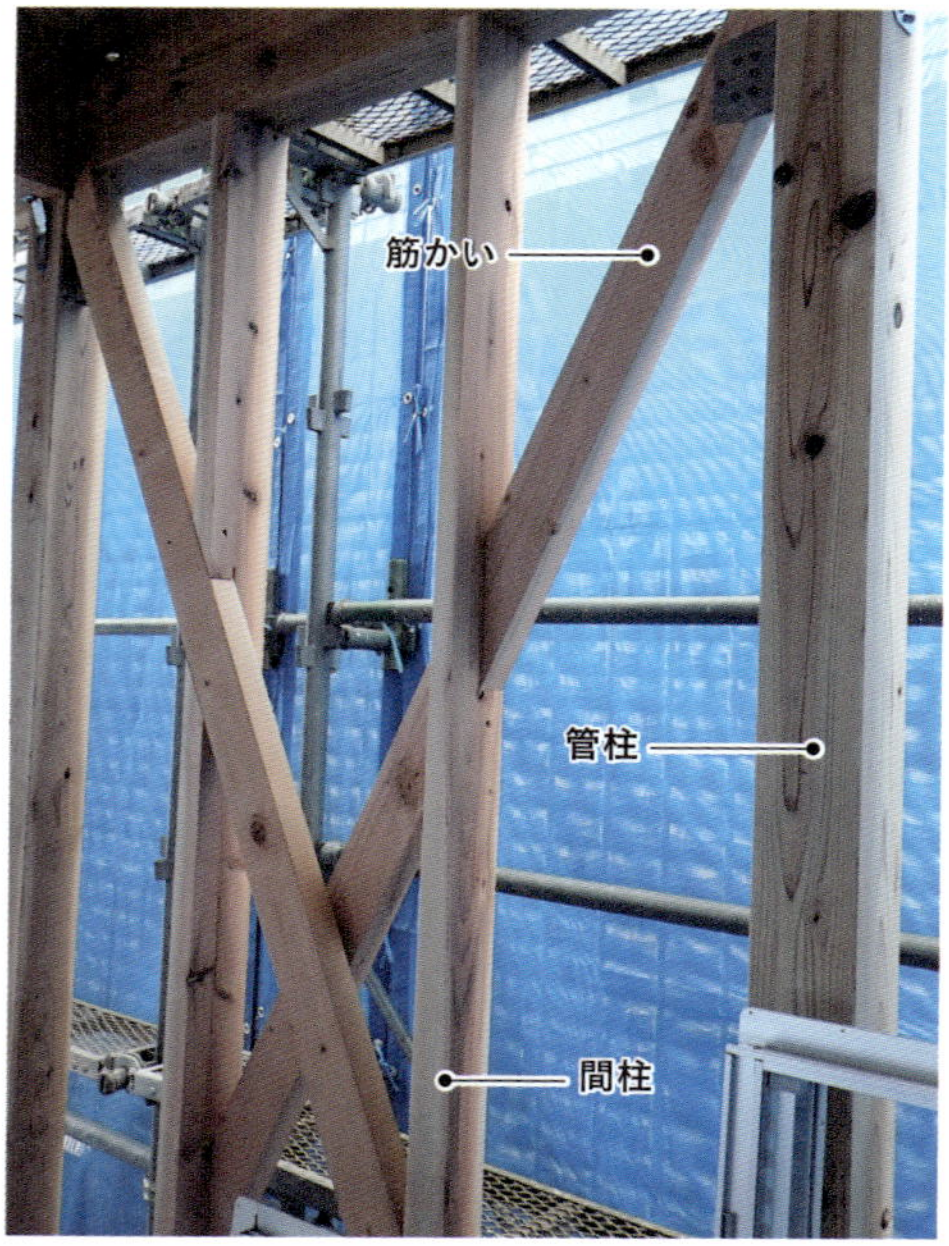

筋かいは構造材なので、断面欠損は禁物。間柱と筋かいが干渉する部分では、筋かいが切り欠かれていないか必ず確認しましょう

面材で構成された耐力壁の場合は、釘のめり込みは御法度《ごはっと》。軟らかいところに合わせて釘打ち機の圧力を調節し、飛び出たところを手作業で直すのが腕のいい大工だ！

3 金物を設置する

筋かいを入れた耐力壁は、水平力を受けると柱頭と柱脚に大きな力が働く。引抜けを防ぐため、接合部に金物をしっかり取り付ける［60頁］。

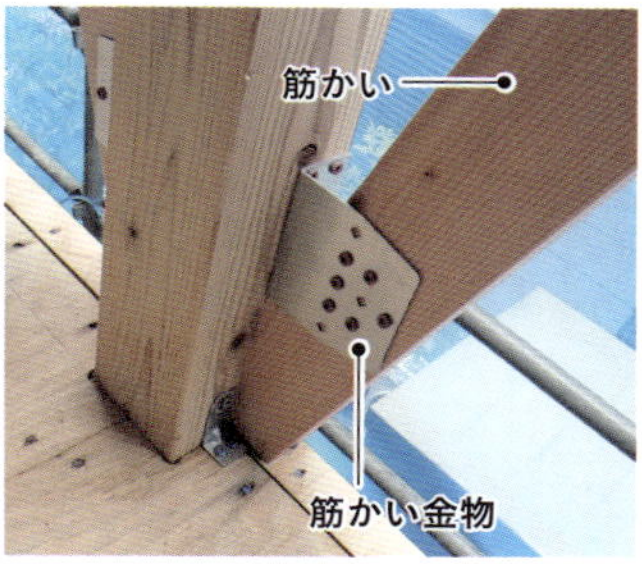

ここまで施工すれば、仮筋かいはもう外して大丈夫！

PICK UP! > **耐力壁配置の基本ルール**

耐力壁は、間取りや開口部との兼ね合いを考えながら、適材適所に配置することが大切。ここでは、耐力壁を配置するうえでの基本的な考え方を解説する。

❶バランスよく配置する

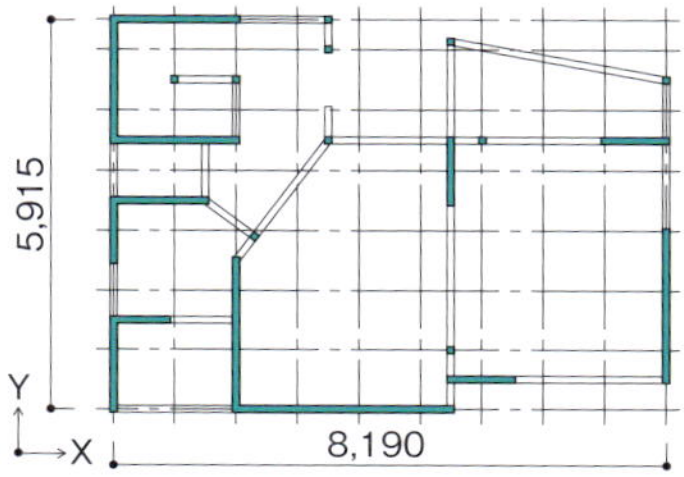

耐力壁の配置バランスが悪い（偏心率が高い）と、地震時にねじれを起こしたり、弱い部分に変形が集中したりしてしまう。建物をX・Yの2方向で考え、壁量に偏りがないように配置する

❷上下につなげる

耐力壁を上下につなげると、1階の柱脚には大きな引抜き力がかかる。耐力の高い接合金物を取り付ける必要がある

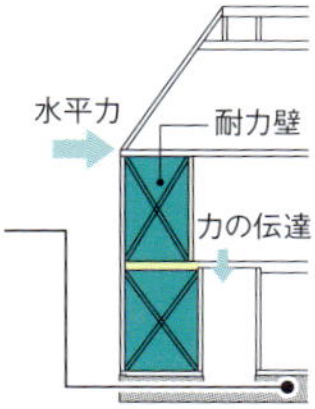

上下階で耐力壁の位置を合わせると、力の伝達がスムーズになり、耐力壁の効果が高まる。下階に耐力壁も柱もない場合、上階の耐力壁は十分な耐力を発揮できない。梁成を大きくするか、剛性を低減して計算する必要がある

本事例の耐力壁の配置

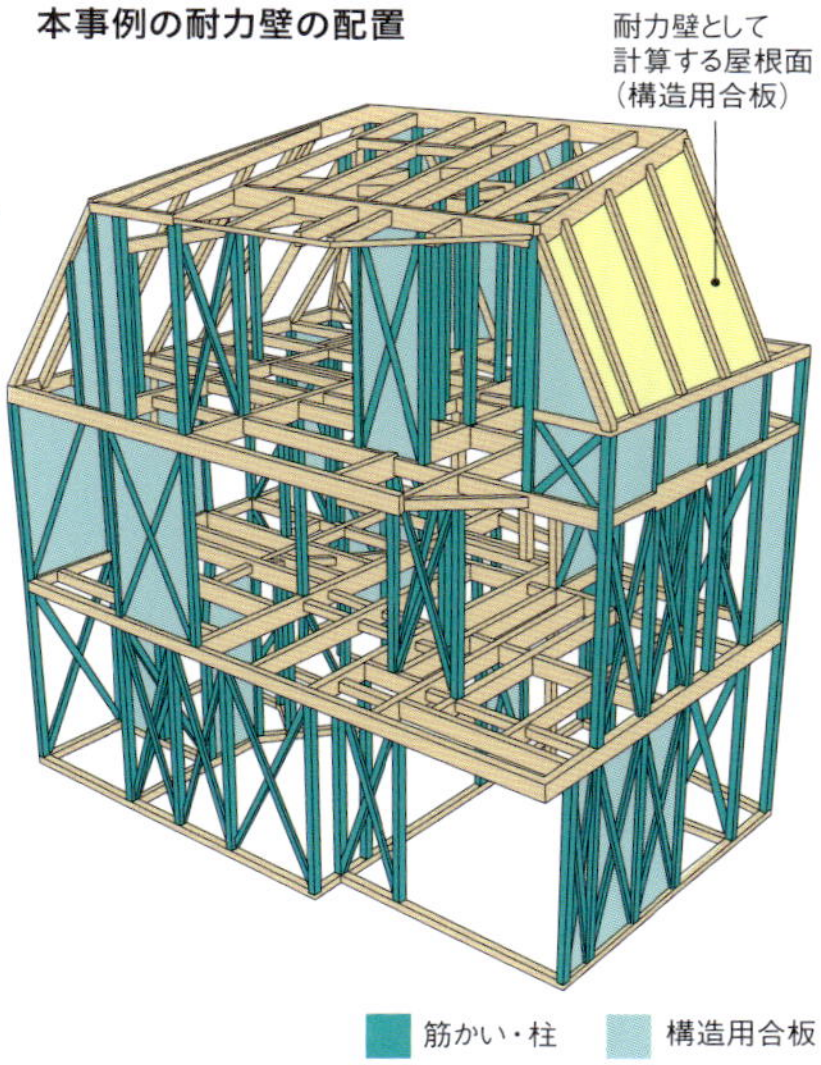

本事例の場合は、1階の開口部や収納の撤去など、間取りや将来の可変性を踏まえたうえで構造上成立するように工夫しました。また、複数方向からの斜線制限がかかるため、3階に十分な広さを確保できないことが問題でした。そこで、今回は屋根を耐力壁として使用することで、3階に柱のない部屋を確保しました

中《ちゅう》間《かん》検《けん》査《さ》

木造3階建て住宅の場合、屋根工事まで完了したところで中間検査が入る〔※17〕。ここでは、中間検査のなかでも重要な確認項目となる構造金物のチェックポイントについて、金物の種類とともに解説する。

住宅瑕疵担保責任保険の適用には、配筋検査〔35頁〕とならんで、構造金物を確認する「金物検査」が必要。中間検査と同じく、上棟後のこのタイミングで行われます

1 中間検査とは

中間検査は、各行政庁が定める「特定工程」を終えた段階で、施工中の建築物が建築基準法などの各規定に適合しているかを確認する重要な検査。木造3階建て住宅では、屋根工事の完了後に、耐力壁などの軸組や構造金物の施工状況の確認が行われる。指定確認検査機関（行政庁など）の検査員と監理者（設計者）、現場監督が立ち会い、適切に施工されているかを図面と照らし合わせながら確認していく。

2 ホールダウン金物

基礎・土台を貫通したホールダウンアンカー〔※18〕を、柱と接合するホールダウン金物。梁を介して上下階の管柱を接合する時〔46頁〕にも使う。3階建てなどの場合、地震の際に1階にかかる水平力が大きくなるため、ホールダウン金物がたくさん使用される。本数に不足がないか、しっかり確認する。

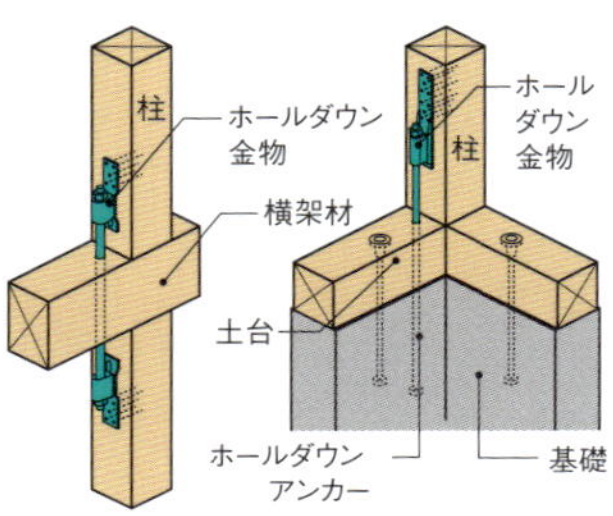

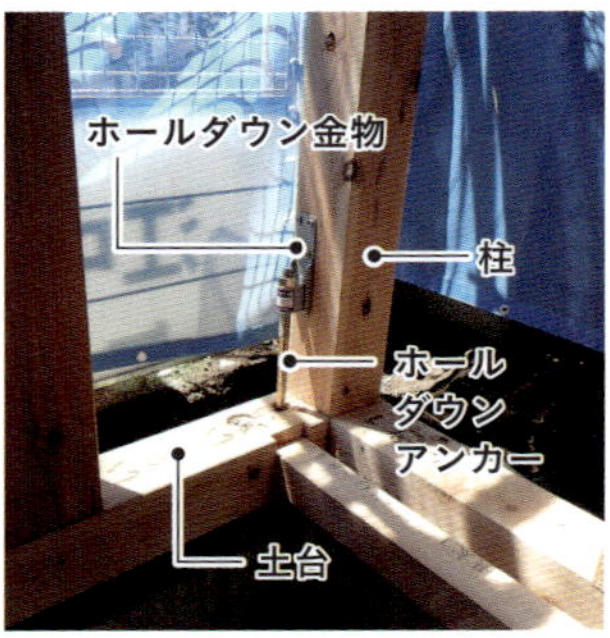

特に、掃出し窓やハイサッシ窓の場合、サッシとホールダウン金物が干渉してしまう可能性があります。フレーム（躯体）だけのこの段階では気づきにくいので、開口部の位置は常に注意して確認しましょう

※17 本事例が建つ東京都の場合

※18 基礎に埋め込まれたアンカーボルトのうち、土台を貫通し、ホールダウン金物によって柱に固定されるものをホールダウンアンカーと呼ぶ

③ 羽子板ボルト

横架材の脱落を防ぐために、梁の端部に取り付ける金物。小屋梁と軒桁、柱と軒桁などを緊結する。構造用合板などの面材を張る部分に取り付ける場合は、座彫りが施されているかを確認する。高気密高断熱の住宅の場合は、金物が熱橋《ねっきょう》［※19］になることを防ぐため、座彫り部分には発泡ウレタンフォームなどで断熱処理が施される。

木材は乾燥すると収縮するから、ボルトタイプの金物は、施工時から時間が経つと緩んでいることがある。中間検査の前に、増し締め［※20］しておこう！

横架材どうしの接合

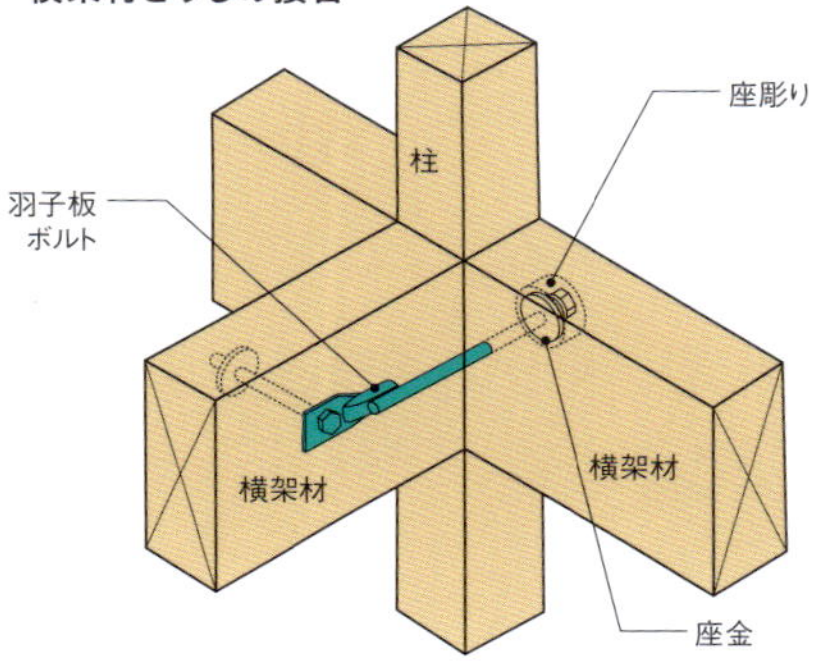

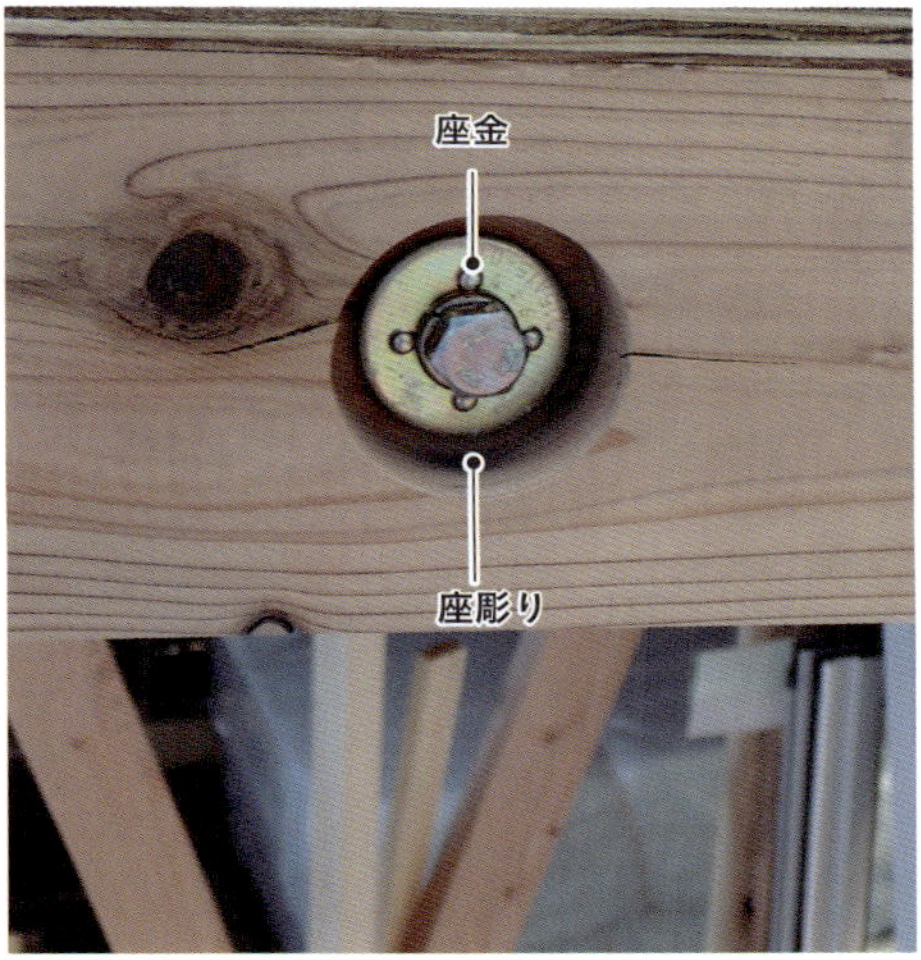

羽子板ボルトなどの座彫りとプレート金物が干渉してビスが正確に取り付けられていない場合は、構造上の問題がないか確認するのデス。必要があれば付け直しマス！

PICK UP! ＞ 本数が足りているか確認

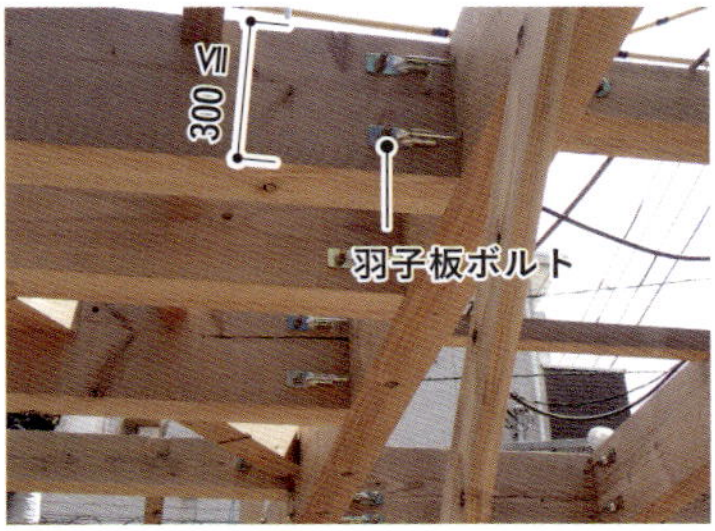

梁成が300㎜以上の箇所には、羽子板ボルトが2本必要。寸法に応じて適切な本数が施工されているかを確認する

※19 周囲の材料よりも熱伝導率が高く、熱を伝える通り道になりやすい部分。たとえば羽子板ボルトなど、木の構造材を貫通している金物には、内外の温度差によって結露が発生する。これが室内に流入すると木構造を傷める原因となるため、金物が露出している座彫り部分には断熱処理を施す必要がある

※20 金物の緩みを防止するため、一度締結されたボルトやナットをさらに締めつけること

4 柱頭《ちゅうとう》・柱脚《ちゅうきゃく》に付く金物

柱頭と柱脚には、ホールダウン金物などの柱と横架材を接合する金物が必要。また耐力壁は、水平力を受けると柱頭と柱脚に引抜き力が発生する。そのため、筋かいの端部には耐力壁の強度に応じた接合金物を取り付ける。柱頭と柱脚廻りに集中する金物が、互いに干渉せず、かつ十分な強度が発揮されるように施工されているかを確認する。

筋かい金物の例

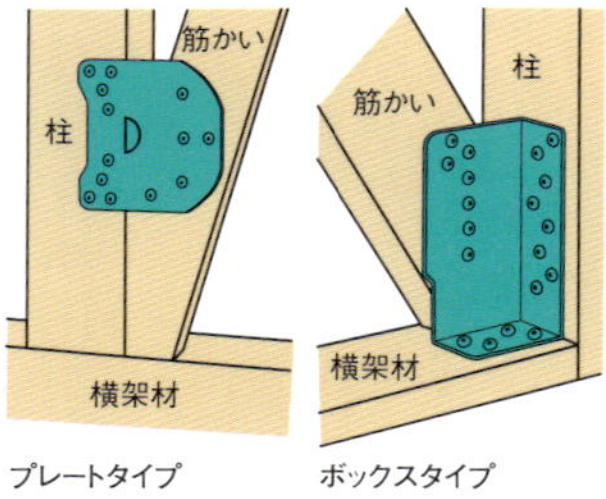

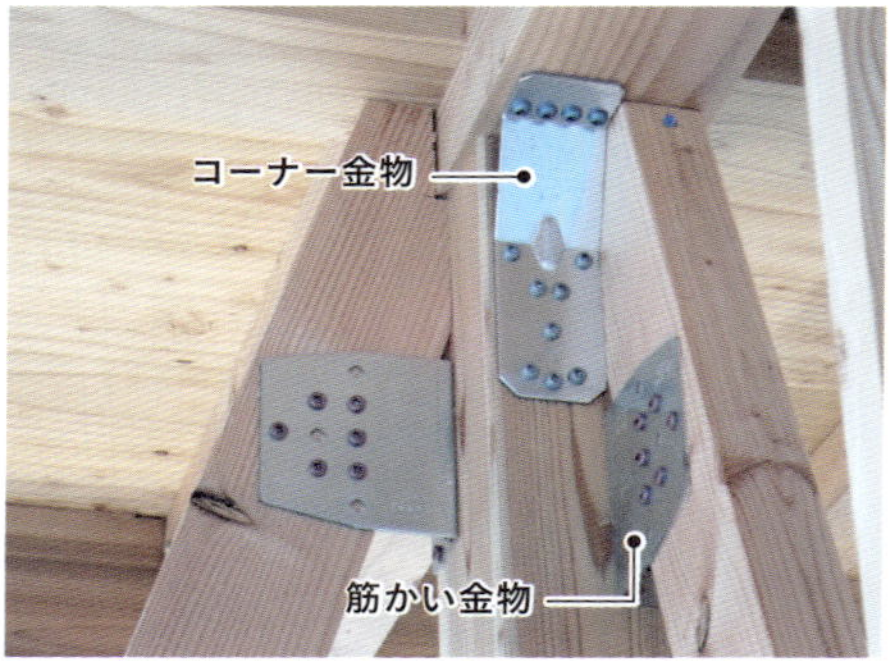

PICK UP! 柱頭・柱脚金物と筋かい金物の干渉

ホールダウン金物ほどの耐力を必要としない箇所の場合は、上写真のようなコーナー金物を用いて干渉を回避する。柱頭・柱脚金物にはこのほか、側面から取り付ける山形プレートや角《かど》金物などがある。板厚の薄いタイプのものを使用すれば、構造用合板や壁下地などの面材を、金物の上に張って施工することができる［※21］

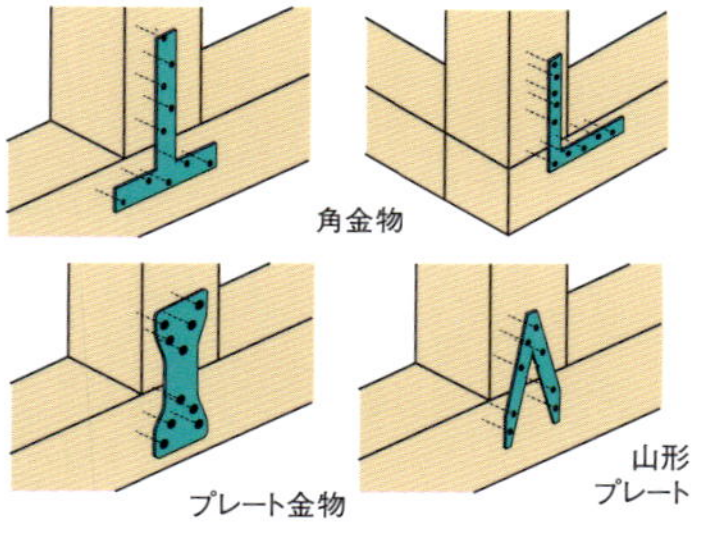

PICK UP! ホールダウン金物と筋かい金物の干渉

高い耐力を確保したい耐力壁の周辺では、ホールダウン金物と筋かい金物が同じ柱に取り付く。金物どうしが干渉しないよう、上写真のようにあらかじめホールダウン金物の取り付け位置を、筋かい金物と干渉しない高さに調節しておく。また、下図のように延長金物を取り付けて対処することも可能

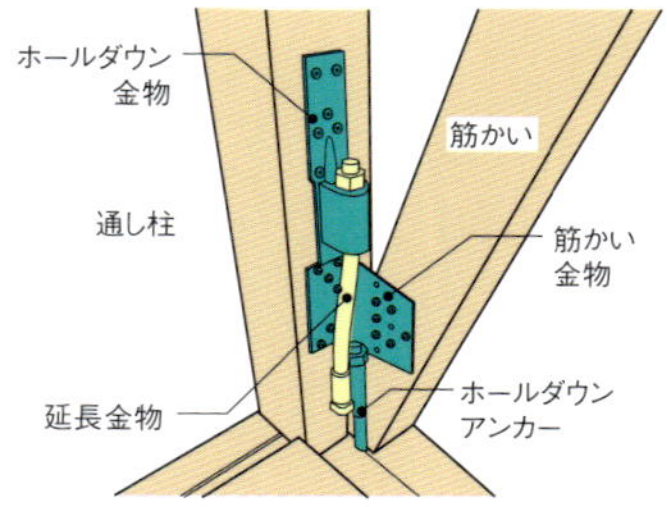

※21 筋かい金物にはプレートタイプもあるが、板厚が厚い（2mm前後）ものを選んでしまうと、面材の納まりに干渉するのがネック。壁の内側に納まるボックスタイプならその心配がなく、選択肢も豊富で便利

5 そのほかの接合金物

梁と柱、梁の継手などの材が接合する部分には、緊結する部材と部材の関係や部位、仕上げ材との納まりなどに応じて適切な金物が施工されているかを確認。柱頭・柱脚金物と同様、面材を張る場合は納まりに干渉しない薄型のものを使用するとよい。

中間検査は、施工の進捗とのタイミング調整が難しいところ。合板などを張って金物が確認できなくなる箇所があれば、施工前に必ず写真を撮っておきましょう！

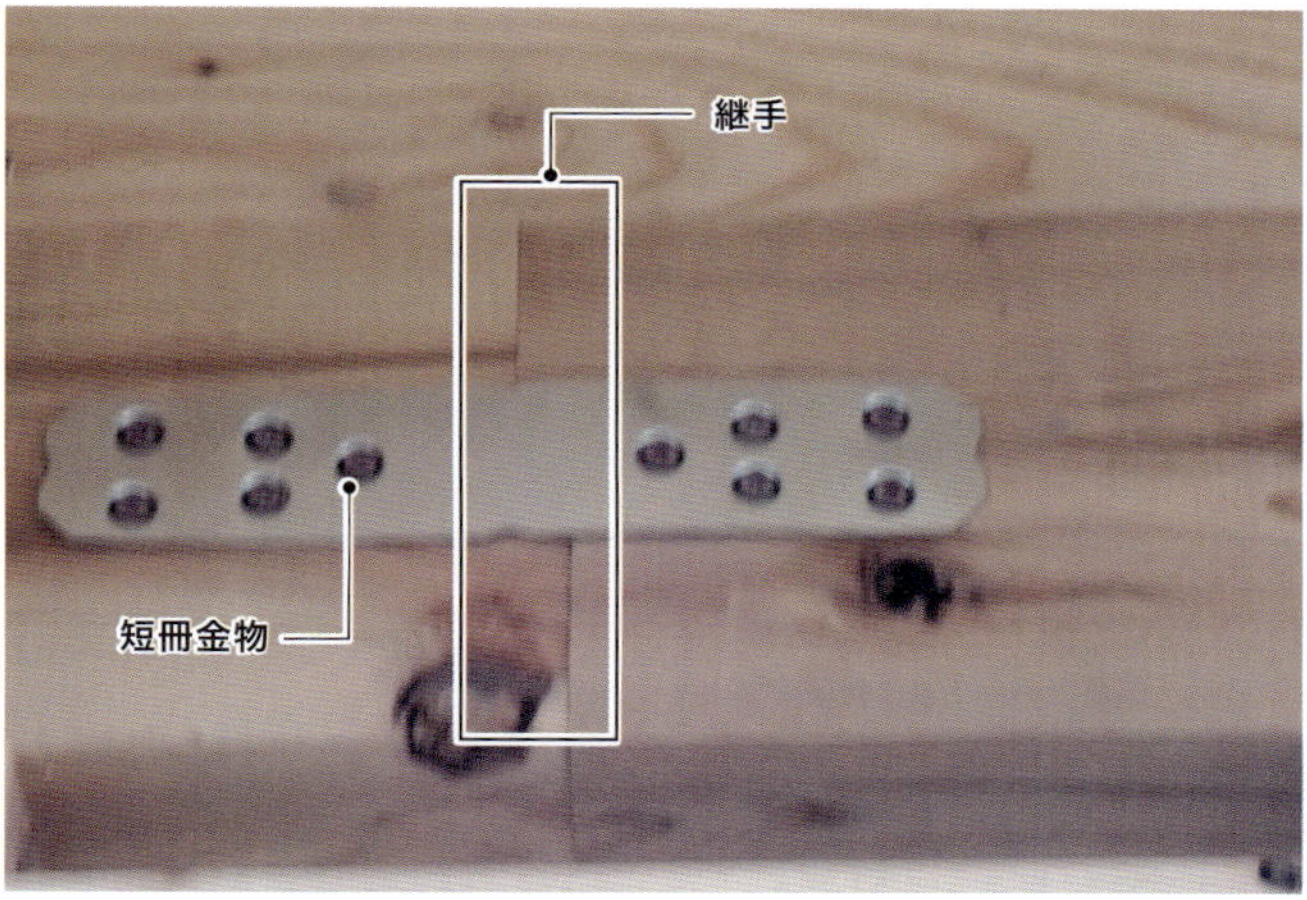

梁の継手部分は、短冊金物を用いて面的に補強する

検査に引っかかっても、指摘された部分を正しく施工し直し、写真を提出することで検査済証［161頁］を発行してもらエル！

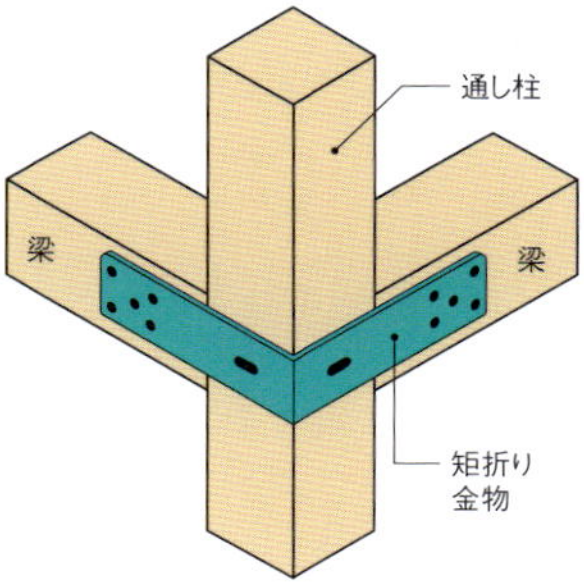

矩《かね》折り金物は、2方向の梁と通し柱を出隅側から固定するL形の金物

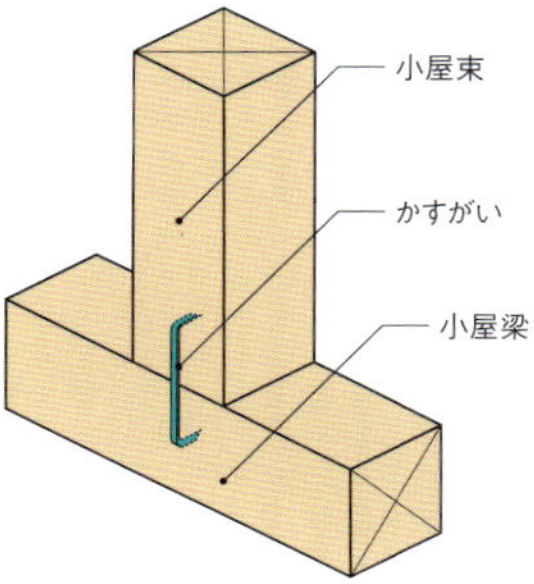

かすがいは、大引と束、小屋梁と小屋束などの直交する材を結合するときに使用する金物

露しの柱・梁などは、完成した時の見え方を考慮した位置に金物が施工されているかを確認しましょう！

屋《や》根《ね》

垂木ねじ

垂木を母屋や桁に緊結する際はひねり金物を取り付ける。最近では垂木留め専用ねじ［※1］を使用する場合が多く、本事例でも使用している

垂木

垂木（105 × 45㎜）は455㎜ピッチで垂木受けに架ける。垂木〜下葺き材までを一般的に屋根下地と呼ぶことが多い

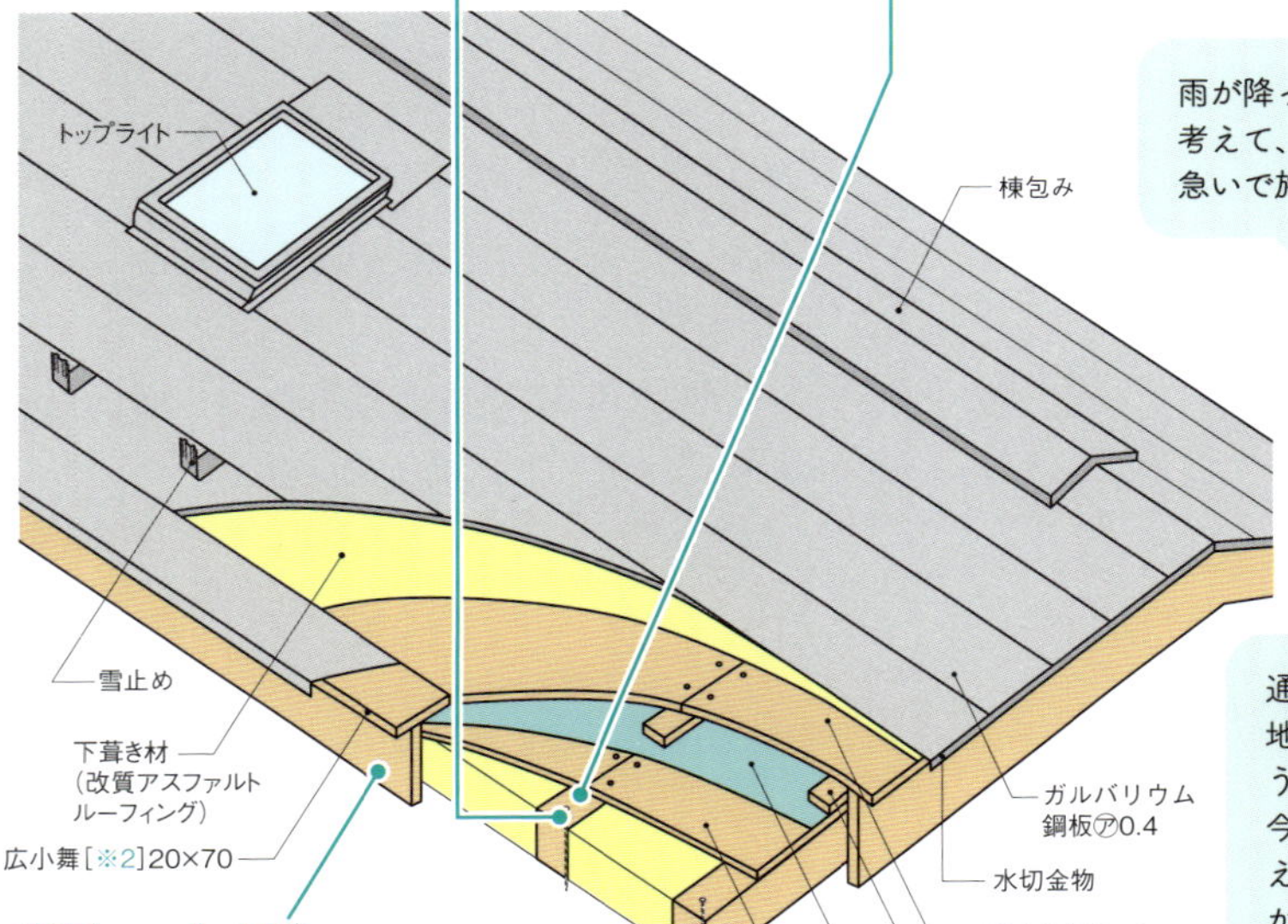

鼻隠《はなかく》し・破風板《はふいた》

軒先は、鼻隠し（30 × 200）や破風板を取り付けて納める。野地板を張った後に施工する場合が多い。防水性、耐久性を考慮し、外装材（板金）を巻き付けることもある

＼こっそり呟く… 現場X／

たけみ @takemi 8:30

小屋組は終わったけど、ルーフィング張るまではブルーシートかけておかなきゃ……

代々木匠子 @yoyogi_syoko 10:15

野地板がプレカットされてるから、張るだけなら2時間で終わりそうだ！

Eileen @eileen_reiko 17:32

野地板を張り終わったら、トップライトの位置を確認したほうがいいデスよ！

日比谷 @hibiya_0506 18:12

さっき見てきたら、屋根ができ始めてた！いよいよ家らしくなってきたわね。アガる〜！

※1 軒先の垂木をねじ1本で留められるようにしたもの。施工時間が短縮されるため、現在では主流になってきている

※2 垂木のあばれ（風雨にさらされた屋根材が、経年とともに歪みやねじれを起こすこと）を抑え、軒先を美しくそろえるための部材。スレート屋根、金属屋根では省略することがほとんど。本事例でも省略している

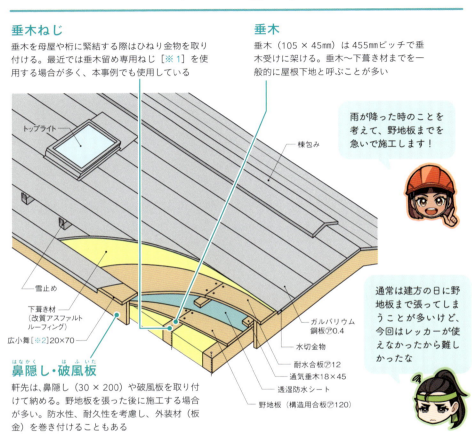

屋根下地

小屋組が終わると、すぐに屋根下地の施工が始まる。下地は、垂木、野地板（構造用合板）、下葺き材（改質アスファルトルーフィング）などで構成される。本事例では別日に行ったが、通常は現場を雨から守るために、建方当日に野地板まで施工する場合が多い。

1 野《の》地《じ》板《いた》を張る

屋根下地となる野地板（構造用合板12㎜厚）を張っていく。安全性を考慮して、軒側から施工するとよい。この構造用合板が足場となる。

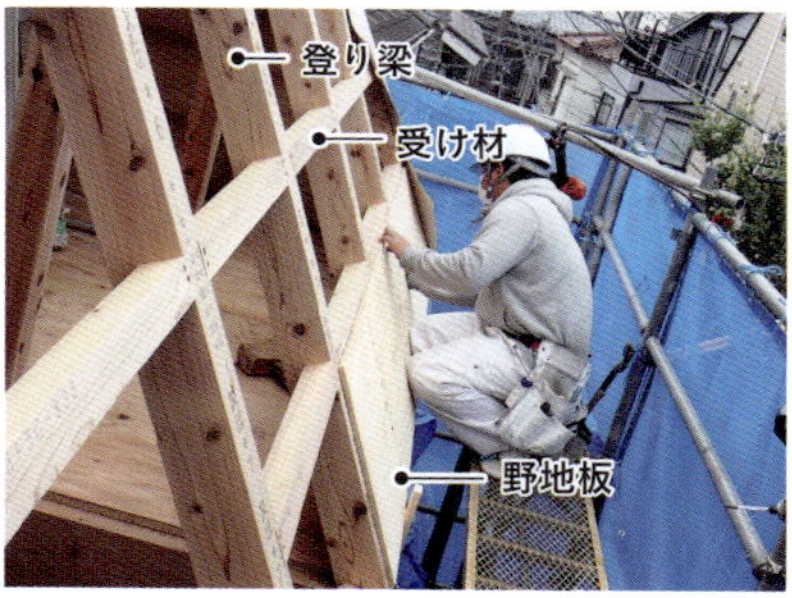

PICK UP! 〉釘のピッチとめり込みを確認

CN50釘で野地板を登り梁や受け材などに留める。このとき、釘が合板の厚みの1／3以上めり込んでいないことを確認する。釘のピッチは周辺部100㎜、中央部200㎜

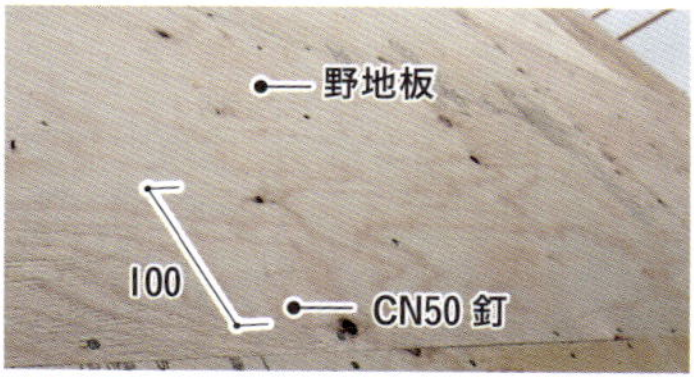

2 透湿防水シートを張る

野地板を張ったら、透湿防水シートをタッカーで留めていく。断熱材からの水蒸気を逃がしやすくして、内部結露を防ぐ役割をもつ。本事例では後日、野地板の内側に断熱材を充填するため、それよりも外側に透湿防水シートを施工した。

PICK UP! 〉重ね代とタッカーの位置を確認

透湿防水シートの重ね代やタッカー留めの位置が一目で分かるよう、製品には目印が印刷されている場合が多い。雨仕舞いを考慮して、必ず下のシートから順に張っていく

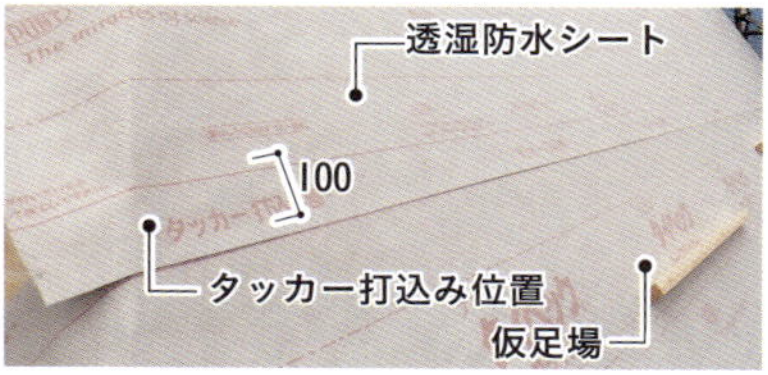

③ 通気垂木を施工する

屋根断熱を行う場合、原則として断熱材の外側に通気層を確保する必要がある。写真では、厚さ18㎜［※3］の通気垂木を、登り梁と同じ455㎜ピッチで施工している。

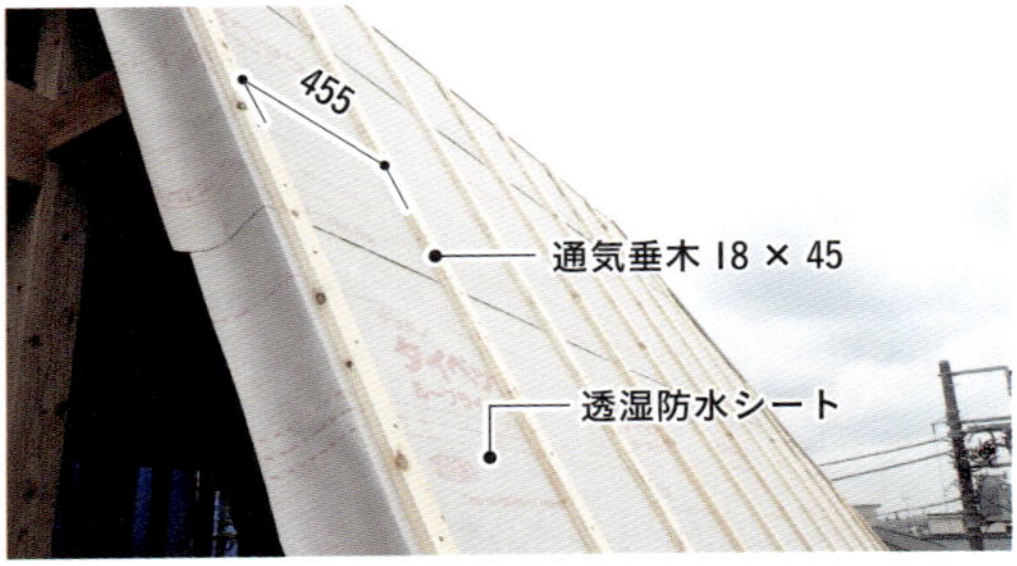

455
通気垂木 18 × 45
透湿防水シート

PICK UP! 〉通気層の役割

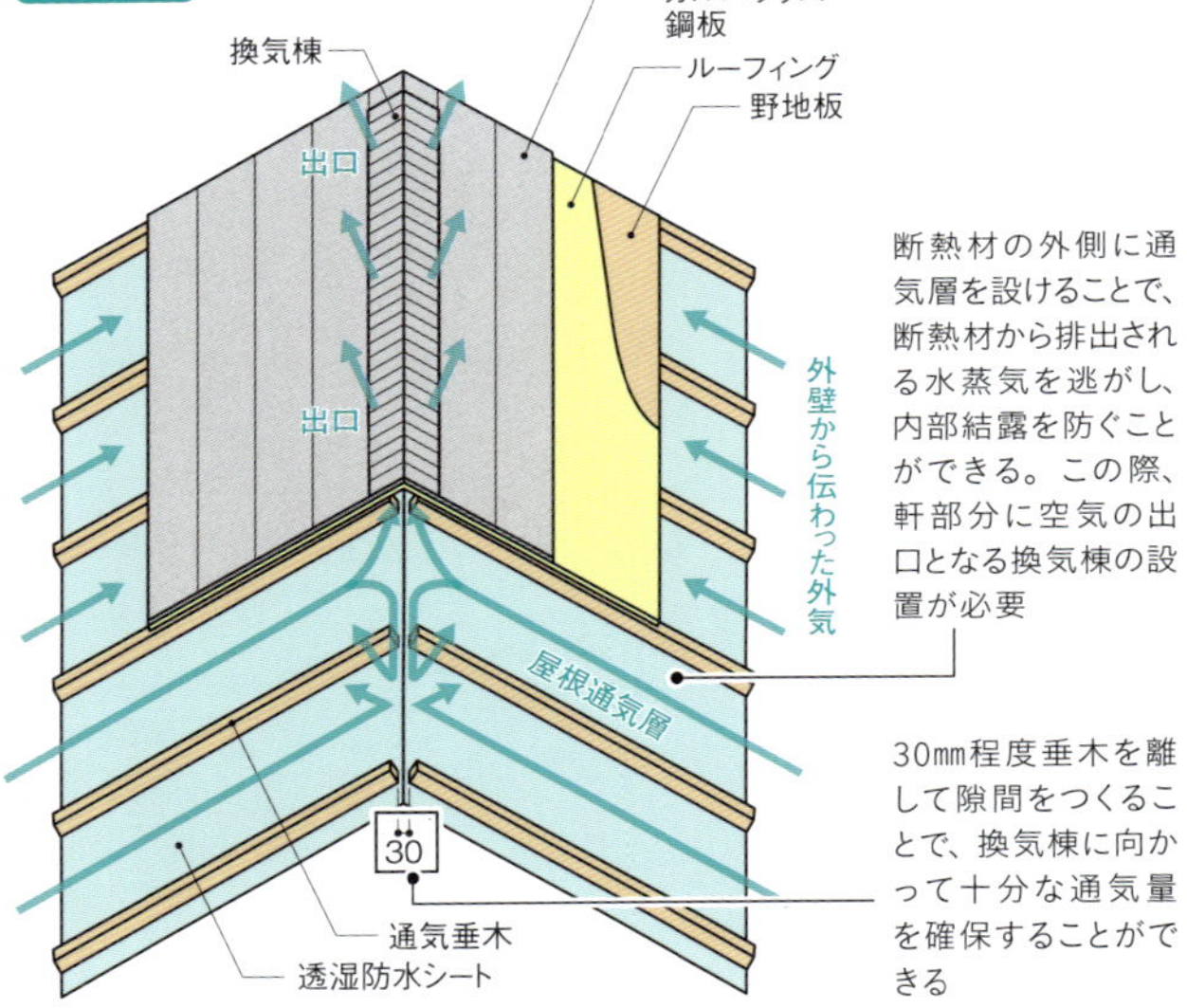

ガルバリウム鋼板
換気棟
ルーフィング
野地板
出口
出口
外壁から伝わった外気
屋根通気層
30
通気垂木
透湿防水シート
断熱材の外側に通気層を設けることで、断熱材から排出される水蒸気を逃がし、内部結露を防ぐことができる。この際、軒部分に空気の出口となる換気棟の設置が必要
30㎜程度垂木を離して隙間をつくることで、換気棟に向かって十分な通気量を確保することができる

屋根防水の施工が完了するまでは、ブルーシートなどを張っておくんだ。手間を省くためにも、屋根下地はスピーディに作業したいな。雨が降ると作業できないから、梅雨の時期はいつも困るよ

④ 野地板を張る（2層目）

野地板として、耐水合板(12㎜厚)を通気垂木の上に張っていく。ここまでの施工が終わると、中間検査（金物検査）［58頁］を行う。

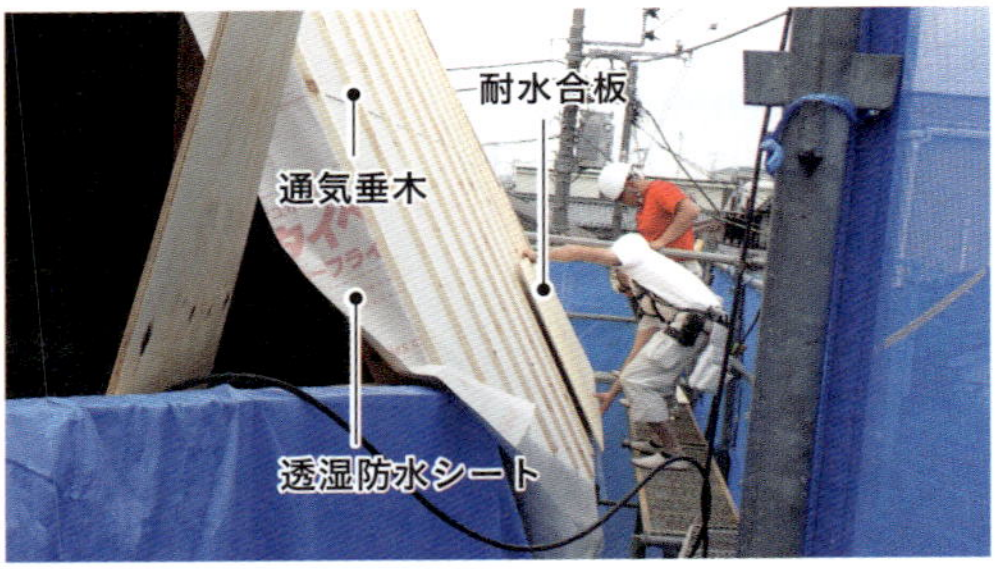

耐水合板
通気垂木
透湿防水シート

※3 本事例の場合、斜め壁の部分は18㎜、勾配の緩い最上部の屋根は20㎜の通気層をとっている

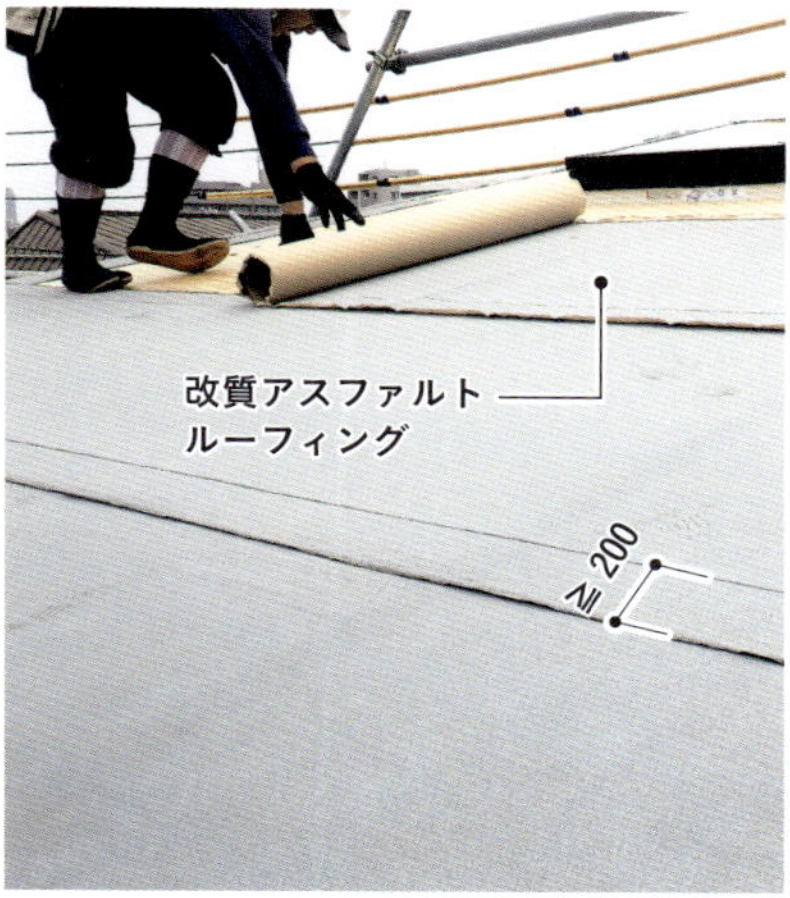

5 下葺き材を張る

下葺き材とは、外装材の下に葺くルーフィングとよばれる防水シートのこと。耐候性が高いシートを野地板に張ることで、万が一外装材の内側に雨水が入っても浸水しない。下葺き材にはさまざまな種類があるが、本事例では改質アスファルトルーフィングを使用している。

安全性と作業効率を考慮して、6寸以上の勾配屋根には足場を設けたほうがいいですね

PICK UP! 下葺き材の重ね代

①平部

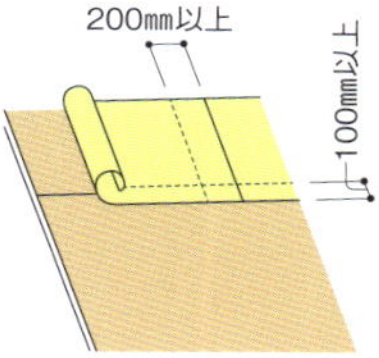

②谷部

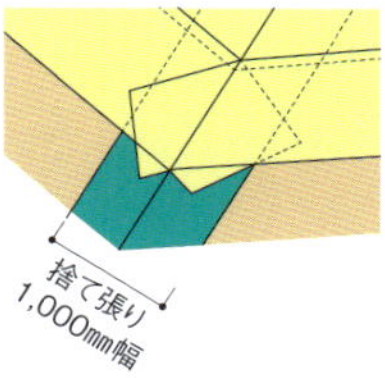

③棟部

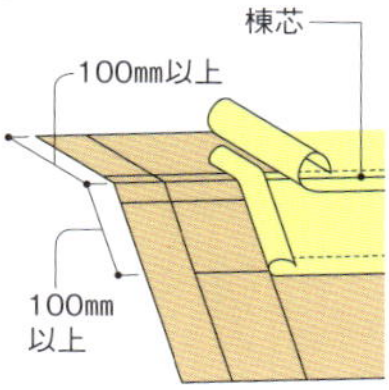

①平部では縦方向に100mm、横方向に200mm、②谷部では1,000mm程度の捨て張りがされているか、③棟部では100mm以上ずつ重ね代がとられているかを確認する。また、メーカーの基準以下の緩勾配屋根[※4]では、継目をずらして2重に張ることが望ましい

確認すべき各重ね代・増張り箇所

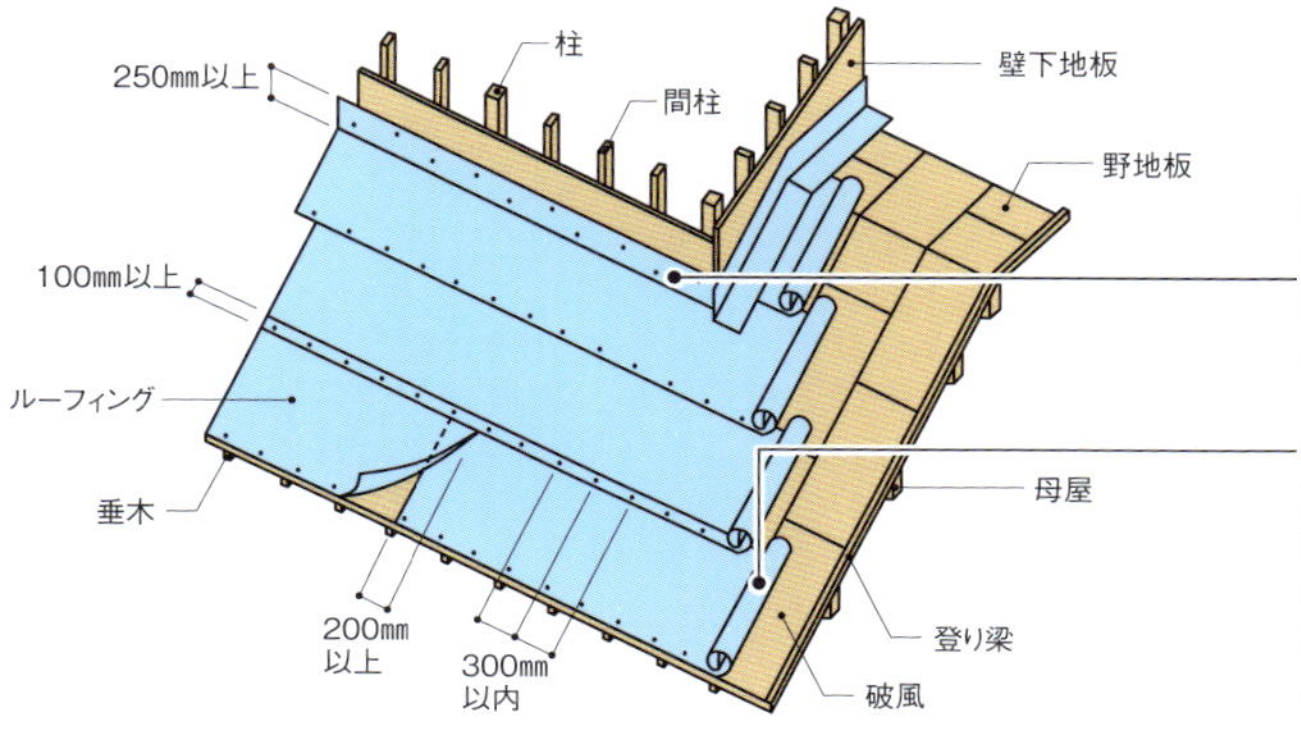

屋根面、壁面の取合い部の立上りは250mm以上、かつ雨押さえ下地（板金）上端より50mm以上とする

急勾配屋根の場合、強風時に破風部から雨水が吹き込むことがある。心配な場合はシーリングなどによる吹込み防止策を検討するとよい

※4 スレート屋根の場合は3寸、金属屋根の場合は2寸

トップライト

トップライトの設置は、最も熱環境の厳しい屋根面にあえて欠損をつくるようなもの。雨漏りの原因にもなりやすい。ここでは、トップライト廻りに下葺き材と仕上げ材を施工する際の雨仕舞いの要点を解説する。

1 取り付け

トップライトを取り付ける部分は、現場で野地板をカットする。プレカットも可能だが、取り付け位置のずれが起きないためにも、現場での手加工としたい。

2 下葺き材

トップライト廻りにルーフィングを張る際は、本体付属の防水シートをめくり上げてから本体の木枠にルーフィングを立ち上げる。

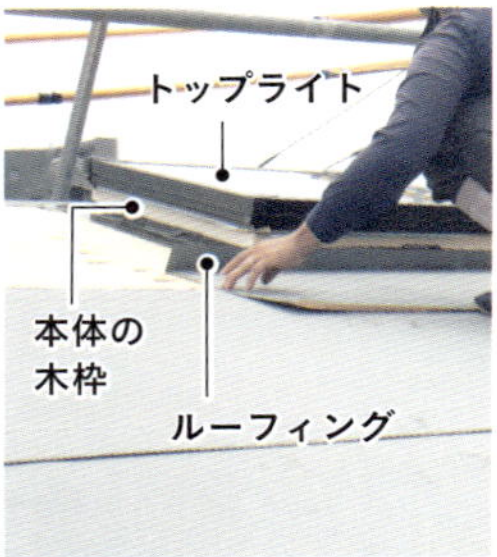

3 仕上げ

周囲の板金をメーカー指定位置まで立ち上げ、シーリング［95頁］を行う。シーリング材がはみ出さないよう、テープで養生しつつ隙間をふさぐ。トップライトの上部と下部には水切を設け、シーリングだけに頼る雨仕舞いは避けたい。

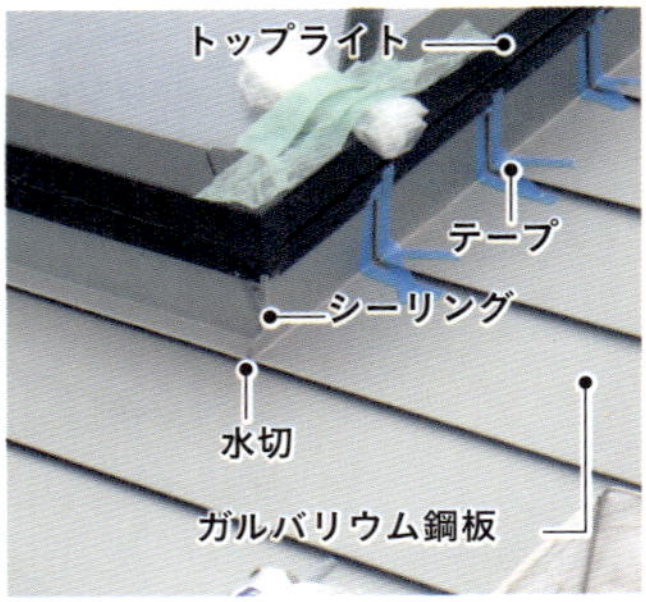

PICK UP! ＞ **ルーフィングの立ち上げ寸法**

トップライト廻りのルーフィングは、本体の防水シートと10㎜以上重なるよう立ち上げておく必要がある。四隅は防水テープで留める

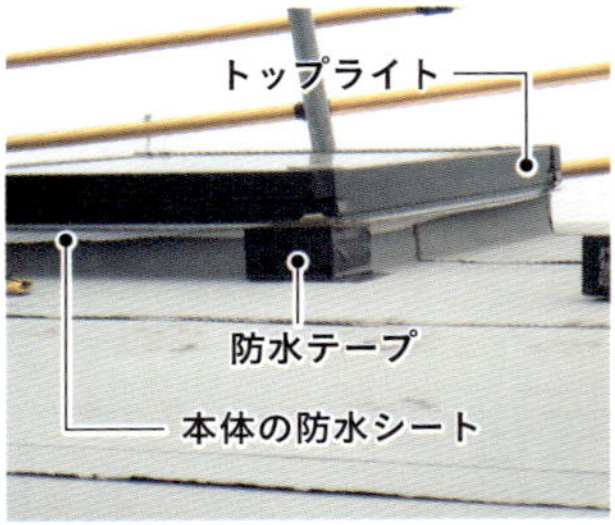

屋根断熱（充填《じゅうてん》）

小屋裏を居室や収納として使用する場合は、屋根断熱を行う。本事例では、急勾配屋根を３階部分の壁としたため、屋根断熱とした。屋根断熱には充填と外張り［68頁］があり、それぞれ施工や下地が異なる。

垂木
気密シート
高性能グラスウール

1 断熱材を敷き込む

本事例では充填断熱を採用。急勾配屋根を3階の壁として活用するため、天井と屋根の両方で断熱層を形成している。

屋根断熱にはボード状の高性能グラスウール（24kg１００㎜厚）を使用。断熱材を垂木の間に敷き詰め、その上から気密シートを垂木にタッカー留めすることで固定している。

屋根断熱（充填）の断面図

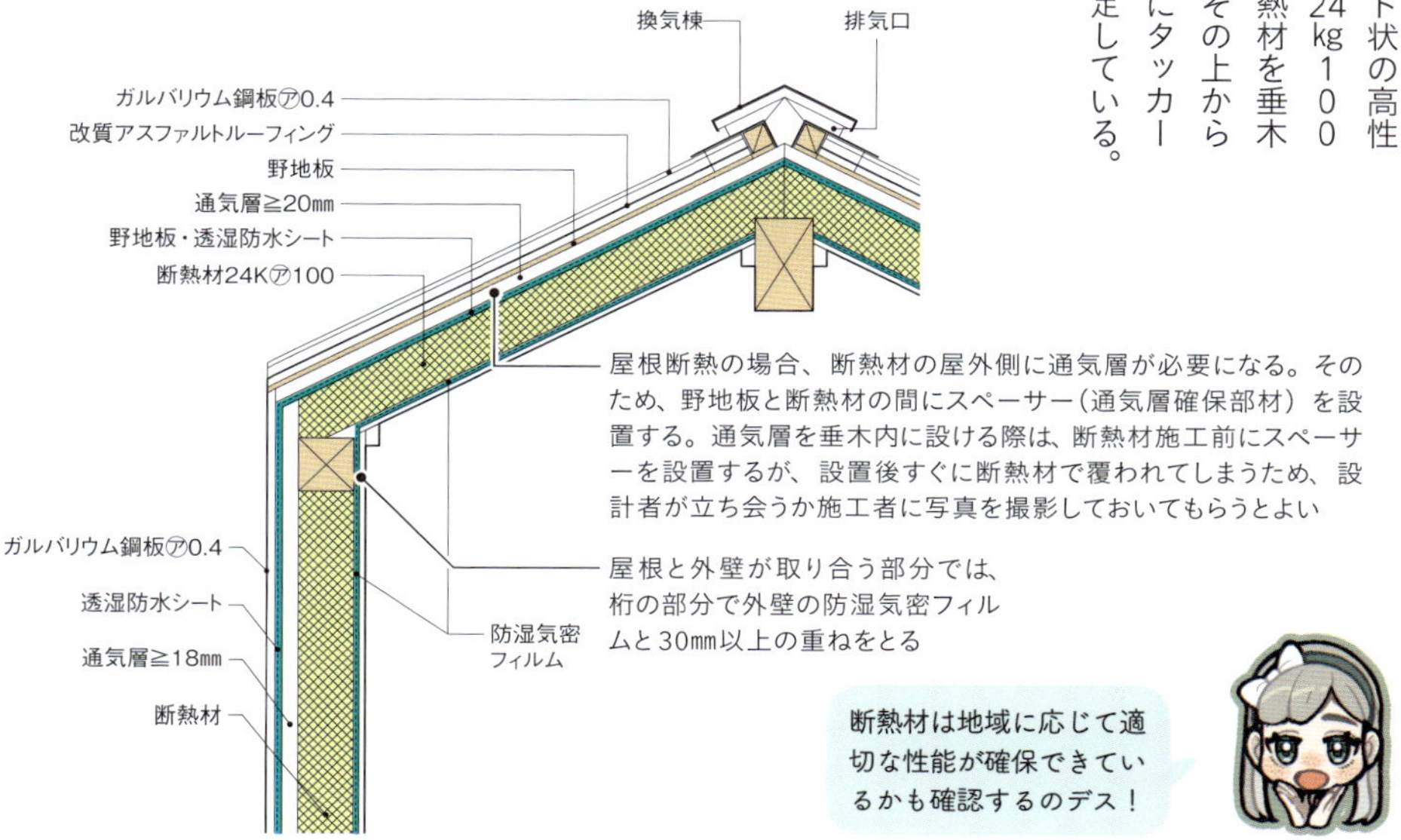
換気棟
排気口
ガルバリウム鋼板㋐0.4
改質アスファルトルーフィング
野地板
通気層≧20㎜
野地板・透湿防水シート
断熱材24K㋐100
屋根断熱の場合、断熱材の屋外側に通気層が必要になる。そのため、野地板と断熱材の間にスペーサー（通気層確保部材）を設置する。通気層を垂木内に設ける際は、断熱材施工前にスペーサーを設置するが、設置後すぐに断熱材で覆われてしまうため、設計者が立ち会うか施工者に写真を撮影しておいてもらうとよい
ガルバリウム鋼板㋐0.4
透湿防水シート
通気層≧18㎜
断熱材
防湿気密フィルム
屋根と外壁が取り合う部分では、桁の部分で外壁の防湿気密フィルムと30㎜以上の重ねをとる
断熱材は地域に応じて適切な性能が確保できているかも確認するのデス！

屋根断熱（外《そと》張《ば》り）

外張り断熱は、構造材の外側に断熱材を施工し、建物を隙間なく包む工法。充填断熱と比べて断熱・気密・防湿が優利で、木材による熱橋の影響をほとんど受けない。ただしコストが割高で、突起物がある場合は施工が難しい。

屋根断熱（外張り）の断面図

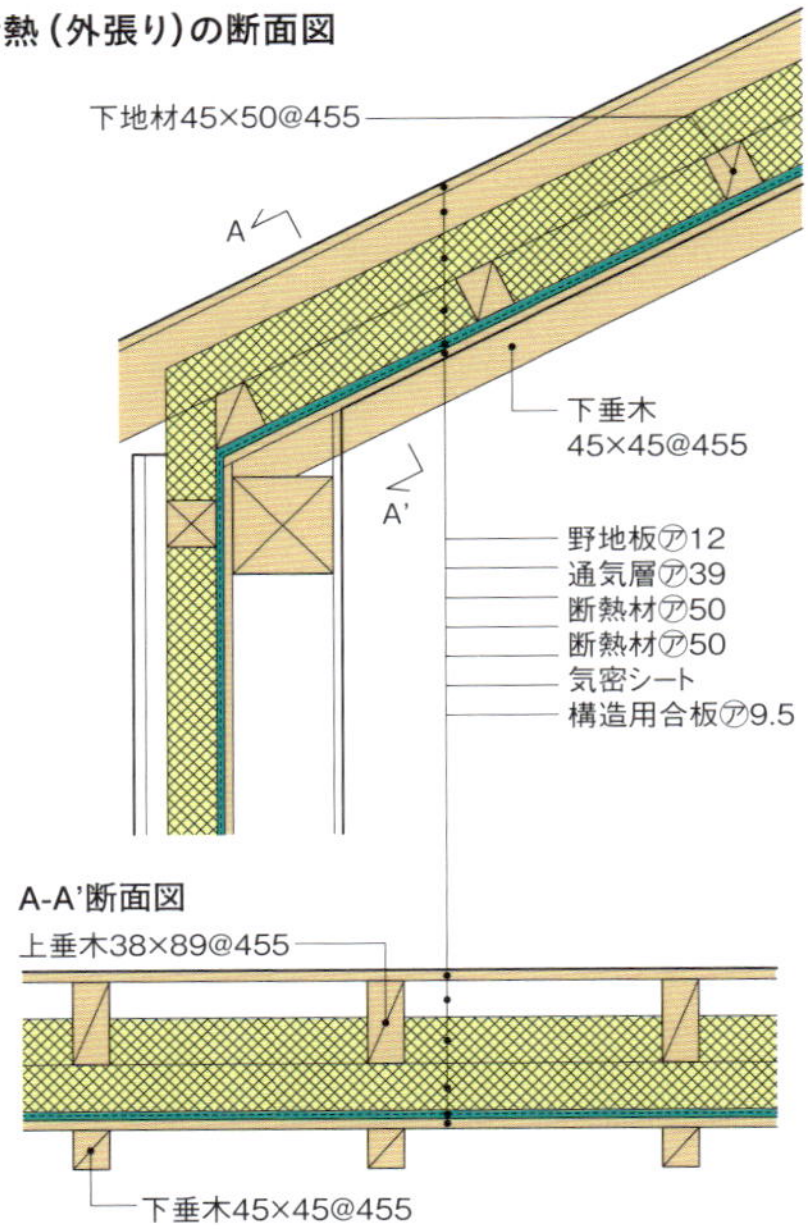

1 断熱材を敷き込む

屋根断熱を外張りにする場合は、2重垂木とする必要がある。2重垂木では、外側の垂木（上垂木）間に断熱材を敷きこみ、断熱材と野地板の間に通気層を設ける。垂木を2重とすることで下垂木の背を露しとしつつ、上垂木で庇をつくることが可能だが、材積が多くなるためコストに注意が必要。

外張り断熱では、断熱材を合板で挟んで、野地板を兼ねてパネル化されたものを施工する場合もあるんだ

2重垂木の施工例

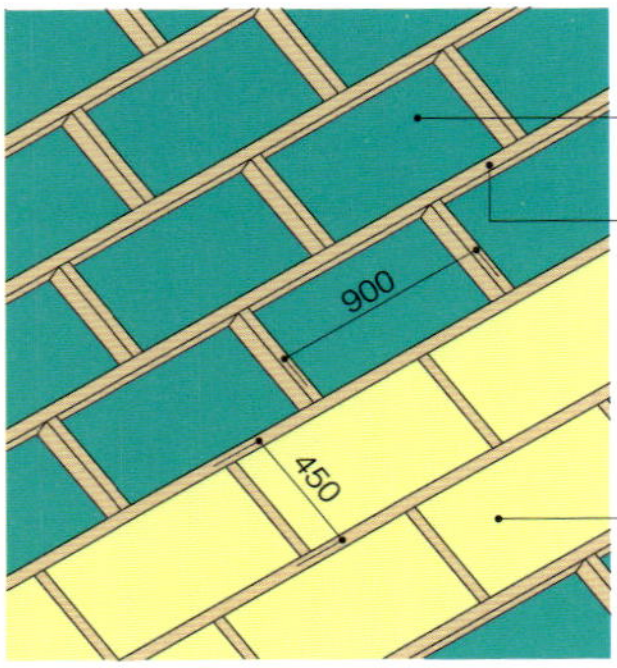

屋根を断熱層にすることで、小屋裏を最大限に活用できマス！狭小地の建物に最適なのデス

屋根仕上げ

屋根の仕上げ材には主にスレート、金属、瓦などがある。本事例では、耐久性に優れ意匠性も高いガルバリウム鋼板を使用した。下地と同様に、防水の観点から軒から棟へ向かって施工を進める［※5］。

1 役物の取り付け

軒や外壁との取合い部に、水切などの役物板金を取り付けておく。漏水しやすい箇所のため、ビスで留めした上から防水テープを張る。

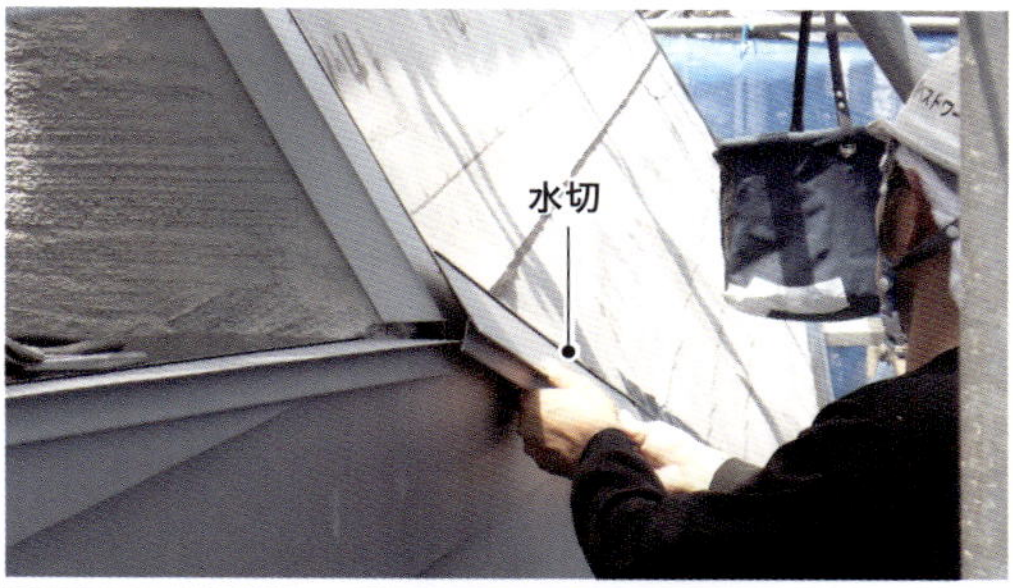

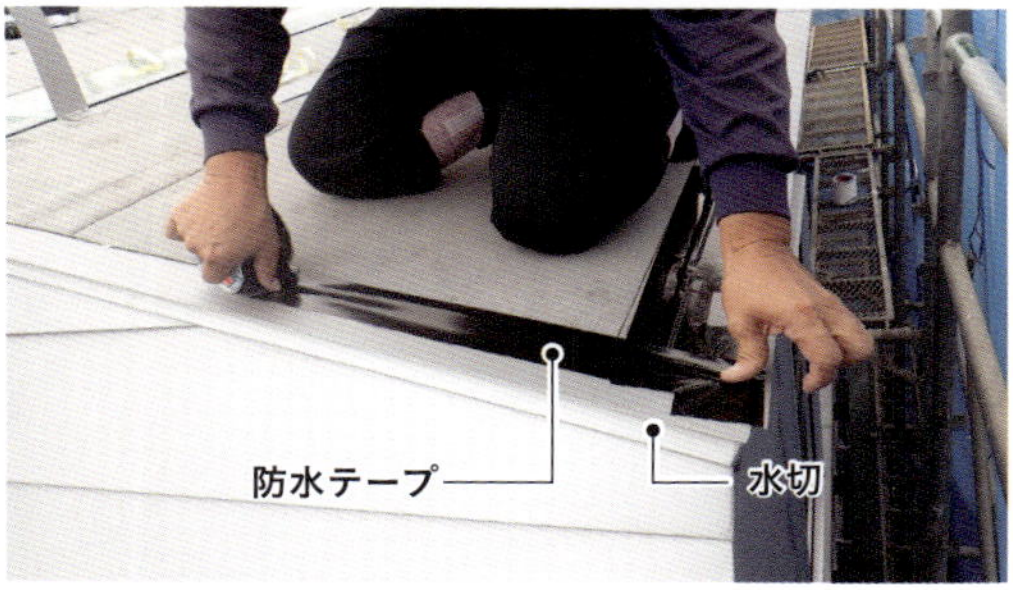

板金は断面が鋭利なので、手を切らないように気を付けてくださいねー！

PICK UP! ＞ 軒先・けらばの納まり

軒の先端部は、屋根を伝った雨水が屋根や外壁の内部に入り込まないよう、水切を付けて樋へ排水する必要がある。水切は、先端の出が15～20mm、立ち下げが35mm以上確保されていることが望ましい

軒先

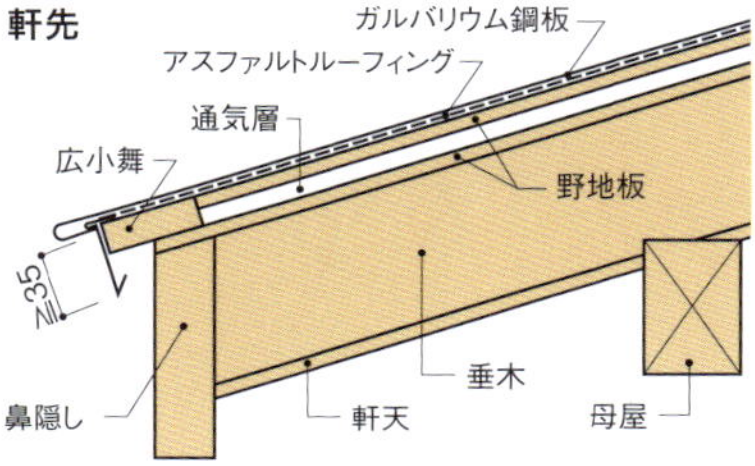

けらば

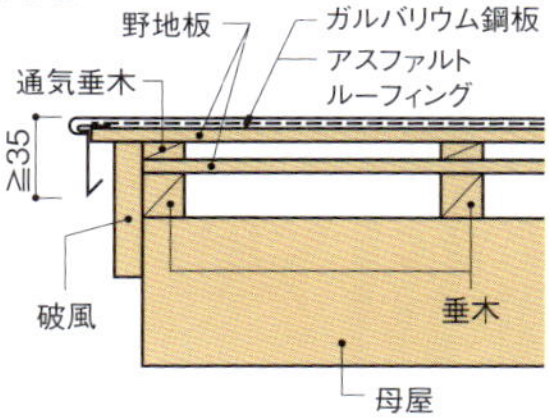

※5 屋根と外壁がつながっている部分があるため、本事例では外壁仕上げが終わってから屋根仕上げを行った

2 板金を葺く

金属屋根を葺く際は、事前に屋根の幅に合わせてカットした板金を使用。板金と下地の固定には吊子《つりこ》を用いるが、横葺きの場合は省略できるよう加工された板金もある。

PICK UP! > 金属屋根の葺き方

葺く向きによって、複雑な屋根形状にも対応可能な「横葺き」と、コストがかからず雨漏りしにくい「竪葺き」に分けられる［※6］

横葺き

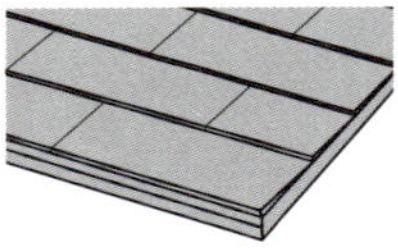

竪葺き

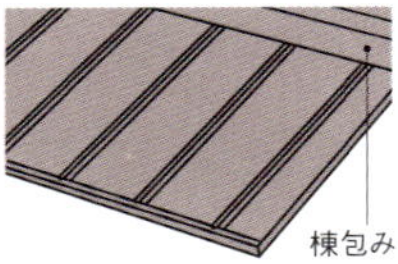

PICK UP! > 端部の納まり

端部は、掴箸《つかみばし》を使用して役物に回し込むように折り込んでから、釘で留める

PICK UP! > 板金の継ぎ方

板金を継ぐには、端部を折り曲げた板金どうしを引っ掛け合わせる「はぜ」という方法を用いる。今回採用した横葺きでは、小はぜを用いて下から上へ向かってビス留めしながら継いでいく。他にも雨水の侵入を防げる立はぜや平はぜ、端部に用いられるあだ折など数種類がある

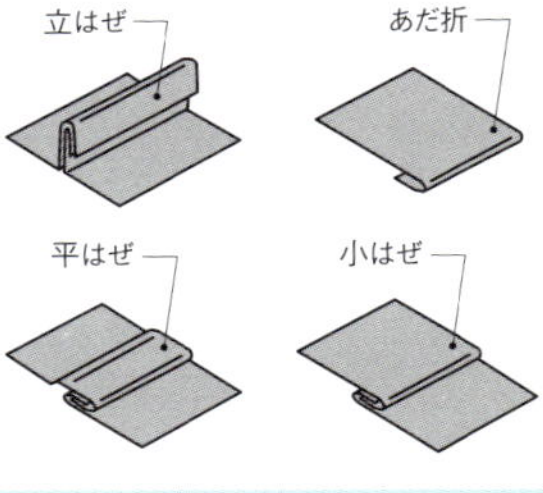

3 雪止めの設置

雪止めとは、積雪時に雪が屋根から落下することを防ぐための金具。隣地に接している、面積の大きい屋根面に取り付けられることが多い。板金のはぜ部分にかませてビスで固定する。ピッチは600㎜以下としたい［※7］。

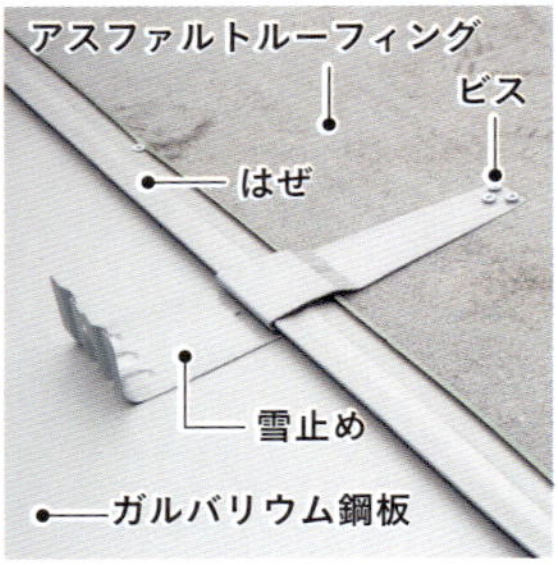

※6 竪葺きでは1寸勾配から施工可能だが、横葺きは竪葺きに比べて雨仕舞いに弱いため、勾配は2寸以上としたい。本事例では、横葺きを採用した

※7 豪雪地帯ではなくても、落雪で隣家に迷惑をかけないために雪止めは取り付けたほうがよい

4 換気棟の設置

前もって棟部分の野地板どうしの間を20～30㎜程度あけ、換気経路を確保しておくとよい。換気棟の位置が決まっていない場合は、後から孔をあける場合もある［※8］。

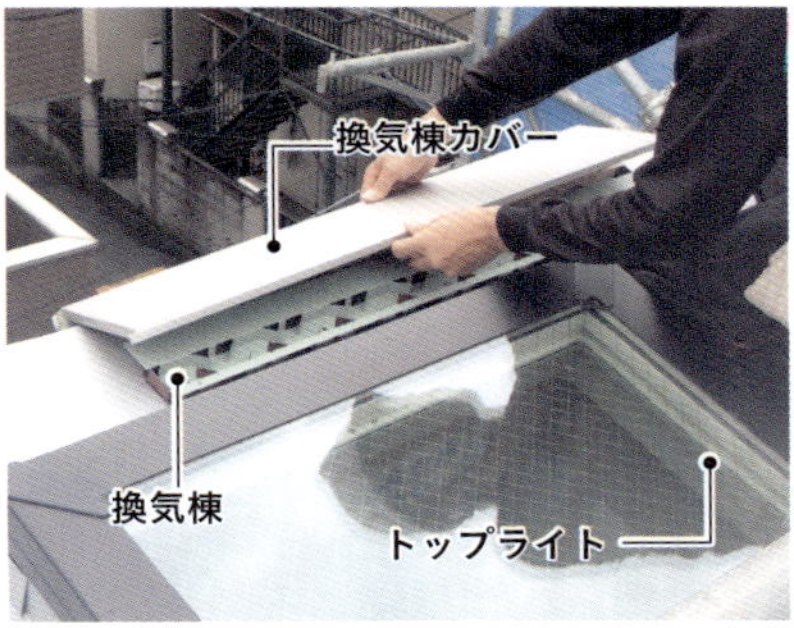

PICK UP! ＞ 棟の納まり

図面どおりの換気寸法がとられているか、十分な換気経路が確保されているかを、棟部分の板金を施工する前に確認しておきたい

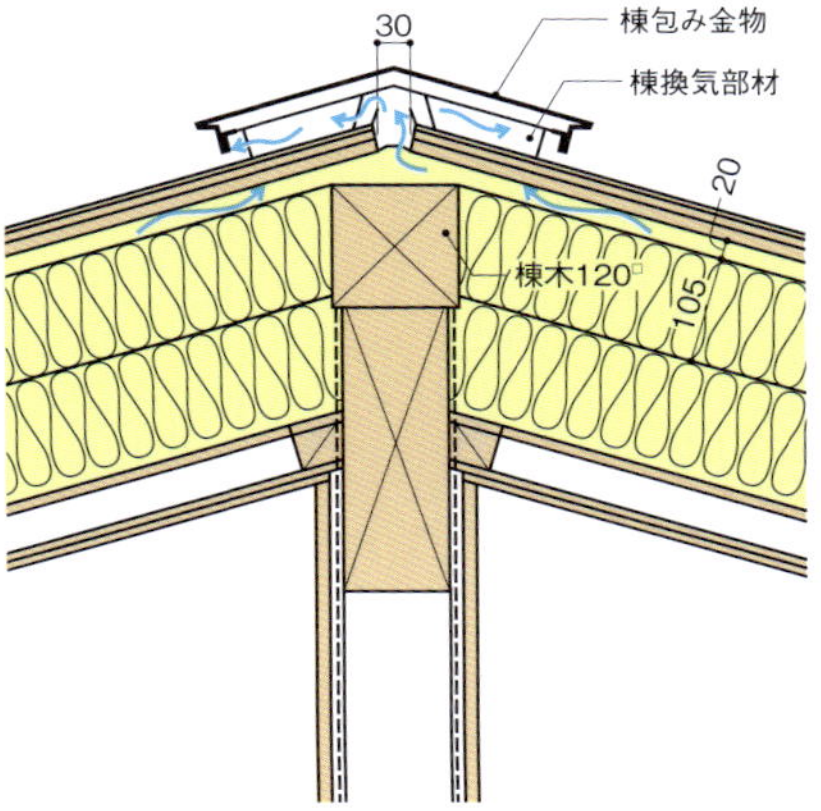

5 樋《とい》の設置

屋根の仕上げが終わったら、最後に樋を取り付ける。意匠上、樋を付けない場合もあるが、本事例では隣地に接していたため、屋根投影面積が広い2面に設置した［※9］。

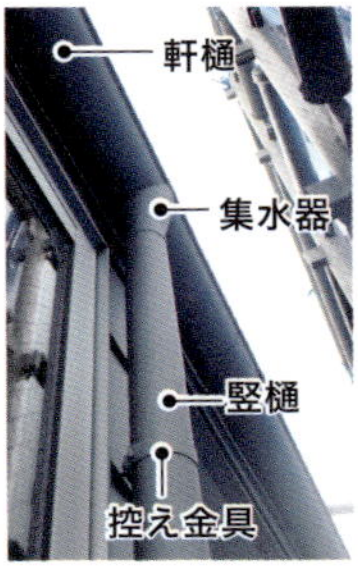

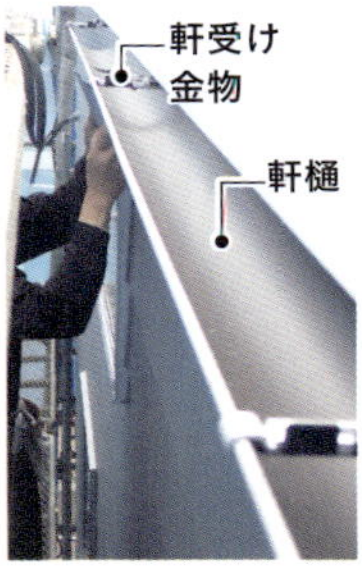

PICK UP! ＞ 樋の施工ポイント

通常、樋は上から下に向かって取り付けていく。樋受け金物をビスで軒に固定し、樋を取り付けた後、継目にシーリングを施す。雨水が呼び樋に向かって流れるよう、軒樋は最低でも1／200以上の勾配としたい

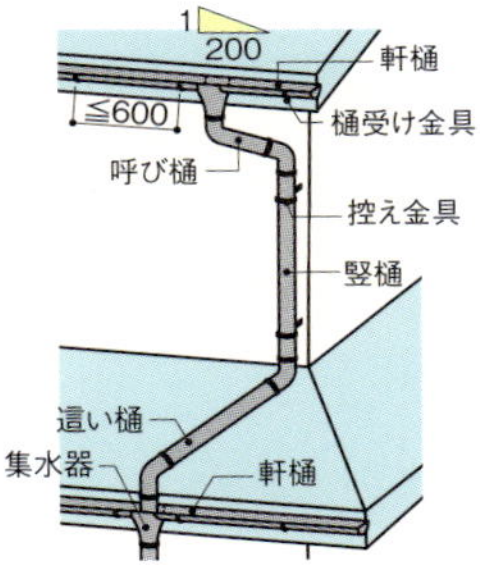

PICK UP! ＞ 屋根面積と樋の径

屋根の面積に応じて樋の適切な径は変わる。軒樋の水を受ける集水器は下方がすぼんだ形状のため、竪樋は軒樋よりも細い径を使用する

表　屋根水平面積に対する樋の径

屋根水平面積	軒樋の径	竪樋の径
25㎡	90㎜	50㎜
40㎡	105㎜	60㎜
60㎡	120㎜	75㎜

※8 通気層を設ける場合は、空気の入口と出口が必要。今回のような外壁と通じる通気層の場合は、外壁仕上げ材の下端（基礎天端付近）が入口、屋根の換気棟が出口となる
※9 本事例では、道路側の2面は急勾配で屋根投影面積が狭く、かつ意匠上の理由もあって外から見える位置に樋は設けなかった

外《がい》部《ぶ》開《かい》口《こう》部《ぶ》

枠やガラスは多様

サッシを構成する枠やガラスにもさまざまな種類がある。枠は木製、アルミ、樹脂、複合の大きく4種類。ガラスは断熱性の高い複層のものを基本とし、防犯性の高い強化ガラスやフロストガラスなどの採用も検討する

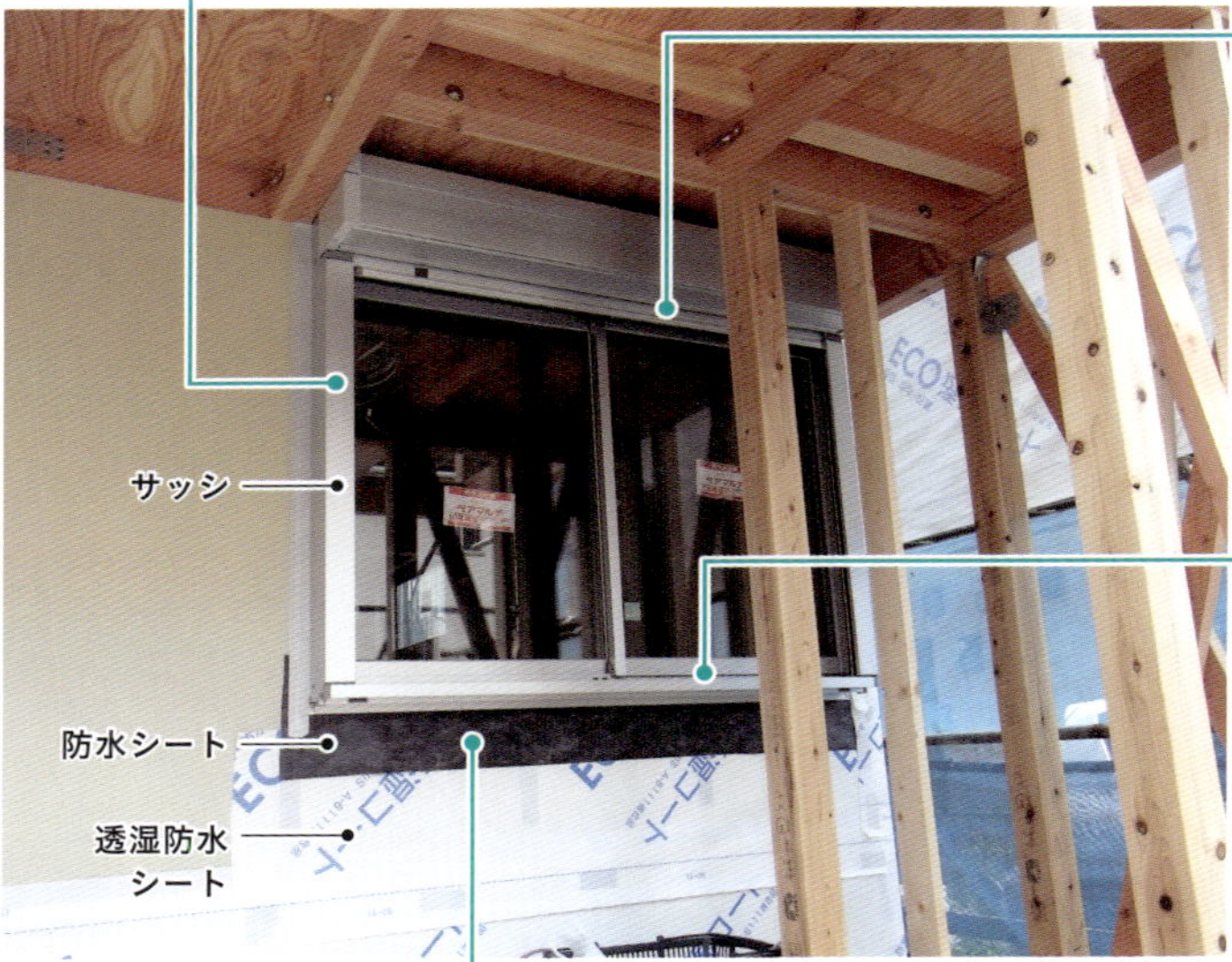

サッシの種類

サッシは、引違い窓、辷《すべ》り出し窓、FIX窓、上げ下げ窓、ルーバー窓など開き方によって種類が分かれる。窓の性能やデザインは採光や通風などの機能や住宅の意匠に強く影響する

サッシの取り付け方法

サッシ枠の取り付け方法は「外付け」「半外付け」「内付け」の3種類。それぞれ適したシーンが異なる［75頁］

防水処理

窓や配管などの外壁の貫通部は防水上の弱点になりやすい。そのため、サッシ廻りの防水処理がしっかりとされているかの確認は重要。防水材は下から上へ向かって施工するのが基本となる

＼こっそり呟く… 現場X／

日比谷 @hibiya_0506 9:34
間取り、通風、採光……窓の位置って難しいわね。でも絶対に後悔したくないわ！

たけみ @takemi 10:15
サッシ廻りは雨漏りしやすいから、気をつけてチェックしないとね……

Eileen @eileen_reiko 15:00
お隣の家と開口部が向き合わないように注意が必要、って教わったデス！

代々木匠子 @yoyogi_syoko 15:15
外壁通気の経路を開口部でふさがないよう、胴縁との距離も注意しないと

サッシ

外壁に欠損をつくる外部開口部は、下地材や外装材との取り合いが、通気、断熱、気密の性能に大いに影響する。サッシを取り付ける際は、防水テープなどを正しく施工することが重要だ。

1 窓台・まぐさの設置

上棟から約10日後、サッシの取り付け準備にかかる。柱を5mm程度欠き込み、開口部下の間柱は窓台の高さに合わせて切りそろえておく。その後、間柱に窓台とまぐさを釘で固定する。

PICK UP! ＞ 下地材の寸法

窓台、まぐさ、間柱の切欠きはプレカットが主流となっており、確認申請の内容も変わってしまうため、開口部の位置は設計時に確定しておきたい。サッシ下部の下地には、サッシの重量を支える強度が求められる。一般的なサッシであれば、見付け45mm以上の窓台を、500mm以下のピッチで立てた間柱に取り付ける。サッシは近年、高性能化が進み重量が増えているため、そのようなサッシを取り付ける場合は、強度アップのため間柱のピッチを小さく（303mmなど）したい

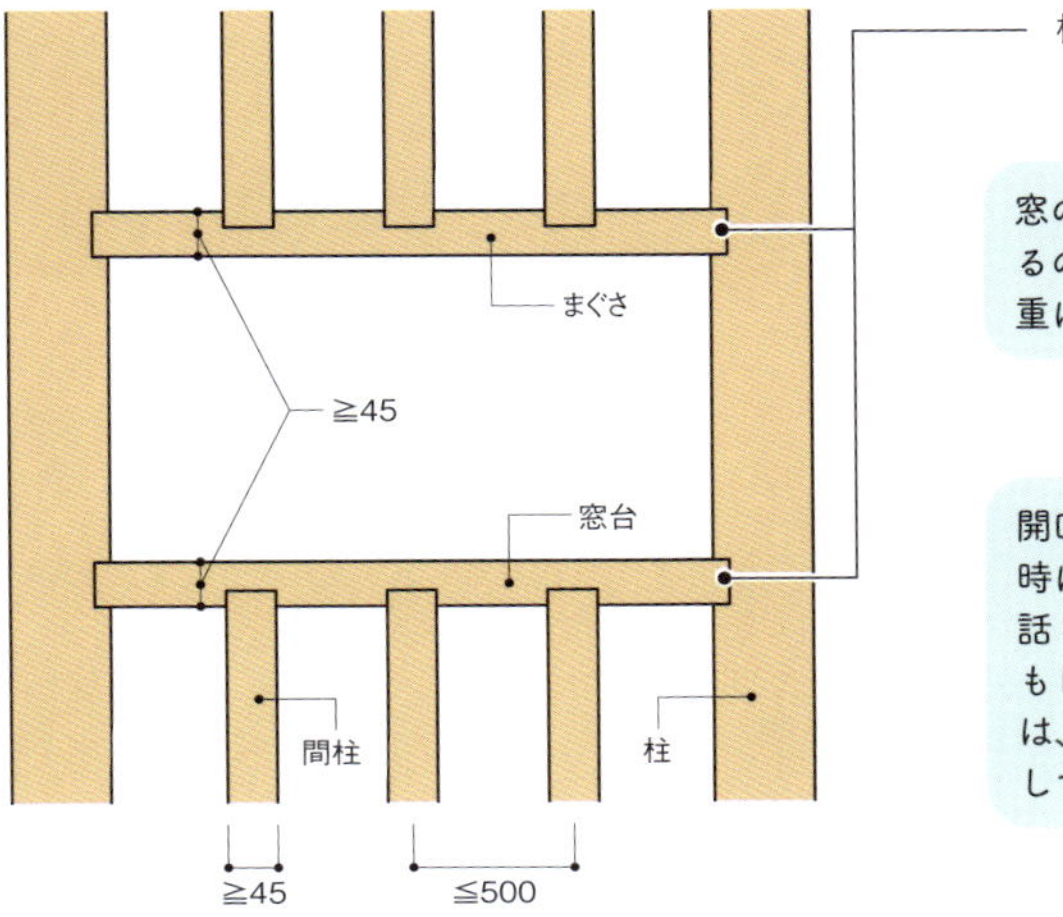

窓の位置は後から変えるのが難しいから、慎重に決めたいわね

開口部の位置は、設計時に建て主としっかり話し合いたいですね。もしも変更したい場合は、必ず上棟前に相談してくださいね

2 合板を切り抜く

外壁下地の構造用合板は開口部をふさいで張られるため、開口部に合わせて後から合板を丸のこなどで切り抜く必要がある[※]。事前に切り欠いておくよりも、精度や施工スピードが向上するといわれている。写真は合板を切り抜いた後、屋内側から見た様子。

3 先張り防水シート

窓台に先張り防水シートを張ることで、雨水が浸入しても、壁内への浸水を防ぐことができる。

PICK UP! > **先張り防水シートの施工**

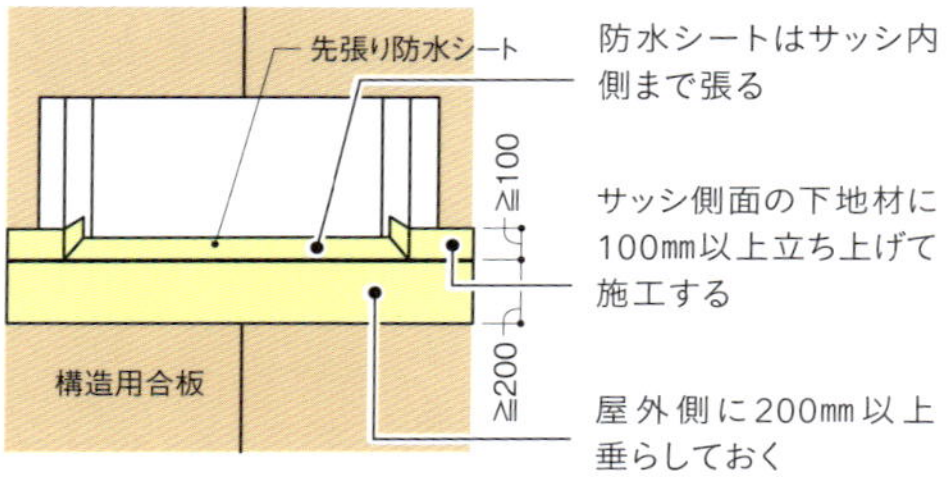

最近の高性能サッシは最大で100kgのものまであるぞ！

足場で重いサッシを持つのは危ないから、できるだけ２人で施工して下さいね！周辺の部材を傷つけないように注意しましょう

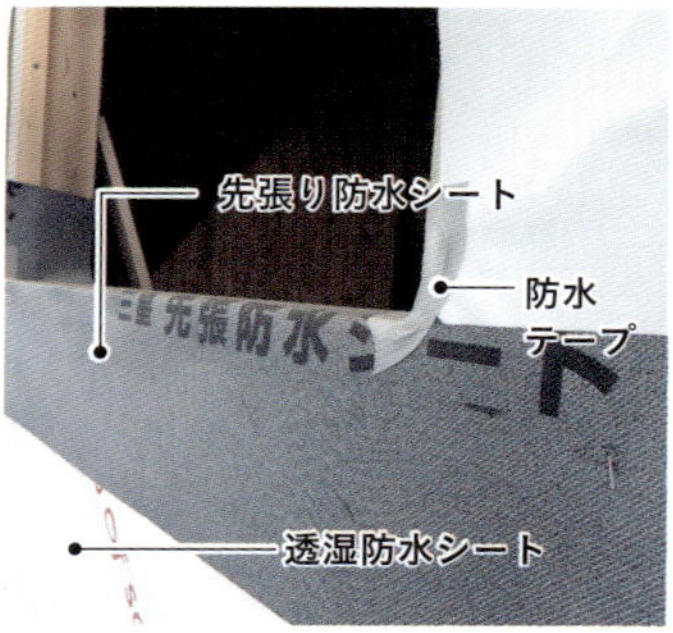

4 サッシの取り付け

サッシを専用のビスで窓台に留め付けていく。外付け、内付け、半外付けのうち、本事例では最も一般的な半外付けサッシを採用した。

※ 外張り断熱がつく場合は、外壁下地の合板に30㎜厚の断熱材と18㎜厚の通気胴縁がつく。外壁仕上がり時のサッシのチリを考え、開口部周辺に60×45㎜のサッシの受け材を留める必要がある

PICK UP! ＞ サッシの種類

サッシの取り付け方法は「外付け」「内付け」「半外付け」の３種類がある。外付けは主に和室で鴨居・敷居を設置する場合に、内付けはすでに木製建具が付いている箇所をアルミサッシに取り換える場合に使用される。以前は内付けが主流だったが、雨仕舞いに弱いため、現在は木造住宅のほとんどで防水上有利な半外付けが採用されている

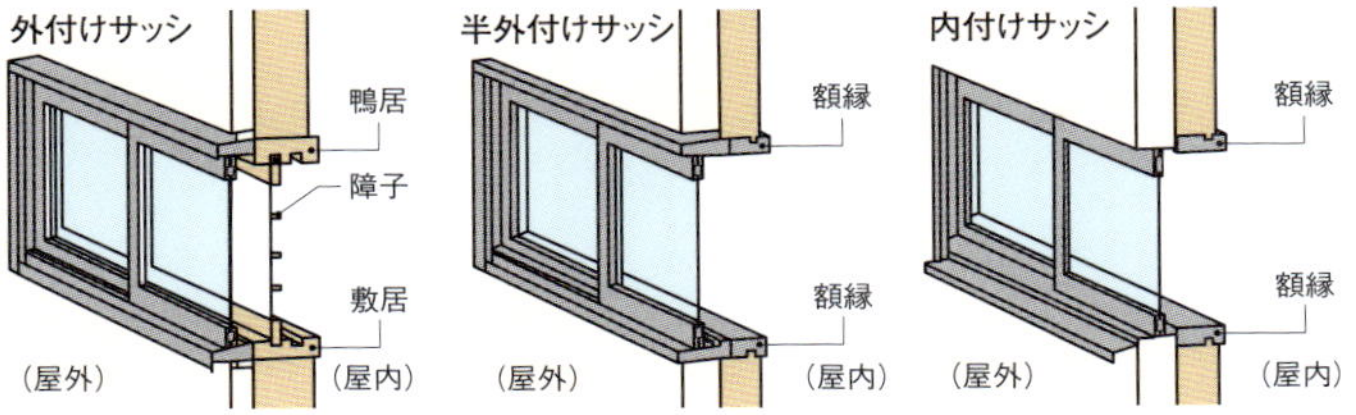

PICK UP! ＞ 防水テープ・防水シートの施工

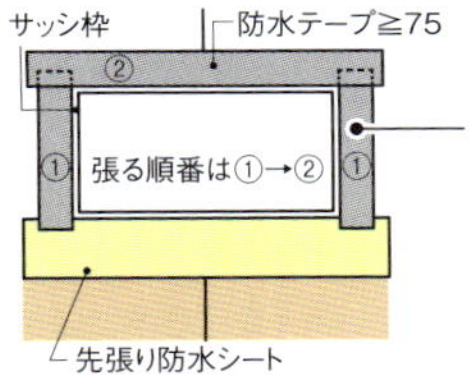

シートは、雨水が入り込むポケットが生じないよう、必ず下から順番に張らなければならない

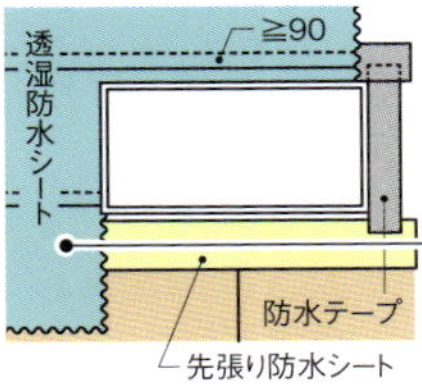

開口部廻りの透湿防水シートは、透湿防水シートどうしや先張り防水シートとの重ね代に注意する

5 防水テープを張る

サッシを取り付けたら、サッシのつばの上から防水テープを張り、外壁下地に密着させる。

6 窓枠の取り付け

事前に組んでおいた内部用の窓枠を、サッシの内側からはめ込み、柱とサッシにビス留めする。

既製品のサッシには専用の窓枠アングルが付いているから、それに合うように窓枠を加工しておくんだ

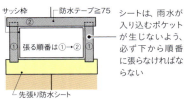

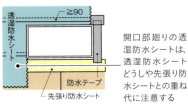

浴室《よくしつ》

浴室の工法は3種類

浴室には、ユニットバス、ハーフユニットバス、在来工法［79頁］の3種類がある。ユニットバスは施工性が最も高く、かびや汚れ、漏水のリスクも少ない。ハーフユニットバスは施工容易性・漏水リスクが少ないうえ、腰から上の仕上げや建具・水栓金具などに自由度がある。在来工法はほぼ自由に設計できるので意匠性に最も優れる

梁や火打ちとの干渉

ガス管・換気扇と梁が干渉しないかを確認する。また、天井懐が十分に確保されず天井面が火打ちと干渉している場合は、ユニットの壁に直付けするなど工夫が必要

搬入

ユニットバスは発注から1カ月ほどで納品されるので、現場の進行を見込んで発注するとよい。搬入は壁を張る前にしておけば、ユニットバスを傷つけない

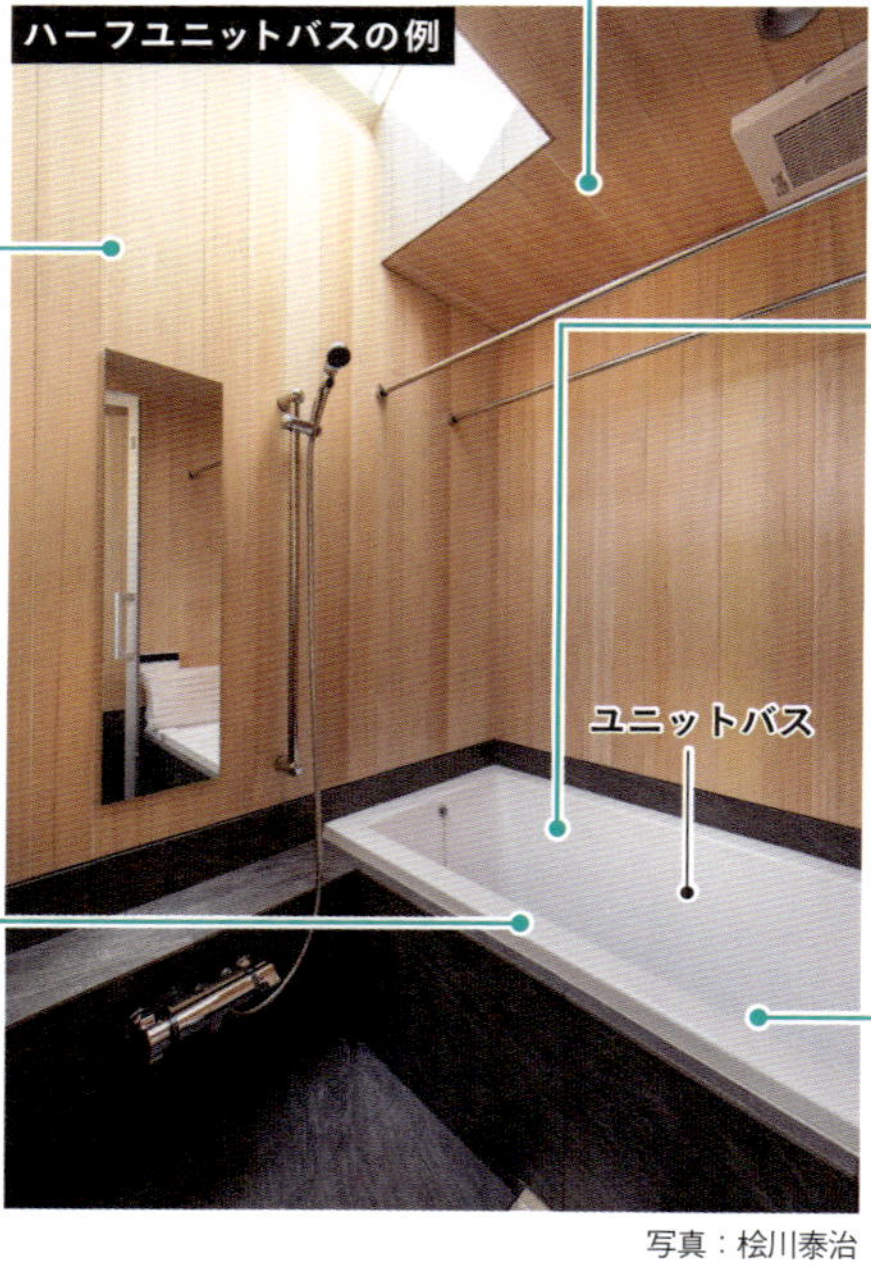

写真：桧川泰治

配管と吊り架台の干渉（2階）

2階に浴室を設ける場合は、合板や梁の上に束立てのようにパレットを支えるタイプと、吊り架台を取り付けるタイプがある。配管は吊り架台の向きに合わせて配置しなければならないので、その向きと配管計画は併せて考える。また、浴槽部分はユニットバスの床面より下がるので、浴槽下に排水管は設置できない（本事例は1階）

ジェットバスの点検口

ジェットバスの場合は、浴槽の背中側にポンプを入れるので、取り回しに問題がないスペースを確保する。さらに、エプロン部に点検口が設けられているか確認する

＼こっそり呟く…現場X／

10:02
日比谷
@hibiya_0506

浴槽は事前にショールームで見られるから、サイズ感もわかっていいわね♪

11:47
IZUMI
@kasumigaseki

浴室の配管はユニット設置の直前ではなくて、1階の配管工事のときにまとめてしますのよ

13:51
代々木匠子
@yoyogi_syoko

2階の浴槽に追い焚きを付けるなら、ジョイント下部に漏水受け漏斗を付けておこう！

15:44
杉浦充
@jyu_sugiura

カビの原因は泡に含まれるタンパク質！建て主に使用後は泡を流すように言っておこう

ユニットバス

ユニットバスは浴室仕上げのなかで最も施工性が高く、カビや汚れの防止にも優れ、漏水のリスクも少ない〔※1〕。そのため、メンテナンス性は抜群。欠点は寸法の縛りや意匠性の自由度が低いこと。

1 配管を立ち上げる

事前に床下に配管を通しておく[※2]。基本的に浴室の施工は、断熱など下地の施工まで進んでいないときに始まるため、浴室の下地施工だけ先行させる。天井には、換気扇のメンテナンス用の点検口を設けておく。

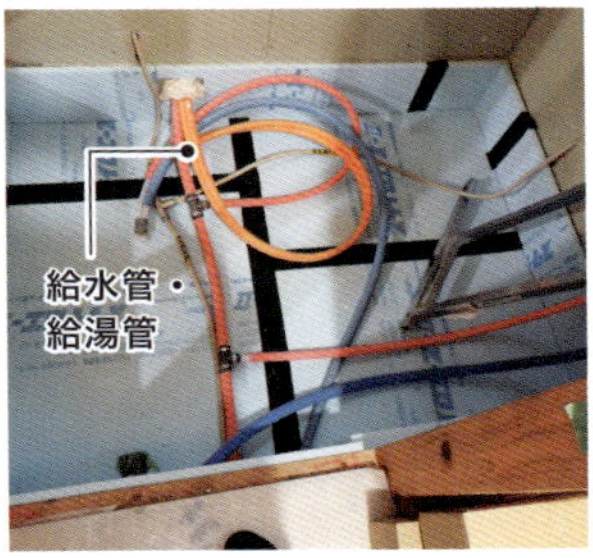

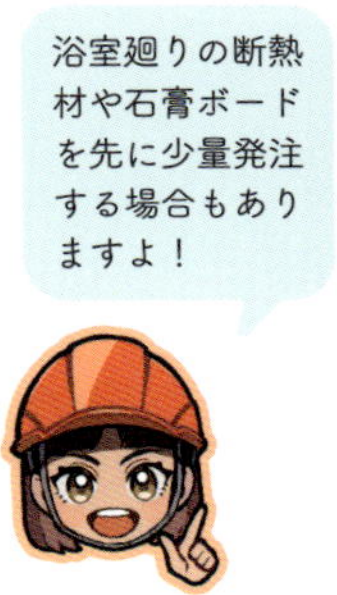

2 土台をつくる

ここでは、1階の浴室の施工を見る。浴室の洗い場の土台を組み立てて、はめ込む。その後、排水トラップを付け、雑排水管に接続しておく。

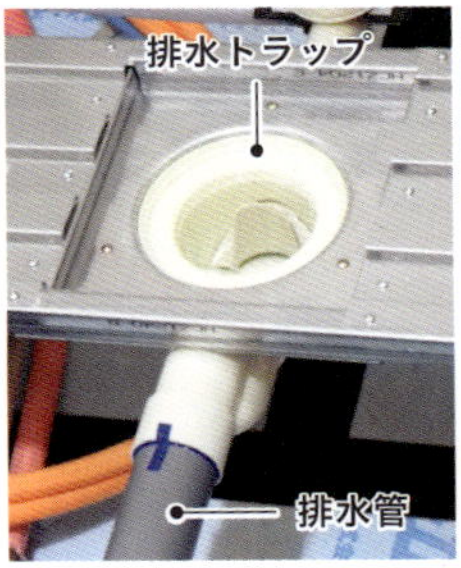

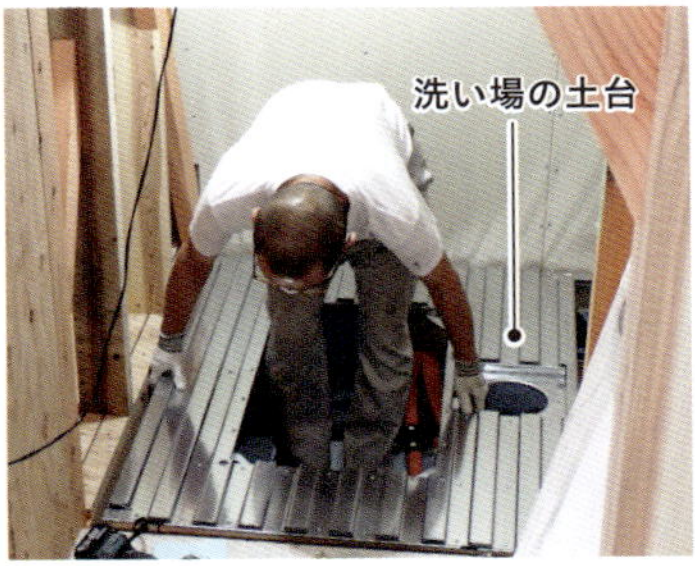

3 浴槽を設置する

洗い場の土台をつけたら、土台を養生して浴槽を設置する。浴室の壁を張る前に搬入すれば傷つかずにすむ。ユニットバスは発注から1カ月ほどで納品されるため、現場の進行に合わせ、外壁下地のタイミングを目途に発注しよう。

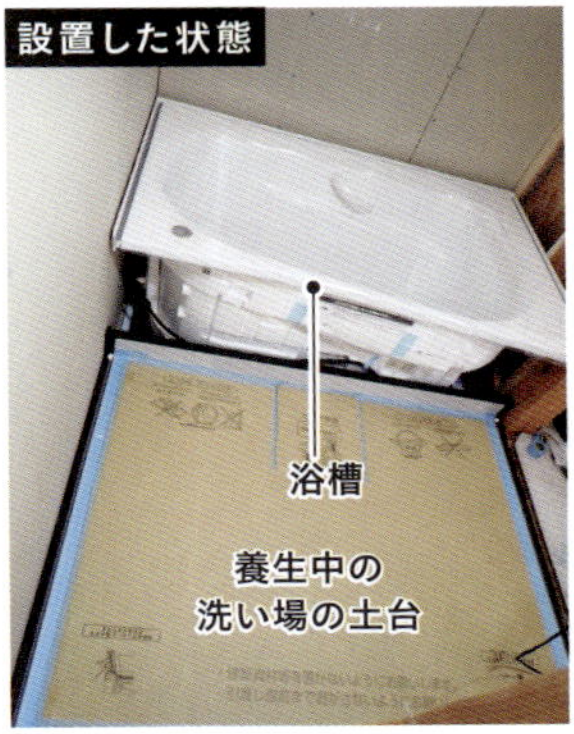

※1 ユニットバスや在来工法といった浴室の施工は通常外壁下地くらいの早いタイミングで行われる
※2 浴槽と洗い場の排水管は、排水が大量になるため、それぞれ独立させている

PICK UP! > 浴室の寸法

浴室は、約1坪サイズ［※4］と考えるとよい。浴槽の規格もこのサイズ感。また、脱衣場の床は防水を考慮して洗い場から60㎜上げるとよい。バリアフリーにするなど、段差を設けたくない場合は、洗い場の床に1／50程度の勾配をとるようにする

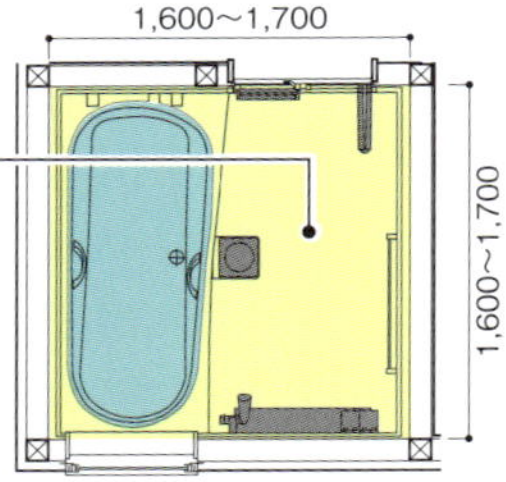

上階の場合、配管は吊り架台［※3］の向きに合わせて配置するから、向きと配管計画は併せて考えますのよ

4 柱と壁を施工する

浴室の廻りに専用の柱を組み立て、柱に合わせて壁仕上げとなるパネルをはめ込む。パネルは、木目調や大理石調などさまざまあるが、本事例では自然素材を生かすために主張のない白やグレー系統でシンプルに納めた。

5 建具などを取り付ける

建具やシャワー、鏡などを取り付けて施工が完了。本事例は、二世帯住宅だが、狭小地のため浴室を1カ所しか設けていない。階段の上り下りが高齢者の負担になることを考えると、基本的に1階への設置が望ましい。

PICK UP! > 高さ寸法を押さえておく

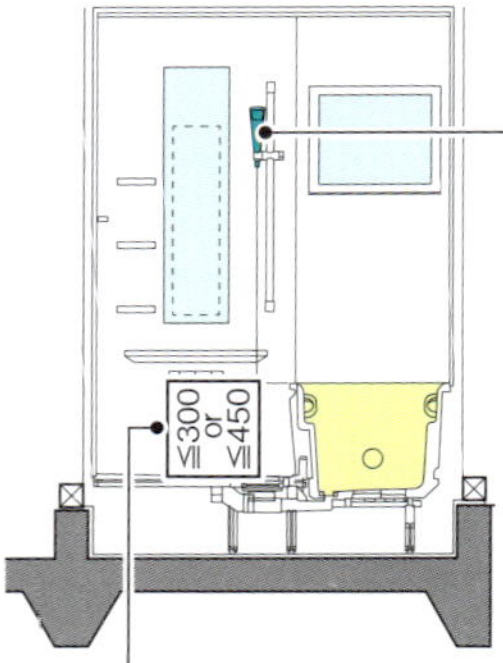

シャワーの位置は、使用者のうち一番身長の高い人の鼻の高さくらいにするとよい

洗い場から見た浴槽の高さは、建て主が若い場合はまたぎやすい低め（300㎜以下）に設定する。高齢だと高め（450㎜程度）に設定して、洗い場から浴槽に座りながら入れる椅子を用意する［※5］

少し予算をかけるなら、建具や腰壁より上部を大工工事にして造作するハーフユニットバスという選択肢モ！

※3 2階の浴室において、浴槽を床に設置せず、ユニットバスを支えるように梁に専用の架台を掛けて設置する方法

※4 1,600×1,600㎜または1,700×1,700㎜

※5 高さが調節できるのは、在来工法の場合。ユニットバスは規格が決まっているので難しい。ユニットバスでは高さ430㎜程度となる

在来工法

1 下地をつくる

給排水管を立ち上げておき、断熱材を施工し耐水合板を張る。1階の場合は土台の腐食を防ぐため、基礎をGLから1,000㎜、浴槽上端から300㎜ほど立ち上げる。

2 防水の施工

壁や天井の下地にアスファルトフェルトまたは防湿シートを張る。FRP防水を採用する場合も。

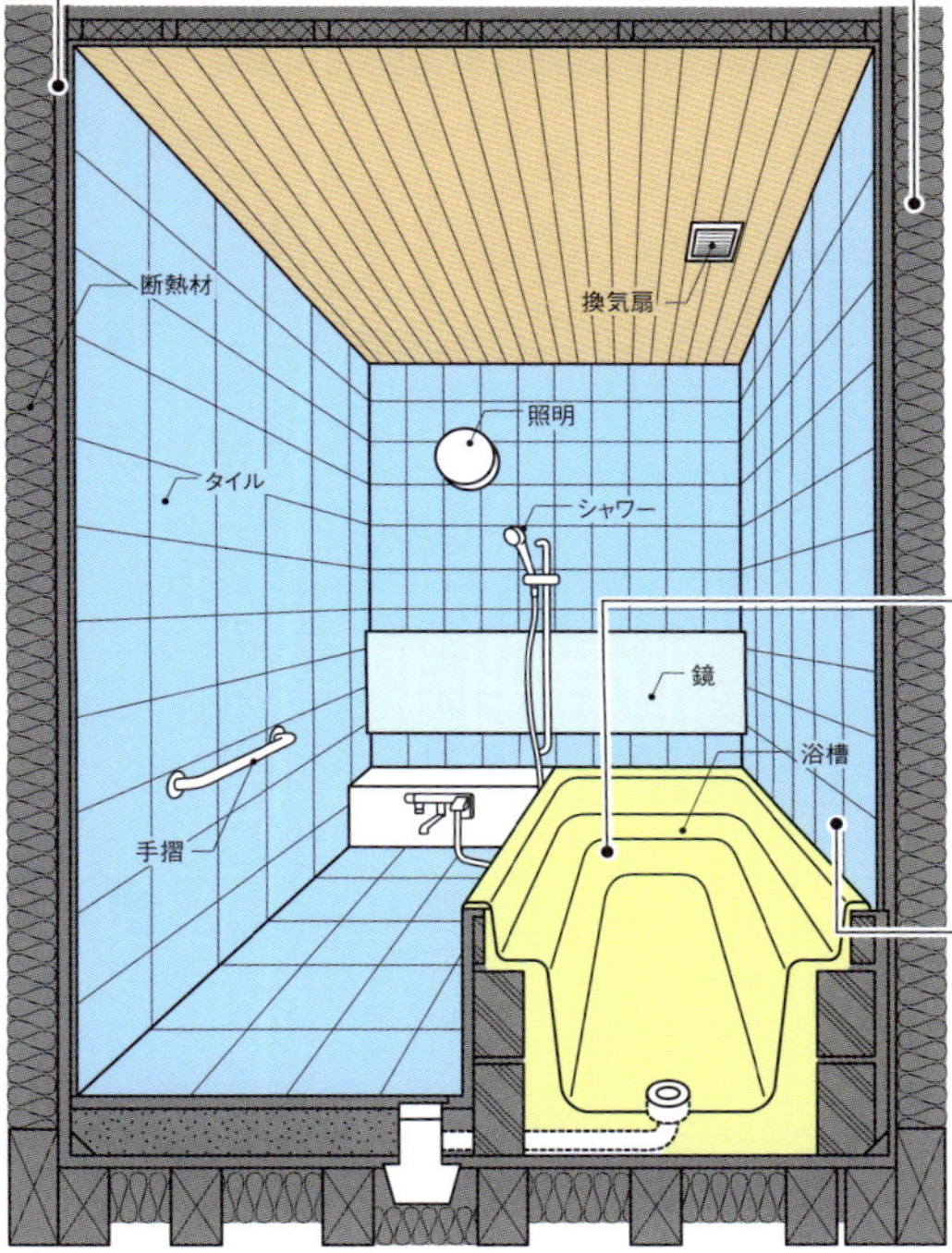

3 浴槽などを設置[※6]

浴槽を設置し、下地となるコンクリートブロックをモルタルを塗りながら積む。浴槽廻りや継手に防カビ用のシーリングを施す。

4 仕上げ

浴槽を設置し、下地となるコンクリートブロックをモルタルを塗りながら積む。浴槽廻りや継手に防カビ用のシーリングを施す。

PICK UP

下地施工の注意点

断熱材は防湿側を浴室に向けて、間柱の間に取り付ける。耐水合板は防腐処理を終えてから縦に張り込む

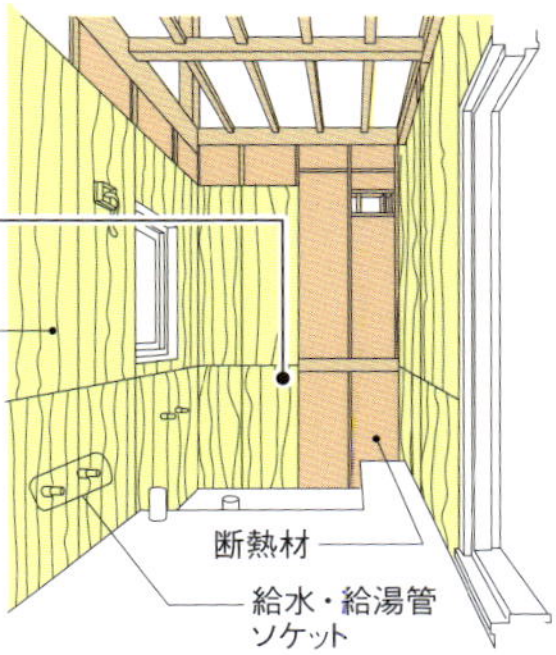

上階の場合は、荷重を支持する柱や梁、壁が必要だ！

※6 浴槽の手前に腰かけられるスペースを設ける場合もある

内《ない》部《ぶ》配《はい》線《せん》・配《はい》管《かん》

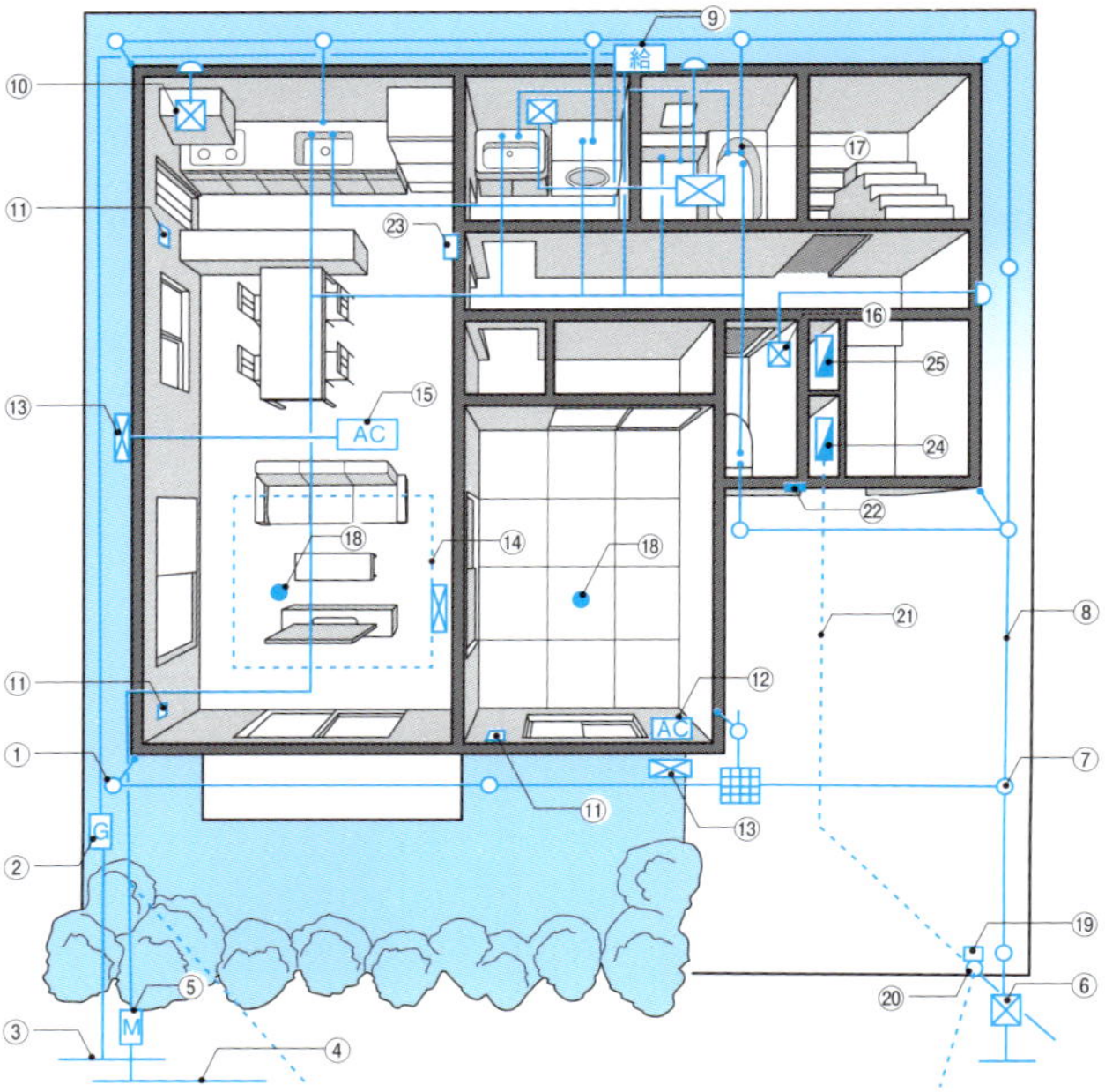

給排水衛生設備

①ガス管
②ガスメーター
③都市ガス管
④上下水道本管
⑤水道メーター
⑥公設枡
⑦小口径枡
⑧排水管
⑨給湯器

空調換気設備

⑩レンジフード
⑪給気口
⑫エアコン
⑬室外機
⑭床暖房パネル
⑮天井カセット型エアコン
⑯換気扇
⑰浴室暖房乾燥換気扇

電気設備

⑱火災報知器
⑲メーター
⑳引込み柱
㉑電力・電話・光ケーブル
㉒インターホン
㉓ドアホン
㉔光電盤
㉕弱電盤

＼こっそり呟く… 現場X／

IZUMI @kasumigaseki 8:37
梁貫通するかどうかは現場で判断できないから、設計者に確認しないとダメですわ

Eileen @eileen_reiko 9:06
躯体工事・内装下地工事の段階で配線を確認しにいかなキャ！杉浦先生に怒られマス

光 @hikaru 11:16
現場で器具が付かない場合もあるのよね…。事前に器具図を確認しておこうっと

たけみ @takemi 11:38
配線後の器具の取り付け方法は、メーカーごとに決まりがあるみたいだね！確認っと！

内部配線

外壁の下地工事が始まると配線工事もスタート。まず屋内全体の配線とスイッチ・コンセントを取り付け、最後に器具付けをする。配線工事は、天井懐内に配線を水平にはわせ、壁の中を通して各室に下ろすのが一般的。

1 幹線の経路を確認

電気設備図で事前に分電盤の位置を把握し、幹線が引き込めるかを現場で確認する。難しい場合は、現場で分電盤の位置を再調整をする。

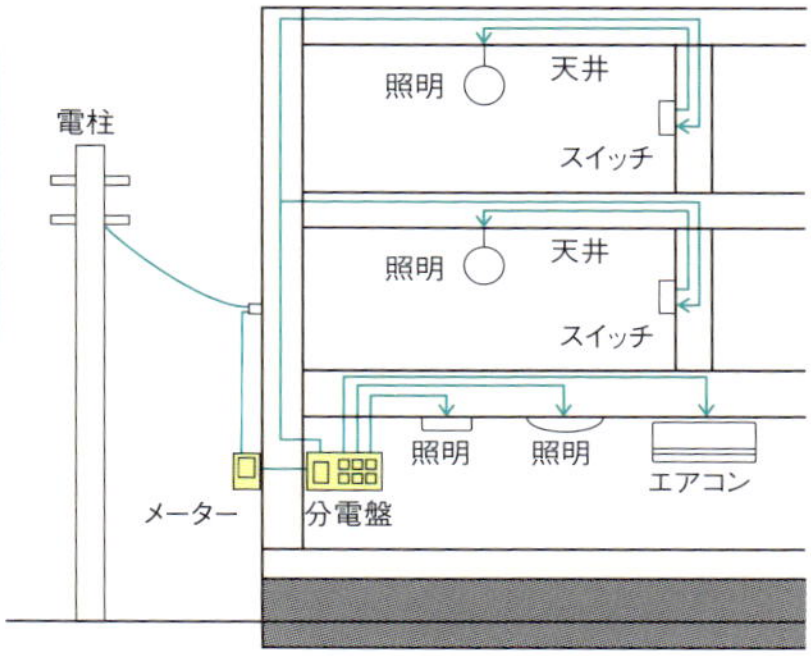

分電盤は、手が届く高さかどうかも確認！家具や荷物などでふさがれない場所だとさらにベター！

2 配線を始める

内部の配線にはさまざまな配線材料が使われる。配線の際には、たるんでいないか、最短距離で配線されているかなどを確認する。梁を貫通させるなど構造部材の欠損発生は避けたい。

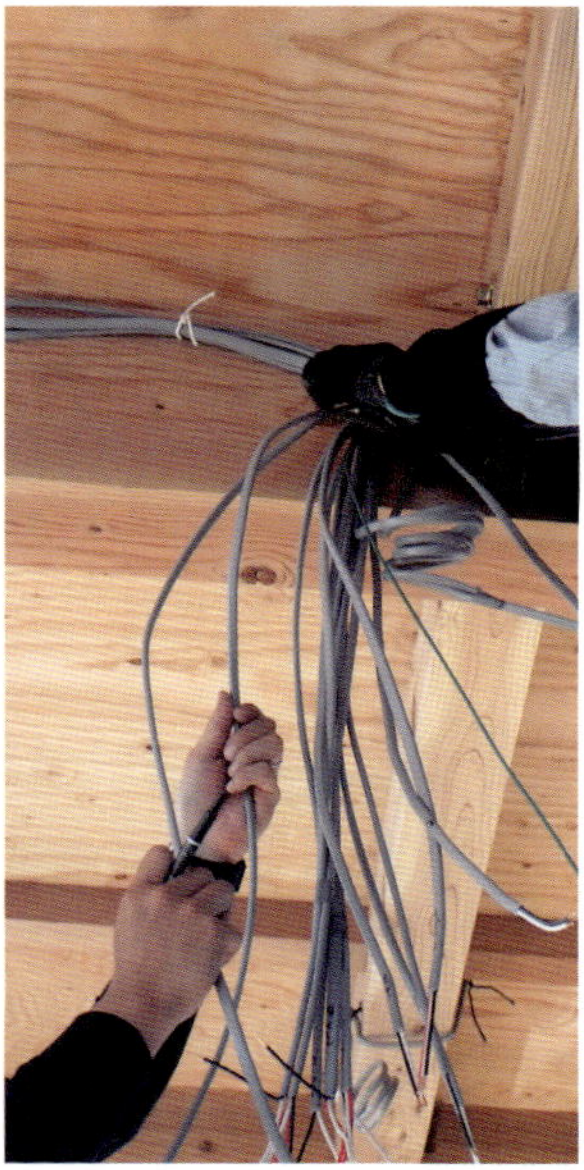

PICK UP! 配線の状態も重要

ジョイントボックス

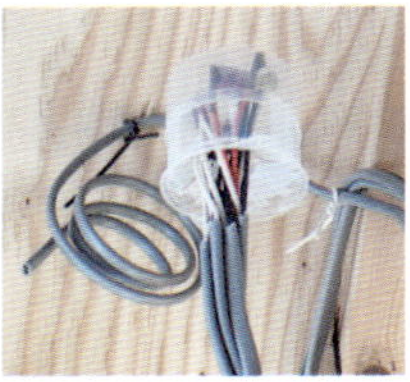

配線の接続部には、接続箇所も保護し損傷を防ぐジョイントボックスを設置する。配線接続は必ずこの中で行う

ステーブル

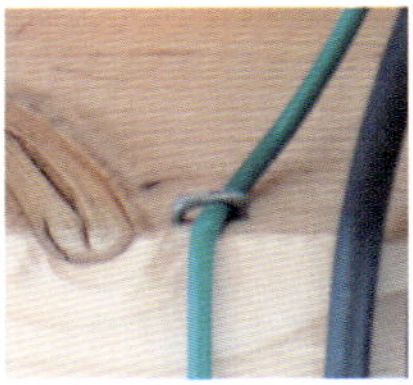

ステーブルで梁や柱などに配線を固定する。ステーブルで固定することでたるまず配線ができる

配線で構造部材を欠損させないよう、職人さんに言っておこう！貫通させる場合は構造上の検討が必要です！

PICK UP! 主な配線材料

Fケーブル

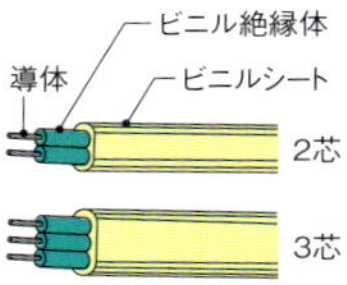

照明やコンセントなど、屋内の電気工事に用いられる一般的なケーブル。電気量に応じて2芯と3芯を使い分ける[※1]

LANケーブル

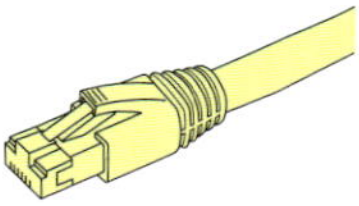

インターネットをつなぐために必要なケーブル。住宅でインターネットを使用するのに必要となるため、ほとんどの場合使用する

CD管

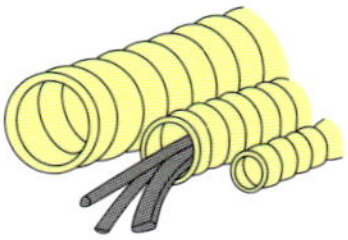

複数の電線を収めて保護するために用いられるオレンジ色の配線管。コンクリート埋設専用だが木造でも一般的に使われる［※2］

PICK UP! 配管・ケーブルの大きさ

内部の配線で使われる配管は、主にCD管のCD-22とCD-16。ケーブルは主にCVケーブルとFケーブルが使われる。それぞれの大きさを確認し、上下に5～10㎜程度のクリアランスを見込んで配線するとよい

CD管（CD-22）／CD管（CD-16）

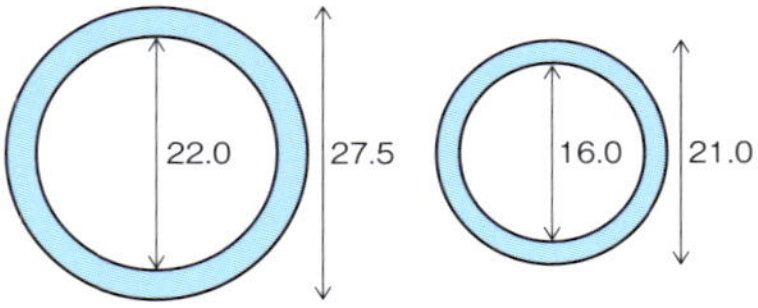

電気配線やLANケーブル、テレビアンテナケーブルを通すためのオレンジ色の管。住宅で使われるのは主にこの2種類

CVケーブル（8～14sq）／Fケーブル

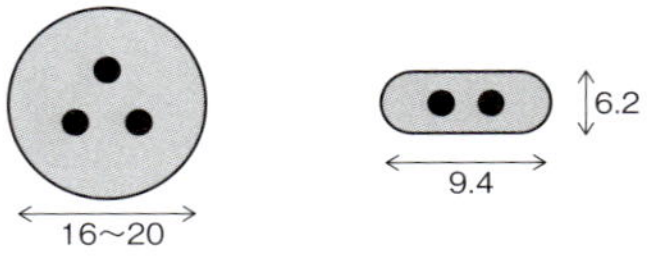

銅の心線をビニル樹脂で2重で覆ったケーブル。製品名はVVFだが、現場では通称のFケーブルと呼ばれる。CVケーブルは分電盤までの幹線に使う

※1 基本的に2芯は100Vの電流を送るもので、3芯は200Vの電流を送ることができる
※2 露出する場合に最適なPF管もある。PF管は耐候性が付与されているため、露出配線も隠蔽配線も使用可能なうえ、自己消火性もある高さは25㎝程度

3 コンセントを設置

コンセントボックスは、柱や間柱にしっかり固定する。断熱材が入るタイミングで、設計者は建て主を現場に呼び、スイッチやコンセント位置の確認を行う。壁下地を張ると変更ができなくなるので要注意。

PICK UP! ＞ スイッチの高さもチェック

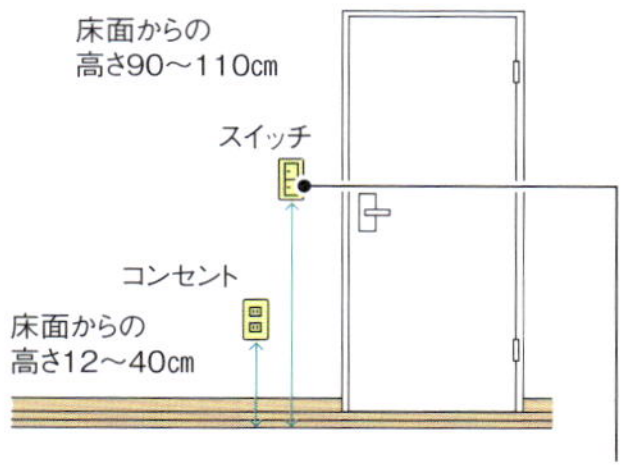

スイッチは、意匠的には目に入らない低めがよいが、建て主が高齢の場合は使いやすい高めに、購入家具を置くことがあるなら110㎝以上とする［※3］

電気工事で最も多く発生する不具合が、ショートと断線！ちゃんと通電するか最後に確認しておこう！

PICK UP! ＞ 適切な梁貫通孔

梁下に配線経路が取れないときは、構造的に最も問題の少ない部位に最小の梁貫通孔をあける。断面の大きな梁の小スパン部、かつ応力の大きいスパン中央部や仕口のある端部付近を避けるのが原則。梁貫通孔は、孔の大きさによって条件が異なる。また、露し天井の場合は、2階の剛床の上に根太を置いてスペースを確保する方法もある

梁側に大貫通孔（150㎜以下）をあける場合

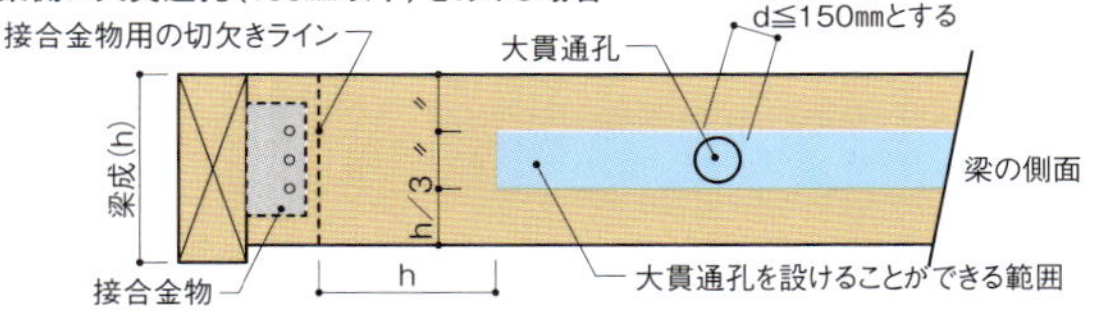

梁側に小貫通孔（30㎜以下）をあける場合

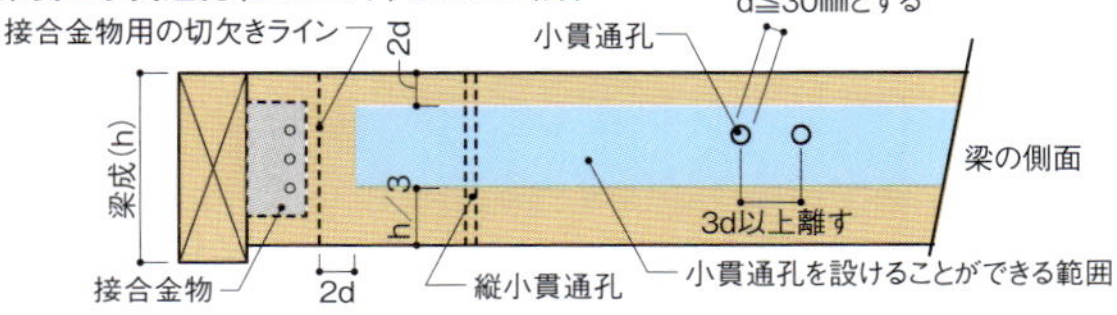

縦小貫通孔（30㎜以下）をあける場合

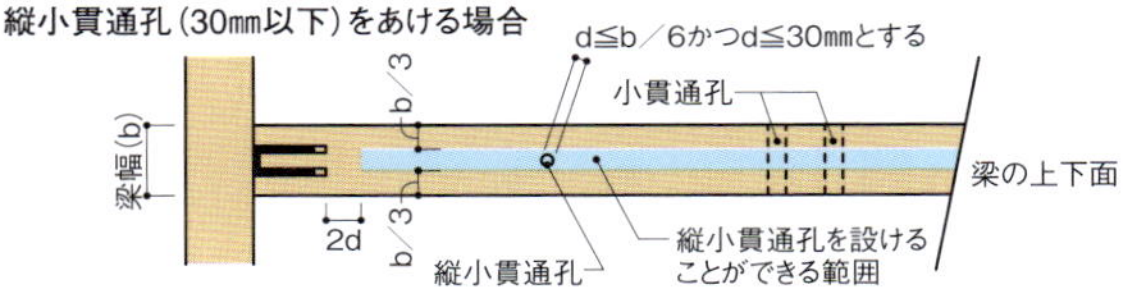

※3 コンセントは、意匠性を重視するなら目に入りづらい12㎝程度、建て主が高齢の場合はこ腰への負担が小さいように40㎝程度の高い位置にするとよい。平均的な高さは25㎝程度

内部配管

内部配管の工事は、基本的には建方が終わり、1階の床合板が張られる前から始まる。基礎の上に排水管の設置工事を行う。2階にキッチンやトイレを設ける場合は、その後に2階の配管工事を行う。

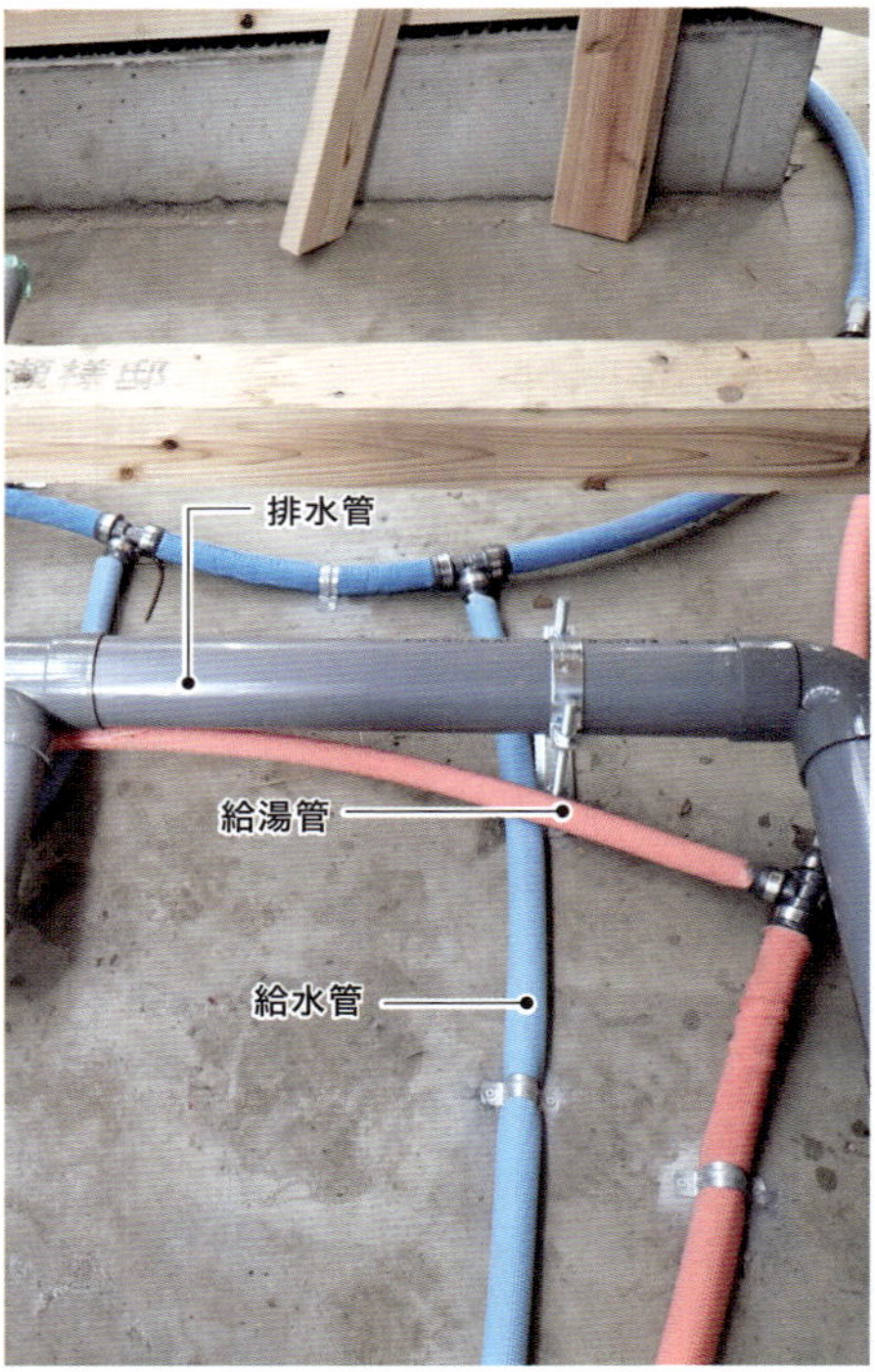

1 1階の配管を設置

1階の給排水管を適切な勾配を確保しながら設置していく。勾配の目安は、75㎜径までなら1／50、それ以上は1／100。その際、鳥居配管［※4］は避ける。

PICK UP! ＞ PSを設けて性能を守る

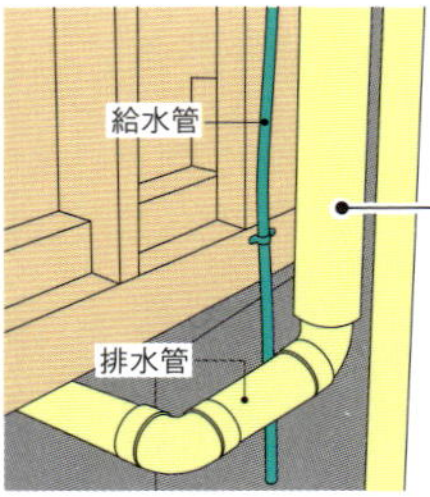

竪配管にして壁内に納めると、その分断熱材が入らないスペースができてしまうため、性能低下につながる。そのためPS［※5］を設け、そのなかに配管するとよい

2 配管の墨出し

キッチンやトイレなど、給排水管の貫通位置を床下地に墨出しする。

※4 配管を上げ下げして鳥居のような形状で配管すること。空気が溜まりやすくなり、配管内の圧力が急に上下昇することにより衝撃や振動が起きやすくなる
※5 配管のためのスペースのこと。PSを設けられない狭小地の場合は、外に露出させる。意匠上、ファサード面は避けたい

3 上階の配管を設置

給水管や給湯管は、金物でしっかりと固定する。外部貫通部は、ブチルテープなどで気密処理をきちんと行う。また、給水管・給湯管は保温しないと冬に凍ることや、シャワーの水が冷めてしまうことがあるため、断熱材をまくなど工夫が必要。

PICK UP! ＞ 天井懐《ふところ》の配管の注意点

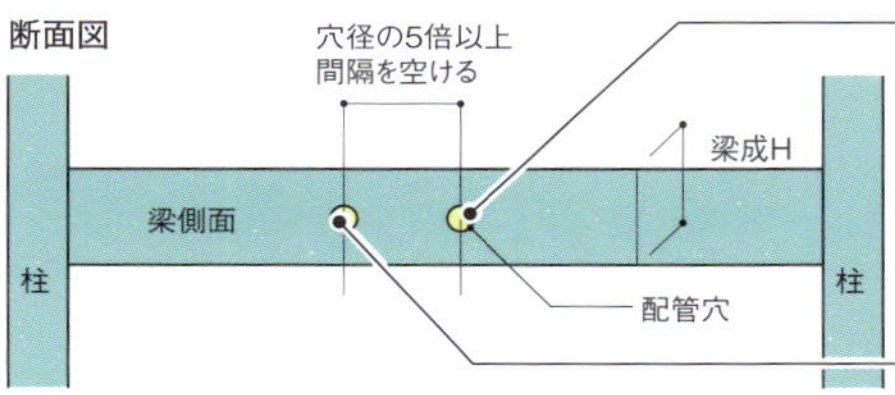

床下の配管で、勾配をとるために梁を欠く場合、事前に構造計算で確認する。現場で判断するのはNG

梁を欠損させる場合は、梁成と配管穴の最大孔径との関係性も押さえておく［※6］

4 防音材を巻く

排水管が寝室の近くに通っている場合は、雑音で建て主からクレームにつながりやすい。そのため、排水の音が鳴らないように遮音シートを使うとよい。その上に断熱材を巻くとさらに防音性が上がる［※7］。

天井懐の配管は支持具などで外部側が低くなるように勾配をつけて高さを調節して床梁などに固定しますわ。外壁を貫通する場合は、防湿テープや防水テープで隙間を埋めますのよ

※6 梁成300㎜以上なら孔径70㎜以下、梁成240㎜なら孔径60㎜以下、梁成210㎜なら孔径50㎜以下、梁成180㎜なら孔径40㎜以下とする

※7 音は周波数によって音域が異なる。遮音シートは中高音に対して有効で、低音を防ぐには鉛シートやエムシートなどが適している

システムキッチン

1 事前の打ち合わせ

キッチン設置時に配管などを通す孔や電源の位置、キッチンの大きさを事前に打ち合わせておく。図面には、施工図レベルでそれらの指示を詳細に記載しておくとよい。

2 墨出しをする

キッチンの設置位置を割り出し、床の不陸の有無を確認しつつ、墨出しをする。その後、傷付けないよう注意しながらキッチンを運び込む。設置後は入念に養生しておく［※8］。

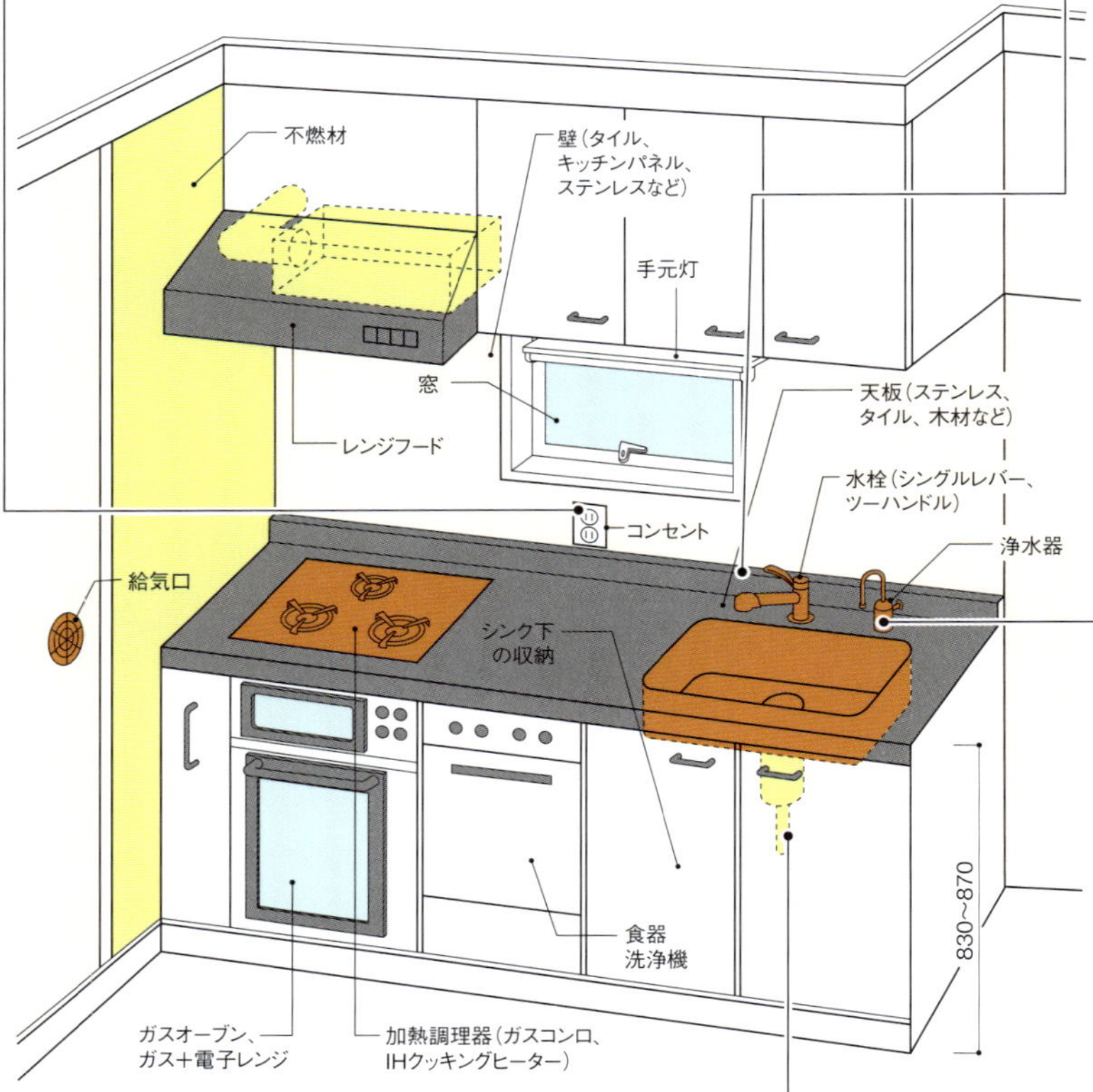

3 配線・配管を接続

配線・配管を接続する際は、適切なジョイント部材で処理する。配管からのにおいへの対策として、防臭パッキンをしっかり差し込んでおく。

4 水栓金具やコンロを接合

コンロや水栓金具を接合したら、試運転を行い、水漏れ・ガス漏れがないかを確認する。キッチンの天井は、湯気や油分を含んだ水蒸気などが上昇して付着するので、汚れにくく清掃しやすい滑面にするとよい。

※8 メーカーからの出荷段階でフィルムなどで養生はされているが、合板などを使ってさらに養生しておくとよい

PICK UP 1

天井・熱源廻りの注意点

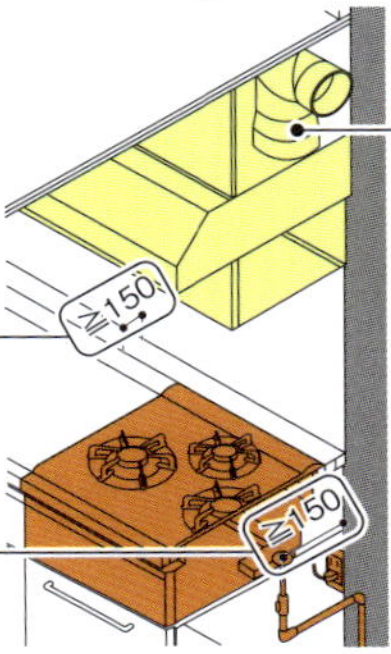

排気ダクトには結露水が入らないよう、外向きに1／100の勾配を設ける

ガス配管と電源の間は、火災などの事故防止のため、150㎜以上間隔をあける。また、壁の下地材が低温着火するおそれがあるため、ガスレンジと壁面の間に150㎜以上のアキをとる

レンジフードは吸引流速の速いスリットタイプが主流です［※9］

PICK UP 2

2階キッチンの配管

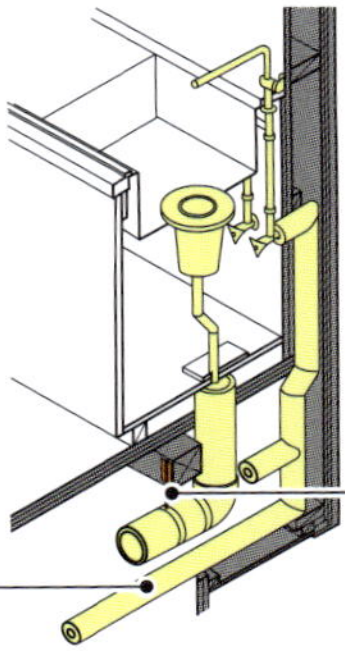

勾配を確保し、たわみを防止するため、パイプは支持金物で固定する

上階の場合、排水管を壁内と天井裏に引くので、断熱・防露処理を施す。外壁沿いに立ち上げる配管類の防露処理は、防蟻上の観点からも注意しよう

上棟直後の墨出しに備えて、シンクの排水の位置は事前に押さえておかないとダメですわ

PICK UP 3

内装制限を順守する

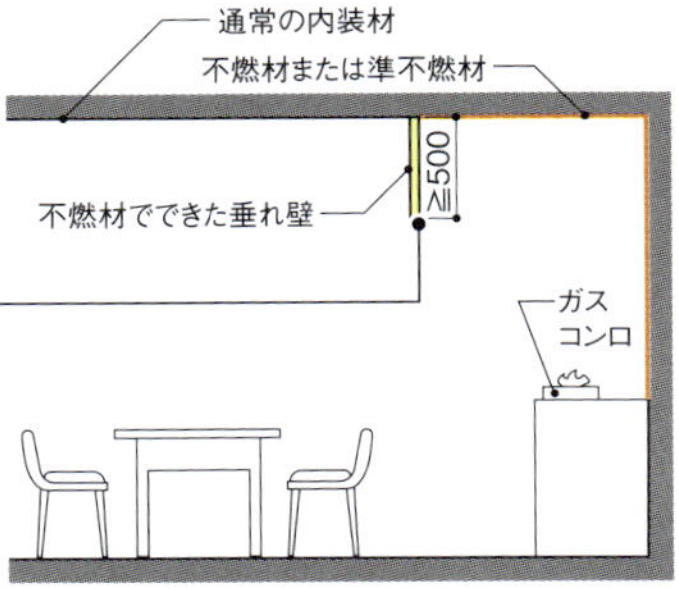

コンロ廻りは、壁と天井を不燃材料または準不燃材料で仕上げる。また、火気使用室と隣接する部屋の境の天井には500㎜以上の垂れ壁が必要［※10］

IHクッキングヒーターの場合は、火気ではないとして内装制限を受けないこともありますよ！

※9 IHはガスに比べて煙の質量が軽いので（ガスは燃焼時に水を出すので質量があり煙が真っ直ぐのぼる）、飛散しやすい。そのため、IHが普及した昨今では主流になっている
※10 隣接する部屋の壁と天井が不燃材料または準不燃材料であれば垂れ壁は不要

トイレ

1 給排水管の接続

給排水管が居室の近くにある場合は、遮音シートや断熱材を巻いて防音対策をする。また、便器下の排水管が横引きの場合は、十分な勾配を確保する。

2 便器を設置する

取り付け位置を確認しながら便器を設置。大便器は水溜り面が広く、臭気や汚物の付着が少ないサイホンゼット式がよい［※11］。併せて、ウォッシュレットなど付属の洗浄機能があれば設置する。

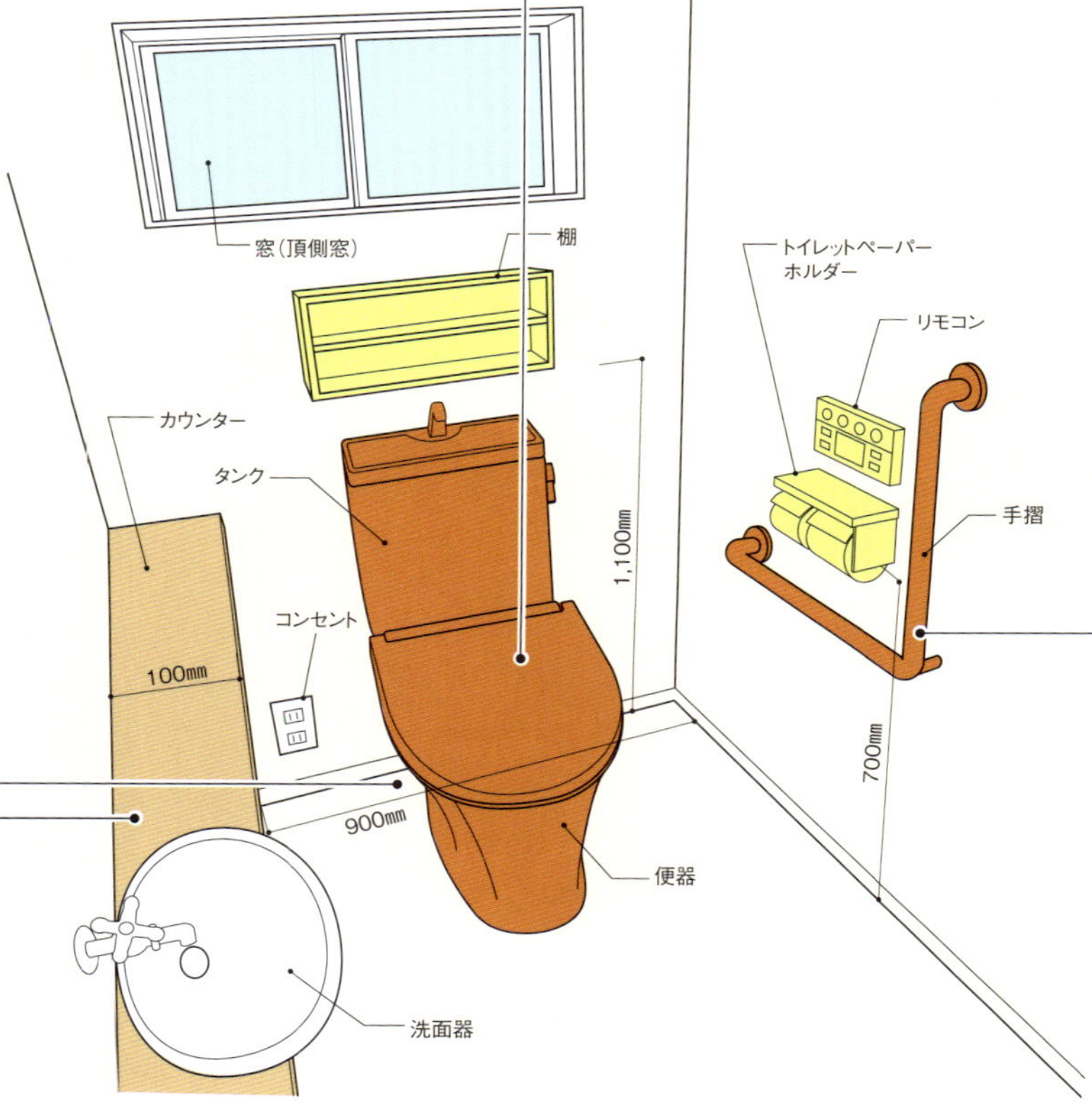

3 カウンターを設置する

洗面台付きのカウンターを設置する場合は、通常のトイレの部屋寸法より幅が＋100㎜は必要。カウンターには、ボウル一体型洗面カウンターと、洗面器＋オープンカウンターのベッセル式がある。

4 手摺や収納の設置

建て主が高齢の場合は、手摺をL字形にすると座り立ちがラクになってよい。また、ドアを引戸にして床の段差をなくすことも有効。トイレットペーパーや掃除用具を入れる収納も設ける。

※11 大便器の種類は次の4種類。①サイホンゼット式…排水路に設けられたゼット穴から噴き出すサイホン作用を起こし汚物を吸い込むように排出する、②洗い落し式…水の落差による流水作用で汚物を押し流す方式、③サイホン式…サイホン作用で汚物を吸い込むうように排出する方式、④サイホンボルテックス式…便器とタンクが一体で、サイホン作用と渦巻き作用を併用した排出方式

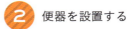

PICK UP 1

トイレの寸法とペーパーの位置

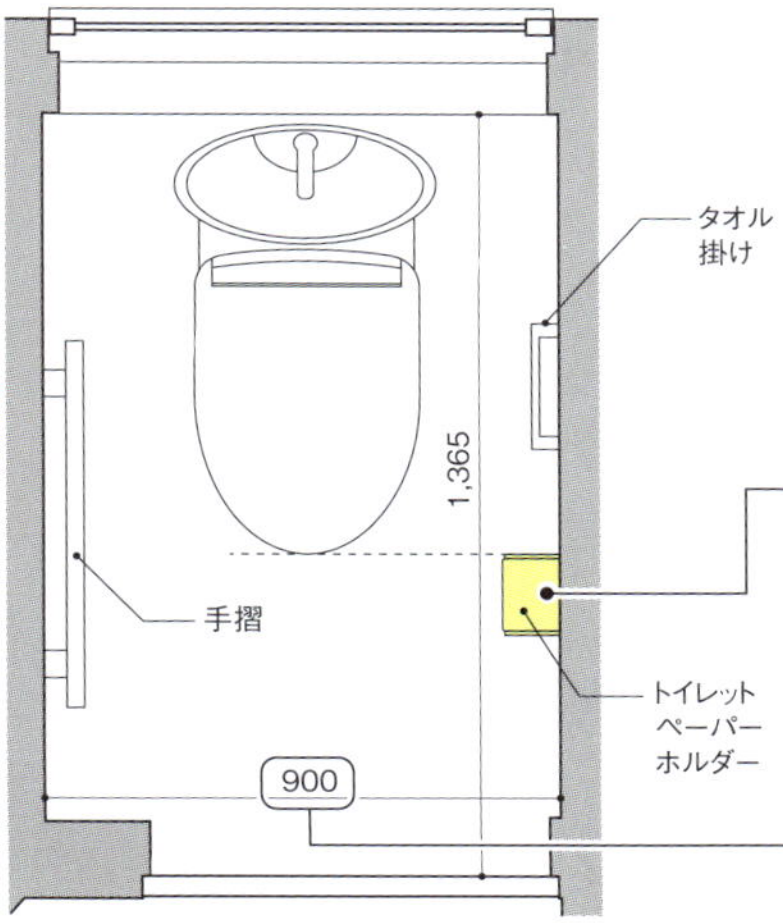

扉は、外開きか引き戸にしないと万が一人が倒れたときに中に閉じ込められちゃうデス……設計時にちゃんと注意して決めないとデスね

トイレットペーパーホルダーの設置位置は、便器の先端がホルダーの先端と揃う位置に置くと、座ったまま使いやすくなる（高さ700㎜程度）。ウォシュレットなどのスイッチを設ける場合は、ホルダーの上に設置すると使い勝手がよい

トイレの部屋の寸法は、カウンターがない場合で900×1,365㎜以上あれば使いやすい。カウンターを設ける場合は、幅を最低でも1,000㎜以上にする

PICK UP 2

照明と収納棚の位置

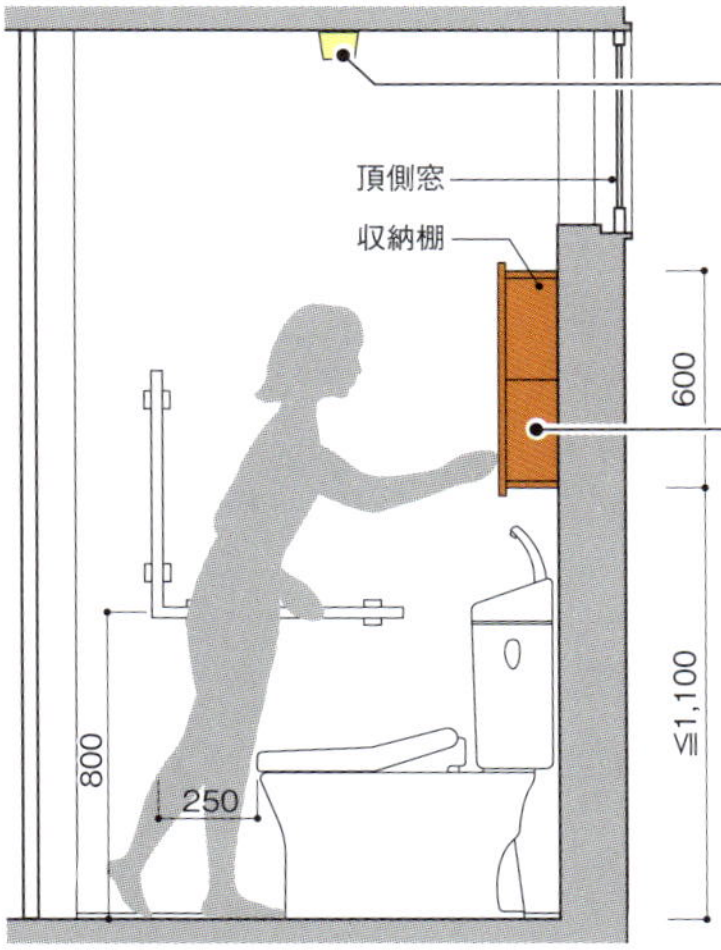

照明は、空間を照らす以外に、健康管理のために便器内の排泄物の色などを確認するための役割も担う。そのため、空間の真ん中ではなく、便器の先端から少し内側に入るくらいの位置にするとよい

トイレットペーパーや掃除用品を入れておく収納棚は、便器の上に設ける場合、棚の下端を1,100㎜以下にしておくと、手が届き使いやすくなる

トイレの窓は、上端を天井にそろえると（頂側窓）、意匠性がよくなりますよ！窓の位置も意匠的に重要なポイントです

外壁《がいへき》

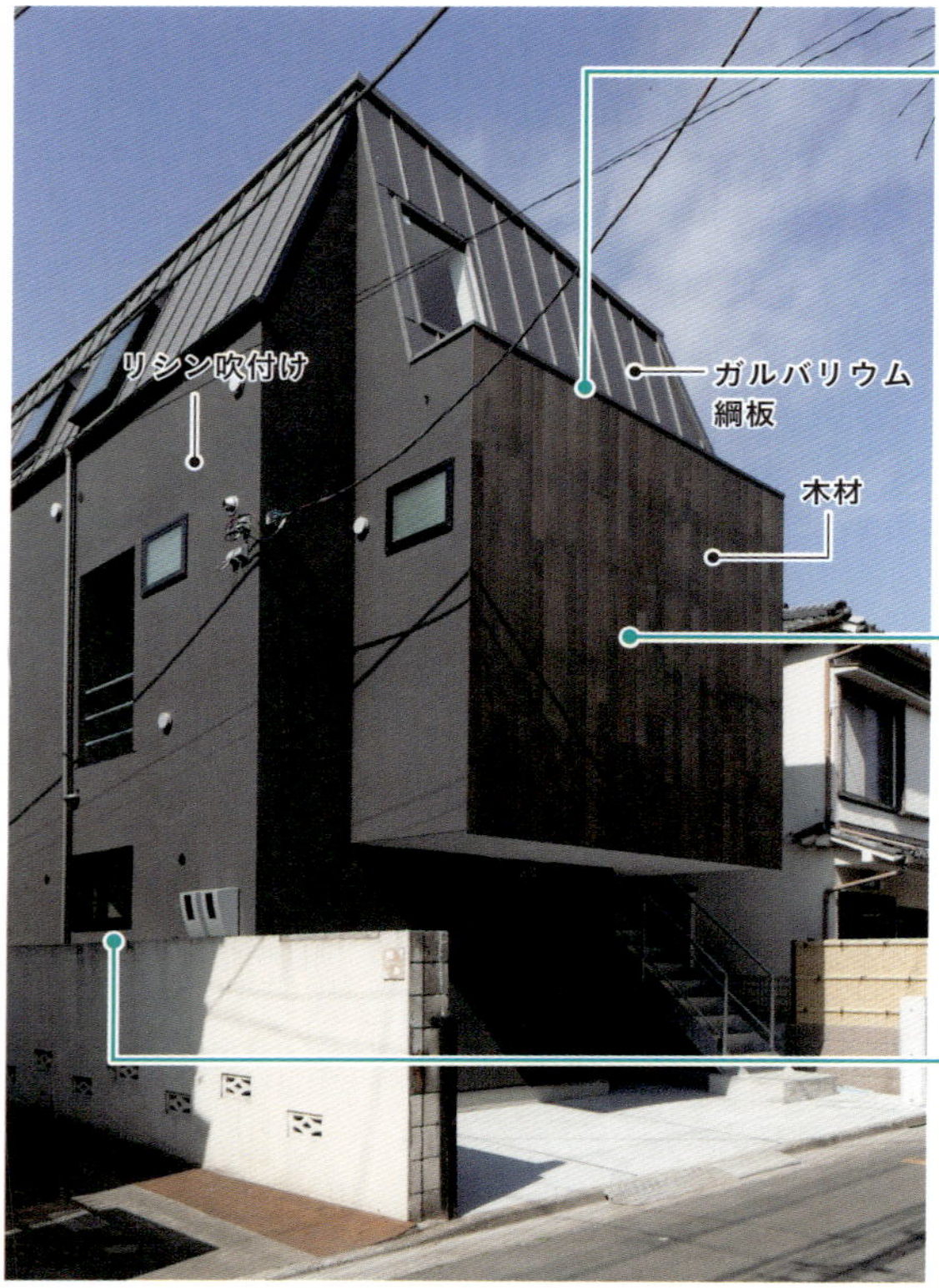

胴縁

通気層になる胴縁は縦胴縁と横胴縁がある。縦胴縁は 455㎜間隔で柱・間柱にビス留めされているか確認する。また、サッシの周囲などで 30㎜以上の通気スペースを設ける。横胴縁は 1,820㎜につき 1 カ所は 30㎜以上の通気スペースを設ける

仕上げの種類

外壁仕上げは、ガルバリウム鋼板、窯業系サイディング、左官、木などが代表的。それぞれ施工方法なども変わる。本事例ではガルバリウム鋼板とリシン吹付けを採用

防水処理

下地には透湿防水シート、サッシ廻りや配管の貫通部には防水テープも用いて防水処理を行う

こっそり呟く… 現場 X

たけみ @takemi 7:32

今日も雨～！？外壁の工事全然進まないよ～（涙）明日こそ晴れるといいな……

代々木匠子 @yoyogi_syoko 10:06

足場での作業は危ないから気をつけて。特に夏場は水分補給も忘れずにな！

光 @hikaru 15:23

配線用の外壁貫通をするときの緊張感はやばい。間違えないようにしなくちゃね

日比谷 @hibiya_0506 15:45

外壁の色、何色がいいかしら？お母さんは白っていうけど、汚れが目立ちそうね……

外壁下地

外壁下地は、透湿防水シートや防水テープの張り方のほか、通気層の確保などがポイントとなる。特に開口部廻りや貫通部廻りは防水上の弱点となりやすいので重点的にチェックしたい。

1 構造用合板を張る

上棟から約2週間後、外壁に構造用合板が張られる。本事例ではさらに耐力壁の性能を高める方法として、制震テープ［※1］が張られた。耐力壁の考え方として、面材を用いる場合と筋かいを用いる場合があり、本事例では併用されている。制震テープは石膏ボードや構造用合板と柱や梁の軸組との間に貼られ、地震力による揺れを低減させ、釘の折れや抜けを防ぐ効果をもつ。

2 石膏ボードを張る

本事例は準耐火建築物であるため、耐火性能を高めるために、構造用合板の上から12.5㎜厚の耐水石膏ボードを張る必要がある［4頁］。

※1 柱や梁の外側もしくは内側に張る強力な両面テープのこと。地震エネルギーを摩擦による熱エネルギーに変換し、住宅の揺れを最大80％低減できる

③ 透湿防水シート

石膏ボードの上に、透湿防水シートを下から順に横張りしていく。

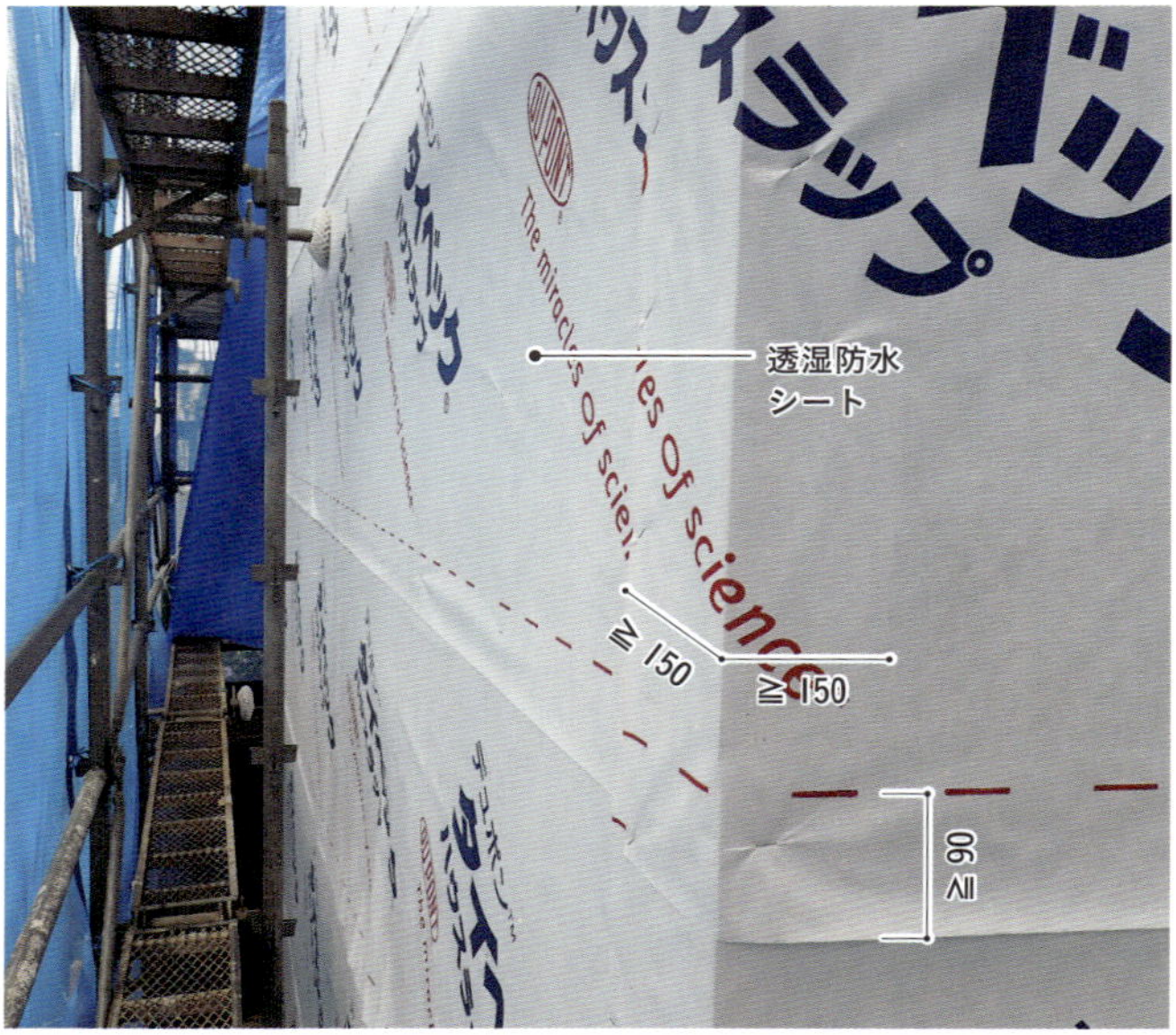

PICK UP! > **透湿防水シートの重ね代**

防水性に優れ、湿気を通す透湿防水シートは、万が一雨水が外装材の内側に浸入した際に、下地の石膏ボードや構造用合板が浸水しないために必要。断熱材からの湿気を通気層に排出し、下地材のカビや劣化を防ぐことができる。雨水が入り込まないよう、下から上へ向かって張らなければならない。重ね代は、縦方向に90㎜以上、横方向に150㎜以上、出隅・入隅は300㎜以上の重ね代を確保したい

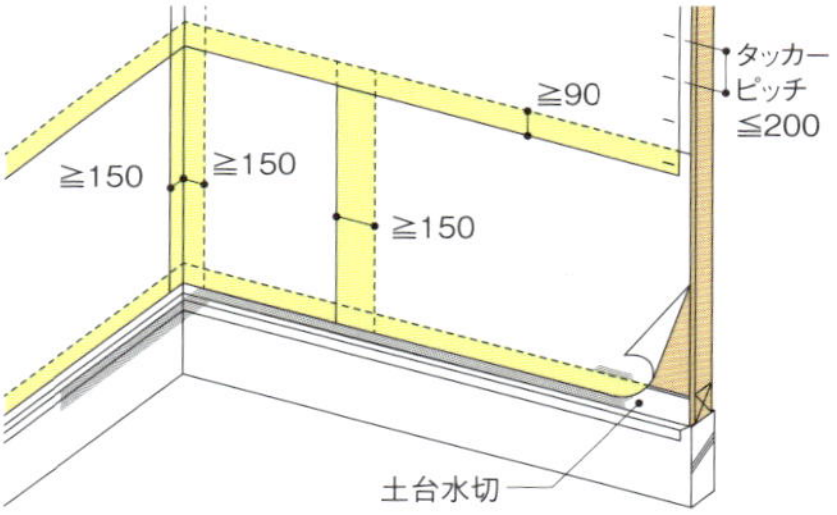

④ 水切の取り付け

透湿防水シートをめくりあげて、土台と外壁の間に水切を設置する。透湿防水シートが水切の上端と重なるようにかぶせ、防水テープで留めることで防水層が連続する。板金施工会社の都合によっては、水切を設置してから透湿防水シートを張る場合もある。

5 通気胴縁の施工

外壁に通気層を設けるため、通気胴縁を455㎜ピッチで施工する。通気胴縁にはあらかじめ通気口が加工されていて、横方向にも通気が取れる。通気層の厚さは22㎜程度を確保したい。

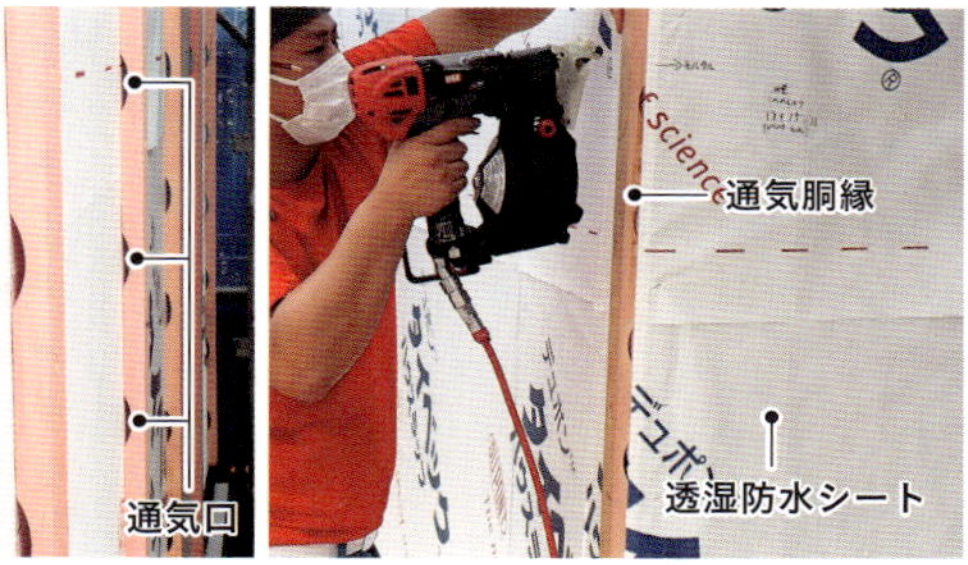

PICK UP! ＞ 縦胴縁と横胴縁

横胴縁

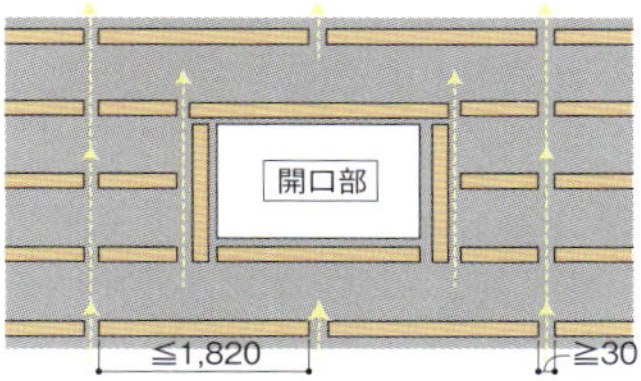

胴縁には縦胴縁と横胴縁の2種類があり、外壁の仕上げ材を張る方向によって決まる。本事例では外壁仕上げがガルバリウム鋼板の横葺きであるため、縦胴縁を採用していが、仕上げ材が竪葺きの場合は、横胴縁として通気層を確保する

PICK UP! ＞ 土台・屋根との取合い

屋根との取合い

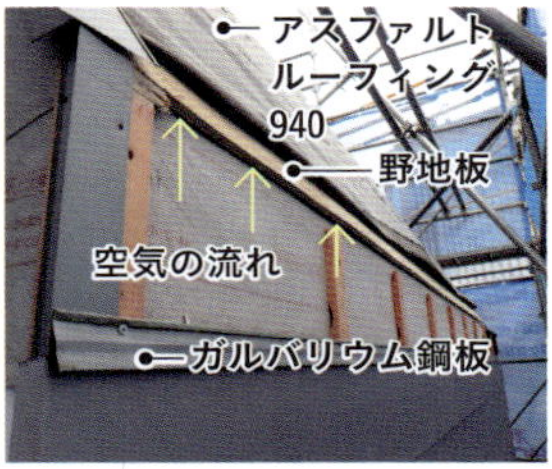

本事例では屋根の通気層と連続させ、外壁材の下端（土台水切）部分から入った外気が外壁と屋根の通気層で湿気（水蒸気）を含み、屋根に設けられた換気棟から排出されるよう設計されている［※2］

土台との取合い

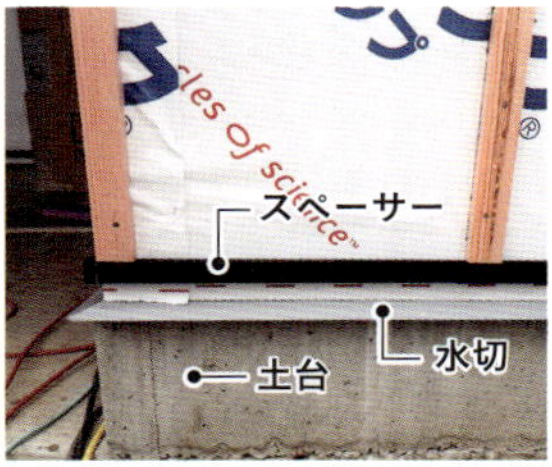

外壁の下端と土台水切との隙間が、通気層への入口となるため、ふさがないように注意が必要。写真では、スペーサーを設けて通気層の入り口をふさがないよう工夫されている［※3］

6 外壁貫通口

外壁貫通口（吸気、排気、排水口など）の周囲は、防水テープで止水処理を行う。胴縁はサッシ廻りと同様、30㎜程度の隙間を確保したい。

※2 外壁の通気層では、屋根の通気層まで連続させる場合と、外壁上部から排気する場合がある
※3 スペーサーはストローを束ねたような形状をしており、通気層への入り口を確保するとともに、防虫効果も兼ね備えている

ガルバリウム鋼板仕上げ

外壁下地ができたら、仕上げの工程へ。本事例は外壁の仕上げを板金とし、その大部分に、屋根の外装材と同じガルバリウム鋼板を使用している。板金は、コーナーや窓廻りの納め方が特に重要になる。

PICK UP! ＞ ガルバリウム鋼板の特徴

ガルバリウム鋼板は、金属製のサイディングのなかでもさびに強く、雨で汚れが落ちるためメンテナンスの手間がかからない。また、軽量かつ高いデザイン性で多くの意匠設計者から支持されている。一方で、熱がこもりやすく、寒暖差による材の収縮で「ポコッ」という音が鳴ることがあり、へこむおそれがあるなどのデメリットもある

1 搬入

ガルバリウム鋼板が搬入される。一般的な既製品の場合は、折れや曲がり、傷がないかどうかを搬入時に確認したい。

2 加工

専用の金切鋏《かなきりばさみ》、掴箸《つかみばし》、ロールバッタで、カット、折り曲げの加工を行う。開口部や貫通口廻りに使用する板金も、墨出しして切り欠いておく。

3 留め付け

加工した板金をすべての胴縁にビスで留めていく。この時、端から端までのはぜがきちんとかみ合っていることを確認しながら施工する。ここでは屋根と同様、小はぜを使用して継いだ。横葺きの場合は特に、斜めになっていないかどうか、現場監督が確認したい。

PICK UP! 出隅の納まり

平面図

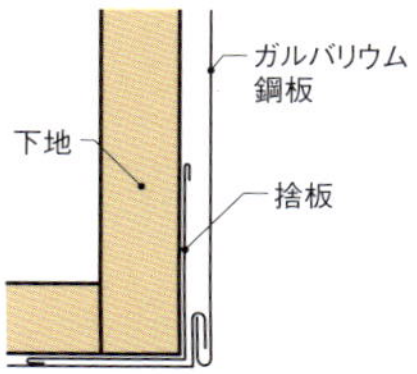

本事例では、意匠性を考慮し、出隅を内側に折り曲げて納める方法をとった。手間が増える分、工期は延びるが、仕上がりが美しくなる

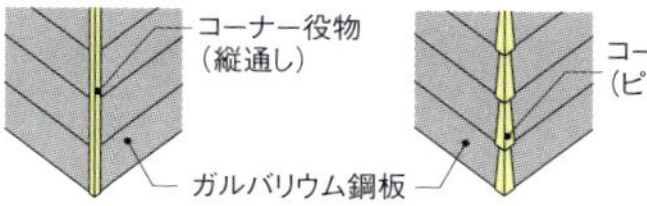

一般的には、コーナー役物を使用して納める場合も多い。上からかぶせるだけなので、施工スピードは格段に上がるが、やぼったい印象を与えてしまうこともある

コーナーや屋根、サッシの取合い部によって外壁の美しさが決まるので、納め方はしっかり確認しておくのデス！ズボラはダメ！

4 シーリング

開口部や外部貫通口の周囲にはシーリングを施して隙間を埋める。

外壁仕上げは細かな手作業を伴い、外観に大きく影響するもの。できるだけ板金の施工に慣れている会社に頼みたいですね！

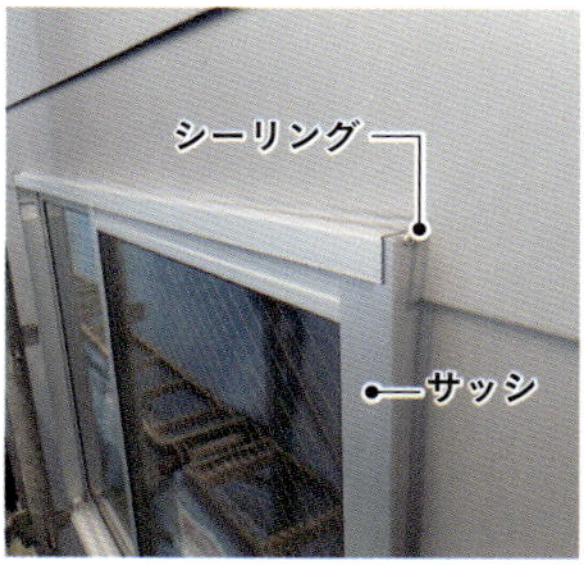

リシン吹付け仕上げ

湿式の外壁仕上げとして住宅でよく用いられるのが、リシン吹付けである。ガルバリウム鋼板とは下地の施工が異なる。本事例では、玄関廻りの外壁とバルコニーの壁面をリシン吹付け仕上げとした。

1 ラス網を留める

木《き》摺《ずり》の上に防水シート（アスファルトフェルト430）を横張りしていく。その上からラス網をステープルで留める。

PICK UP! ＞ ラス網の重ね代

アスファルトフェルトの重ね代は100㎜、ラス網の重ね代は50㎜以上を確保する。開口部廻りはラス網を2重張りとし、開閉の衝撃による割れを防ぎたい。出隅などの見切部分はコーナービードを設置して補強する

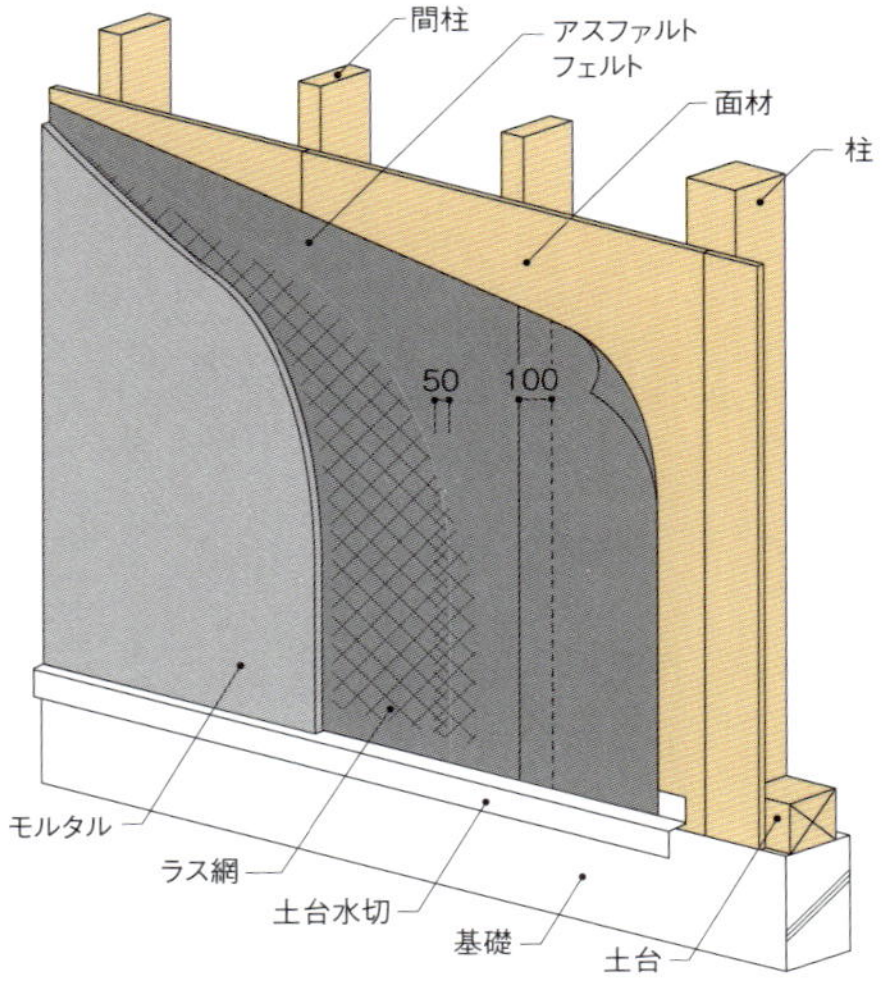

リシンは、モルタル外壁の仕上げのなかでも通気性に優れていて、内部の木が傷みにくいといわれていマス！

② モルタルを塗る

モルタルを下塗り、中塗り、上塗りの3回に分けて鏝《こて》を使用して塗っていく［※4］。下塗りではラス網にモルタルを押し付け、ラス網とモルタルをなじませる。

PICK UP!

ファイバーメッシュで定着を促す

仕上げを定着しやすくし、モルタルの初期収縮によるクラック（ひび割れ）を防止するため、モルタルの上からグラスファイバーメッシュ［135頁］を鏝で押し付けて埋め込んでいく。乾かないよう、モルタルを塗った直後に行う

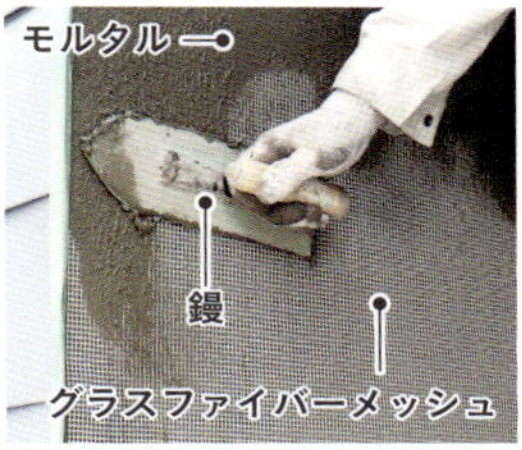

③ 下地処理剤を塗る

リシンやスタッコなどの仕上げ材は、下地が塗料を吸い込んでしまうため、色ムラやチョーキング［※5］、剥がれが起こりやすい。仕上げの前にシーラーとよばれる下地処理剤をローラーで塗布しておくと、吸い込みを防げる。

④ リシン吹付け

下地処理材を塗布し終えたら、仕上げに移る。リシン吹付けでは、リシンガンとよばれる専用のコンプレッサーを用いて吹き付ける。ガルバリウム鋼板とリシン吹付けの見切は、板金を10㎜程度リシン吹付け側に巻き込んでいる。

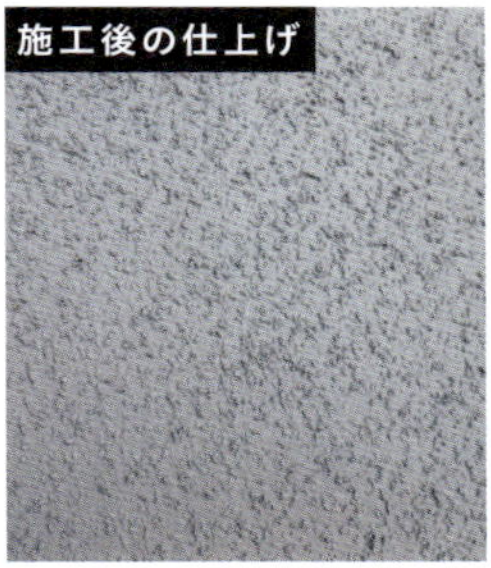

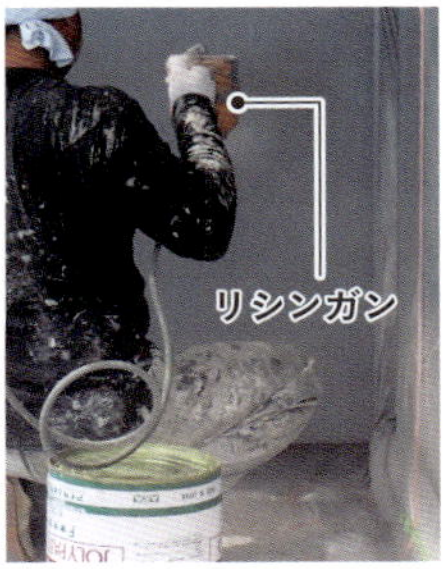

※4 中塗り、上塗りは、前段階のモルタルが乾いた時点で速やかに施工する。上塗り後、仕上げまでは10日間（冬期14日間）の養生が必要

※5 顔料と樹脂を混合した塗料を用いる場合、樹脂が経年変化で分解され、残った顔料がチョークの粉のように外壁の表面に残ること

内《ない》部《ぶ》床《ゆか》

根太

床は、根太を架け渡す根太工法と、根太を使わない根太レス工法がある[101頁]

釘の位置

柱などのために構造用合板を切り欠く場合は、本来打つべき位置から150㎜以内に移動して打ち、釘の本数を減らさないようにする

仕上げ材

仕上げ材は、フローリング、タイル、畳などが代表的。仕上げ材は厚さ・幅・長さ・目地幅・色などが指示どおりかをきちんと確認しておく。本事例ではフローリングを使用

＼ こっそり呟く… **現場X** ／

9:11
Eileen
@eileen_reiko

最近の主流は根太レス工法だけど、根太工法のほうがいい場合もあるから要検討デス！

9:47
たけみ
@takemi

たしか仕上げ材によって納期が変わるんだよね…。フローリングは1週間って覚えとこ！

10:45
IZUMI
@kasumigaseki

1階は床下地を張る前に、事前に打ち合わせて配管経路を決めておかないとですわ

14:02
代々木匠子
@yoyogi_syoko

キッチンが入るところは、床の養生シートに切り込みを入れて剥がしやすくしておくぞ！

内部床下地

床の下地工事は建方［42頁］のときから始まる。根太工法と根太レス工法に分けられ、両工法は施工のタイミングが異なるので注意。本事例では1～3階まですべて根太レス工法としている［※1］。

1 建方時に上階を張る

本事例では、1階の軸組を組み終えた後［48頁］、2階と3階の床下地となる構造用合板(24㎜厚)を張っている。一般的には、雨から構造体を守るために屋根を先に組み上げることもある［※2］。

PICK UP! > 合板はプレカット材を使う

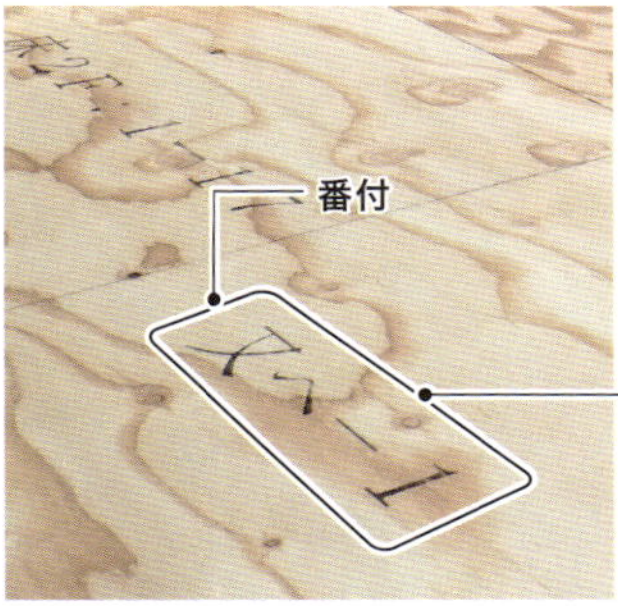

構造用合板は、柱や金物と取り合う部分や柱を立て込む部分がプレカットされた材を使う。番付どおりに施工するので効率よく作業でき、誤りもなくせる

構造用合板が水平に張られているか、割付図どおりに施工されているかを確認しましょう！

先に上階の合板を張ると、作業の安全性を確保できるし、屋根材を置けたりするので作業効率も上がるよ！

※1 根太レス工法は施工性が高く人気だが、狭小地の場合は1階を根太レス工法とすると、配管を通す際に土台を欠きこんでしまう。そのため、1階は根太工法を採用するのが好ましいが、本事例では、PS［84頁］を設けることで土台の欠き込みを避け、少しでも階高をおさえて3階に部屋をとれるようにしている
※2 本事例では、3階でもあるため、落下防止など安全優先で上階の床を先に張っている

2 合板に釘打ちする

構造用合板を張ったところから、CN75釘またはN75釘を150㎜以下のピッチで打ち、四周を留めていく。間隔が間違っていたり、めり込みの大きな箇所は、釘を増し打ちする。

PICK UP! > 切欠き部分

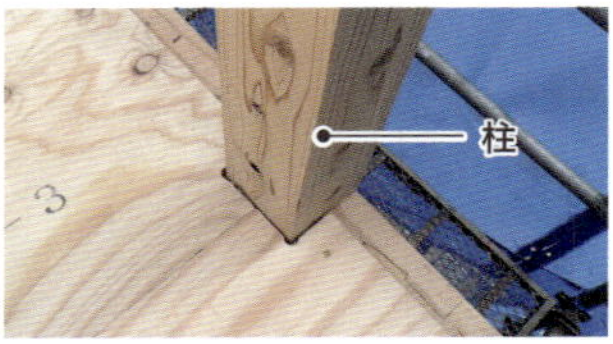

柱を立て込むために構造用合板を切り欠かれた箇所は、本来の釘の位置から150㎜以内のところに打ち、釘の本数を減らさないようにしよう

PICK UP! > 合板は千鳥《ちどり》に納める

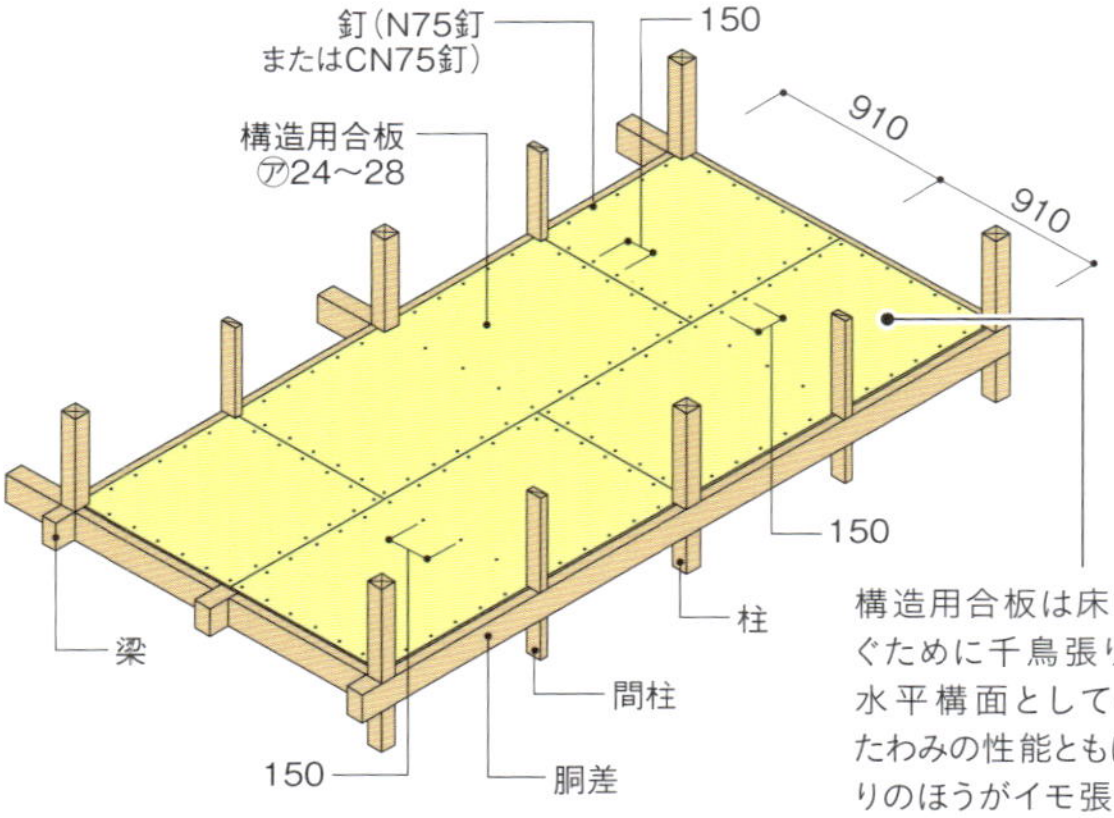
構造用合板は床鳴りを防ぐために千鳥張りにする。水平構面としての性能、たわみの性能ともに千鳥張りのほうがイモ張り［※3］より高くなる

釘を打つときは、構造用合板にめり込みすぎないように要注意！めり込みすぎると耐力に影響が……

※3 材の目地が縦横一直線となるように張る方法。イモの根が基盤の目のように規則正しい形をしていることに由来する

3 1階床下地の施工

建方から約2週間後、本事例では1階の床下地の施工が始まった。本事例は、1階も根太レス工法を採用。土台敷きのときに取り付けた鋼製束を締め直し、断熱材を充填する準備をする。給排水管は、この時点までに必ず施工しておく。

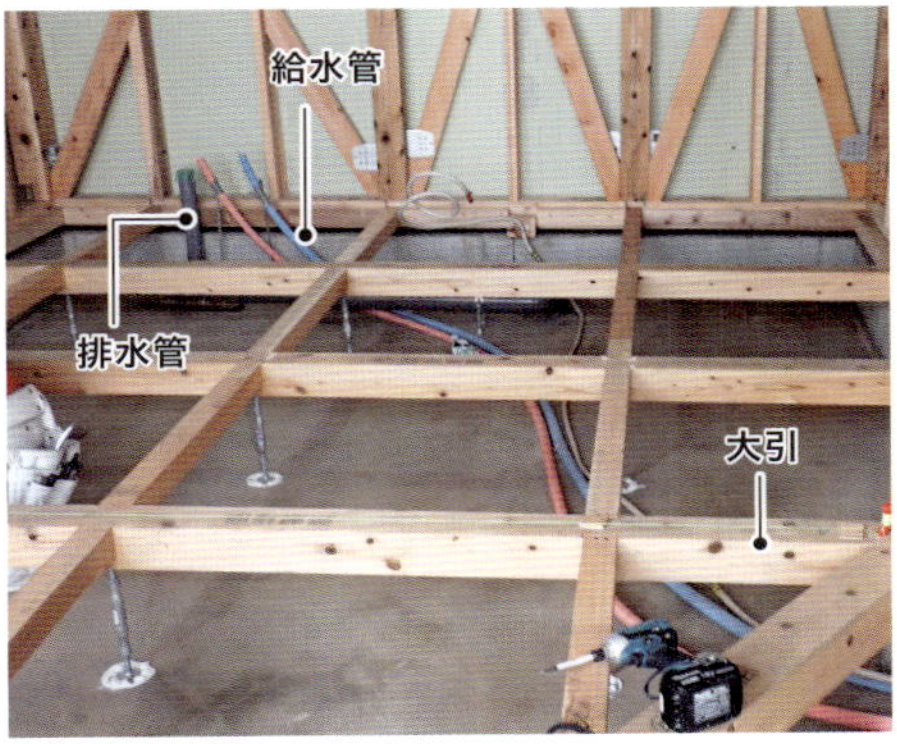

1階が根太レス工法ですと基礎工事のときに1階の配管工事をすることもありますわ

PICK UP! ＞ 根太工法と根太レス（剛床）工法の違い

根太工法

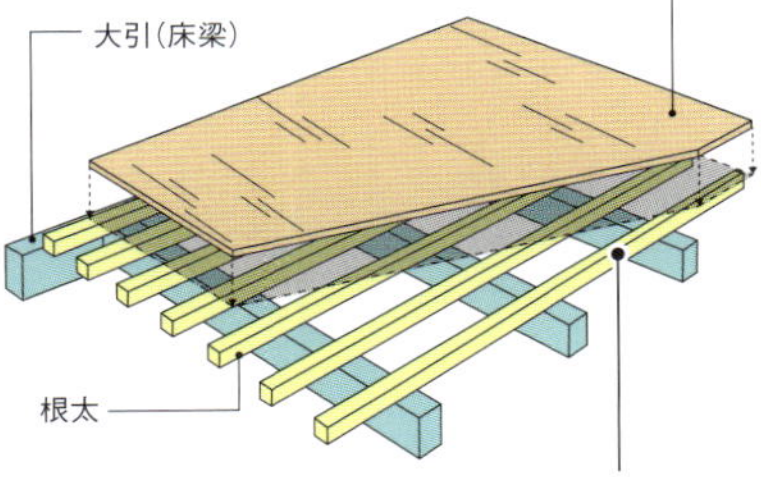

大引や床梁間に根太を架け渡し（303㎜ピッチが一般的）、床を張る工法。施工方法は、図のような根太を大引の上に載せる転ばし根太と、大引に切り込みを入れて落とし込む方法がある

根太レス（剛床）工法

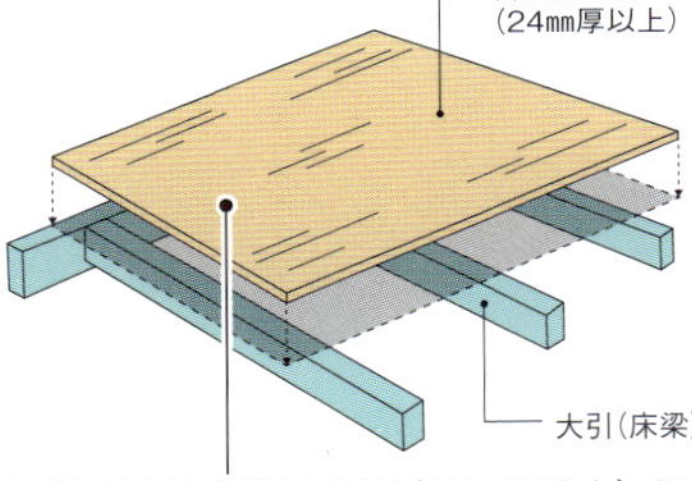

大引や床梁に構造用合板（24㎜厚以上）を直接張る工法。施工性・剛性が高く、床鳴りも小さい。根太による寸法調整ができない分、基礎天端のレベルに高い精度が求められる

4 断熱材を敷き詰める

本事例では基礎断熱ではなく床断熱を採用。寸法に合わせてカットした断熱材（本事例では高性能グラスウールを使用）を敷き詰めていく。その後、詰められたところから耳を大引にタッカーで留めていく。本事例では、受け材を必要としない製品（アクリアUボード）を使用しているため、施工もしやすい。

壁との取合い部は、床下からの冷気が壁の中に侵入して断熱性能を低下させたり、内部結露を発生させたりする原因になっちゃうから、気流止めを施工する必要がありますよ！

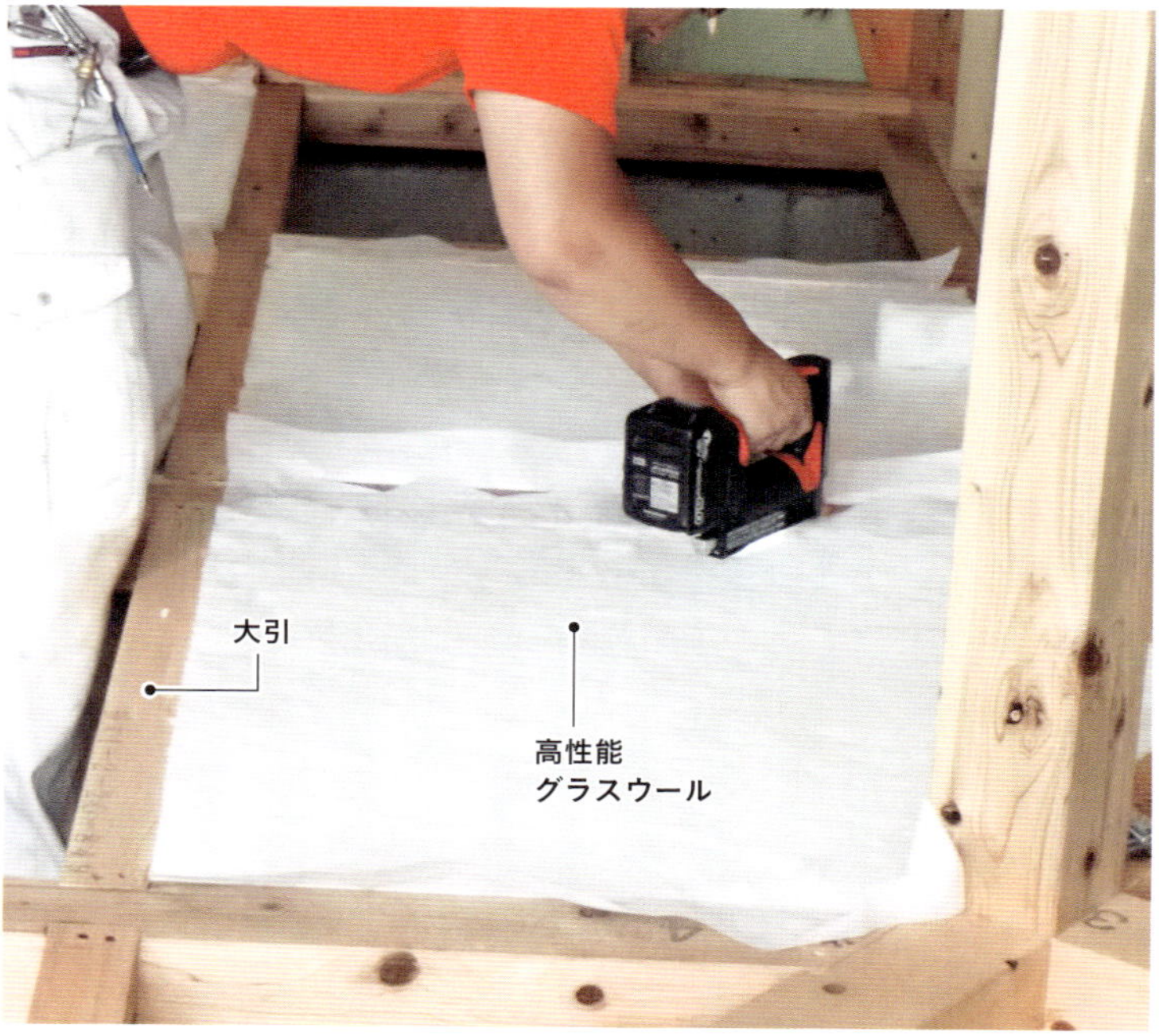

5 合板を張っていく

上階と同じように構造用合板を張って釘打ちしていく。床下地は、要求される床倍率［※4］で張り方のルールが変わるので注意する［※5］。

※4 壁の強さを表す壁倍率と同様に、床の強さを表す指標。壁のように壁量（長さ×壁倍率）を用いず、床倍率そのものでチェックを行う

※5 床倍率3の場合は、24㎜厚または28㎜厚の構造用合板を、N75釘で150㎜以下のピッチで四周に固定して梁に釘留めする。床倍率1の場合は、24㎜厚もしくは28㎜の構造用合板を梁と直交させ、実《さね》部に接着剤を付けて千鳥張りすればよい

構造用合板の施工完了

PICK UP! ＞ 配線や配管を通す孔をあける

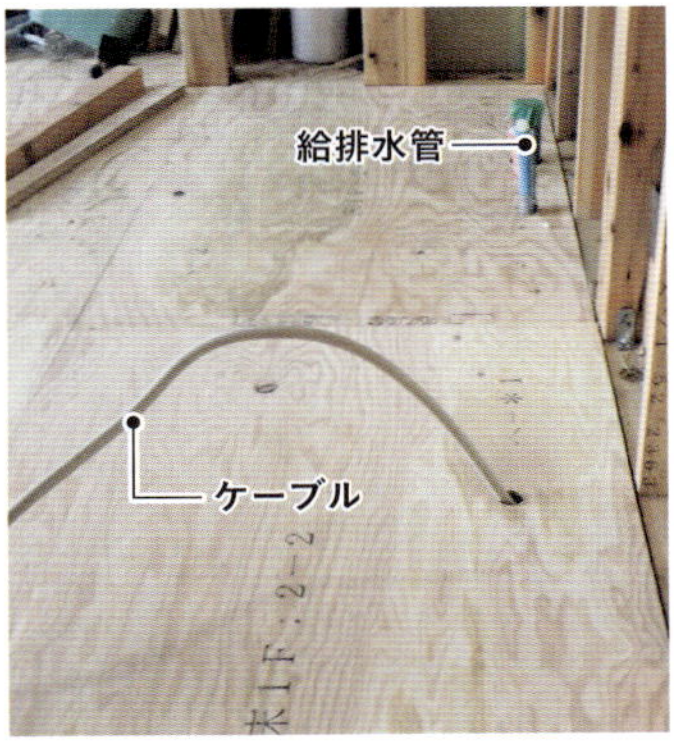

配線や配管が通る箇所には、構造用合板を貼った後に墨出しを行って孔をあけ、配管を行う。断熱材は、配線や配管が通る孔をあけて施工する

⑥ 石膏ボードを張る

本事例は準耐火建築物［4頁］のため、床の合板を張った後に石膏ボードを張っていく。

耐火・準耐火建築物かどうかはきちんと把握しないとダメデス

フローリング仕上げ

住宅の定番床仕上げ材として、広く採用されているフローリング。外壁下地の後に施工が行われることが多い。注意点は、どこから張るか（張り始めや張り終わりの位置）、柱や壁との取合いの処理などだ。

1 材の搬入

床仕上げの代表的な材料であるフローリングは、無垢フローリングと複合フローリングに分けられる。張り始める前に材料を仮並べし、長さが足りているか、無垢材なら節の状態なども確認する。その際、張り方向や張り始め、張り終わりをどうするかも検討しておく。

材のコストは、色の濃い広葉樹は高価、白っぽい針葉樹は安価なものが多いデス！

節の多い材は、クロゼットなど目に付かない場所に使うようにしましょう！

フローリング
長期間（数カ月以上）保管するときは厘木を置き材の反りを防ぐ

PICK UP! ＞ **フローリングの種類**

無垢（単層）フローリング

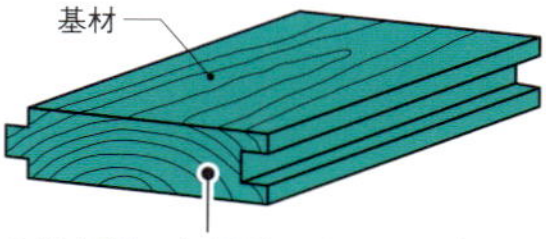
基材

丸太から挽き割った板状のもので、単層フローリングともいう。オイル塗装や蜜蝋ワックスで仕上げると材の風合いを生かせる。表面の傷付き防止に圧密加工を施すこともある

複合フローリング

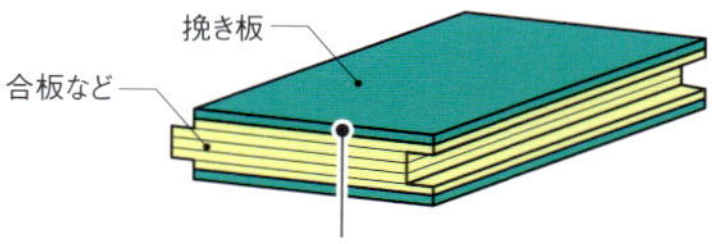
挽き板
合板など

合板、集成材、単板積層材などの基材の表面に化粧材を張ったもの。厚さ0.15〜3.2㎜程度の単板（突板）を張ったものが一般的。化粧シートや2〜3㎜程度の挽き板を張ったタイプもある

2 サッシと取合う部分

フローリングがサッシと取合う部分がある場合は、そこから張り始める。材は決《じゃく》り加工［※6］をして潜り込ませるように張るとよい。サッシは木枠の施工前の状態。

PICK UP! ＞ 見切材を設ける場合も

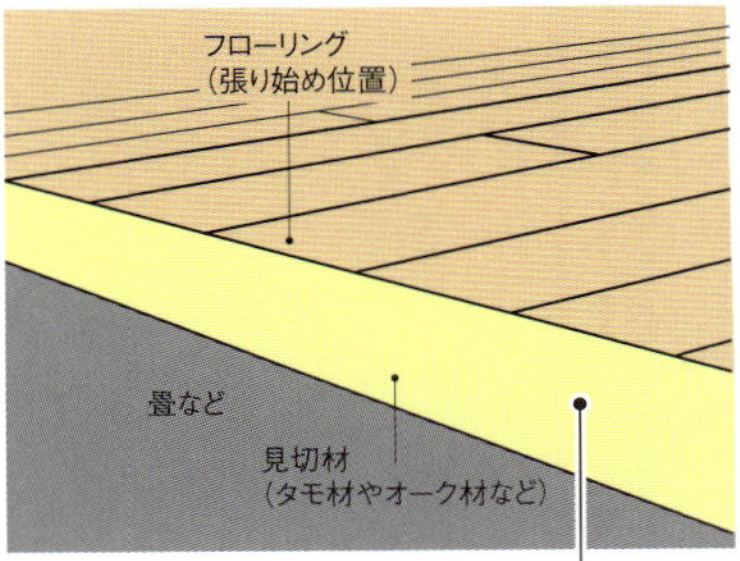

和室などと仕上げが変わる部分や、階段との境界などで小口が露出する部分には、見切材を設ける。その場合は、見切材の部分から張り始める［※7］

3 ボンドを塗る

ここから、実際にフローリングを張る工程を見ていく。まずは、フローリング材の裏側にボンドを塗っていく。

PICK UP! ＞ 季節による材の収縮に対応する

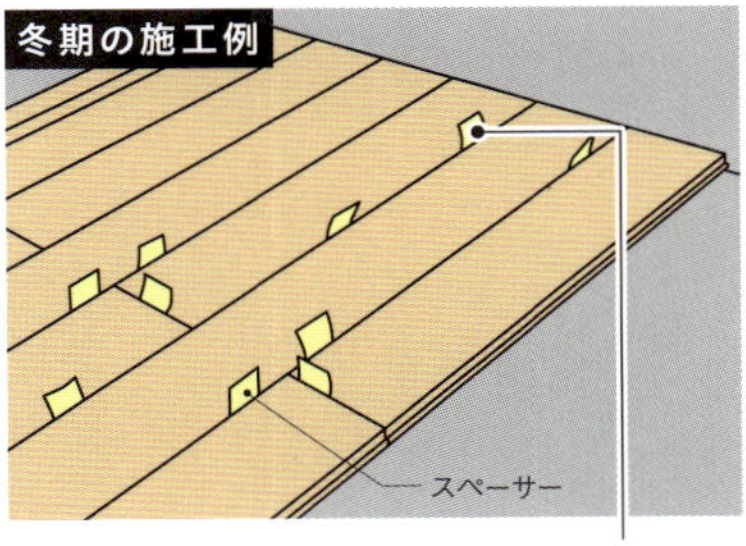

無垢フローリングの場合、材が吸放湿することにより季節によって目地の幅が変化する。湿度が高い夏期に張る場合は材どうしを隙間なく張り、乾燥する冬期にはスペーサーを挟みながら施工するとよい

※6 施工時の納まりをよくするため、木材の外周部分を削り取る加工
※7 見切材は、タモ材やオーク材などフローリングと同じ材にするとよい

4 材をはめ込む

材は雄実《おざね》と雌実《めざね》を合わせ、当て木で横からたたいてはめ込む。張り方向は、根太工法［101頁］で下地の合板が12mm厚程度なら根太に直交させる［※8］。その後、雄実の付け根の部分から、下地に釘打機で直に留めていく。

PICK UP! ＞ 基本的な釘の打ち込み位置

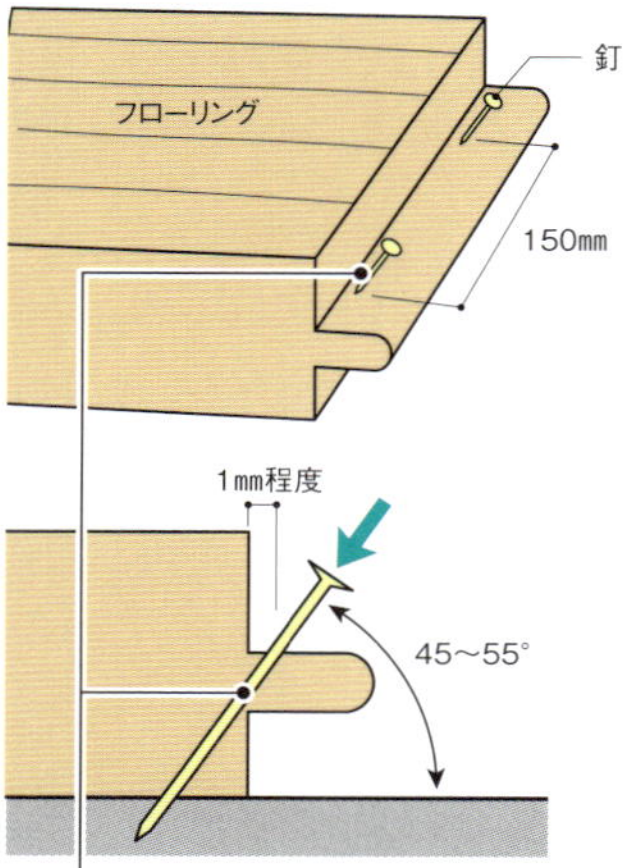

釘は、長辺雄実部に150mmピッチで打ち込む。さらに短辺雄実部に2箇所以上打つとよい。打ち方は、釘頭が目立たないように、雄実付け根から1mm程度あけて打つようにする

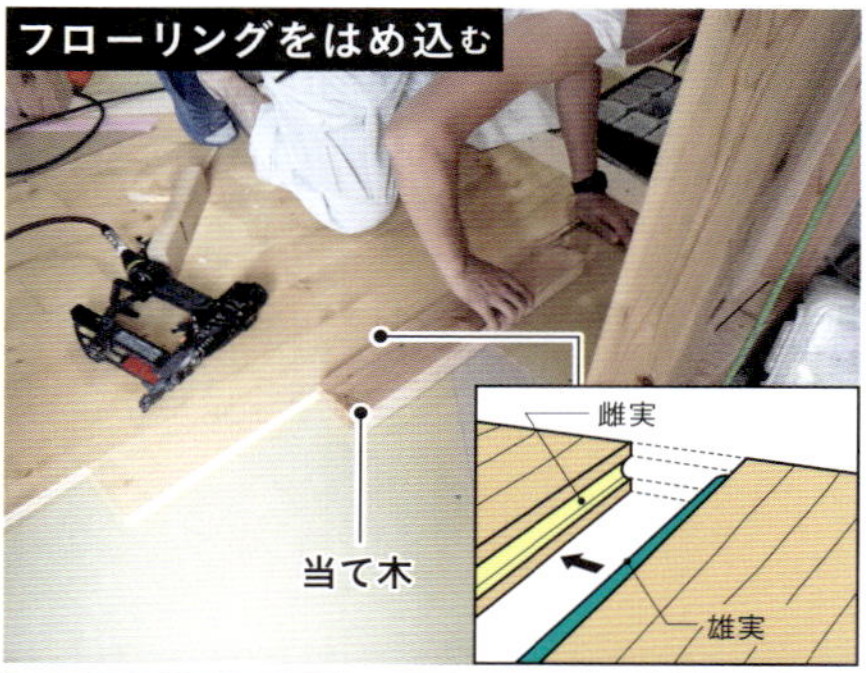

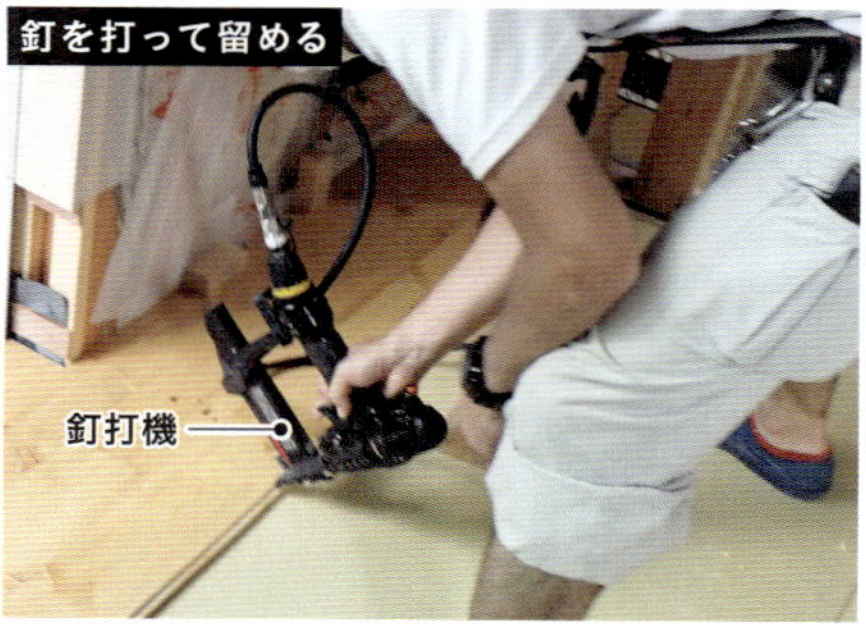

釘や間隔を誤ると、床鳴りなどの原因になるので要注意だ！

PICK UP! ＞ 壁下地で隠れる部分

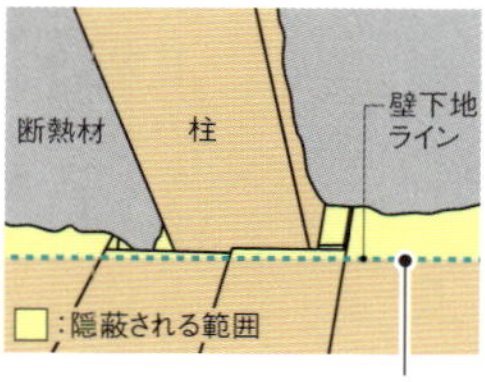

幅木や石膏ボードなどの壁下地で隠れる部分は、フローリングが不ぞろいでも問題ない

5 化粧柱廻りの施工

化粧柱と床が取り合う部分は、柱の下端をフローリングの厚み分欠き込み、そこにカットしたフローリングを差し込んで隙間なく納める。

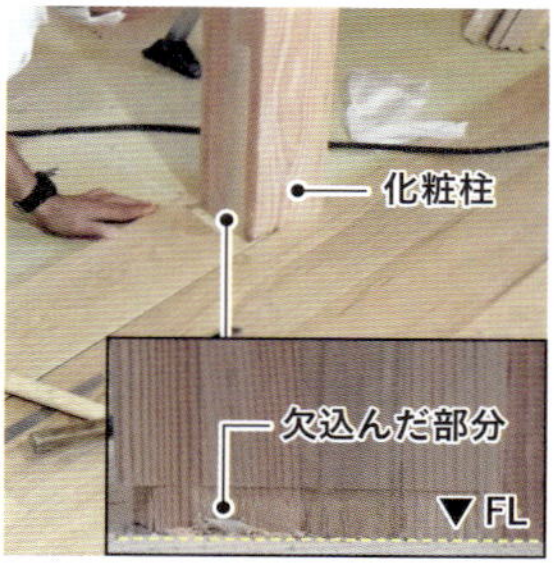

※8 根太レス工法で、下地の合板が24～28mm厚の場合は、張り方向はどちらでもよいが、部屋の長手方向に張ったほうが意匠性も施工性もよい

⑥ 取り合う部分の施工

壁際の張り終わりの部分は、④のように雄実の付け根に釘を打つことができない。その場合は、まず小口を斜めにカットして、裏面にボンドを塗り、雄実と雌実を斜めにはめ合わせて差し込み、倒すようにはめていく。その後、当て木をしながらハンマーでたたいて納める。

施工が始まったら、傷が付かないようにすぐに養生していくので、施工当日はなるべく立ち会ったほうがいいデス！

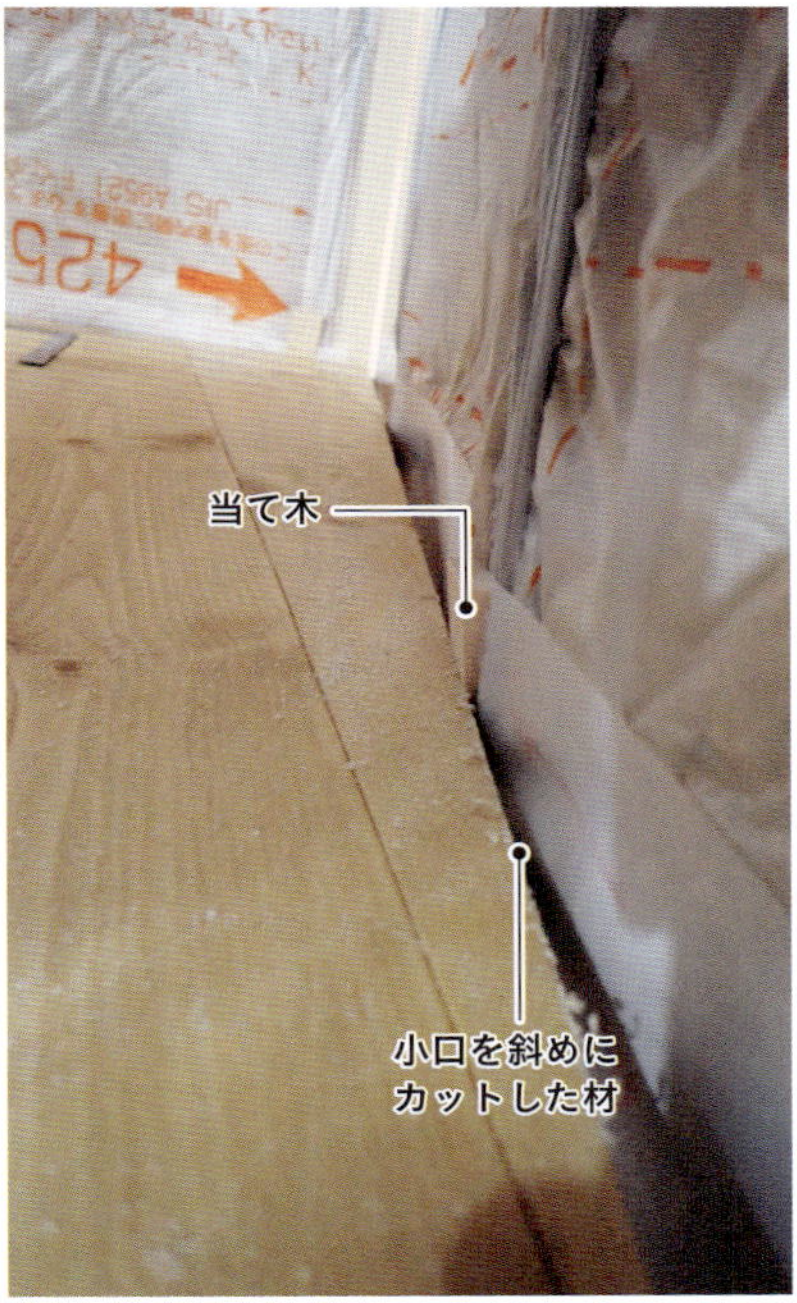

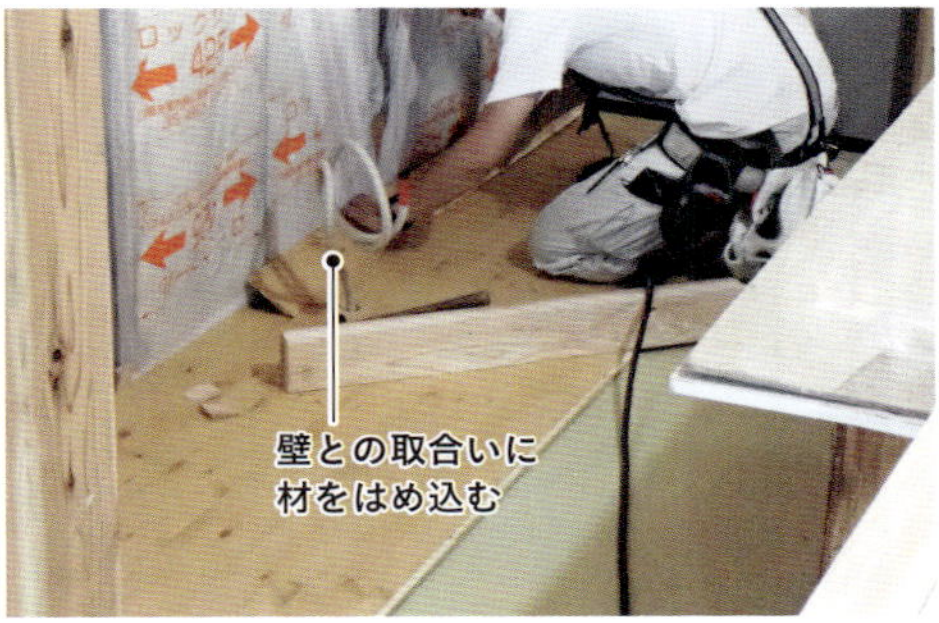

PICK UP! ＞ 下地で隠れる部分

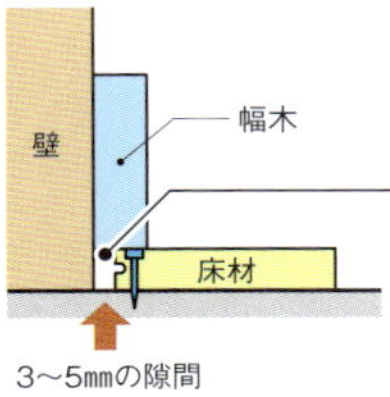

幅木などの壁下地で隠れる部分は、床材と壁との間に3〜5㎜の隙間をあけ、下地で隠れる位置に釘を脳天打ちして留めつけて施工する［※9］

⑦ 養生ボードを張る

施工後、工具の落下などで傷が付かないように、厚み（6㎜程度）のある養生ボードを張っておく。床に直接設置するキッチンなどが施工される際は、施工時にその部分だけ養生ボードを外す。

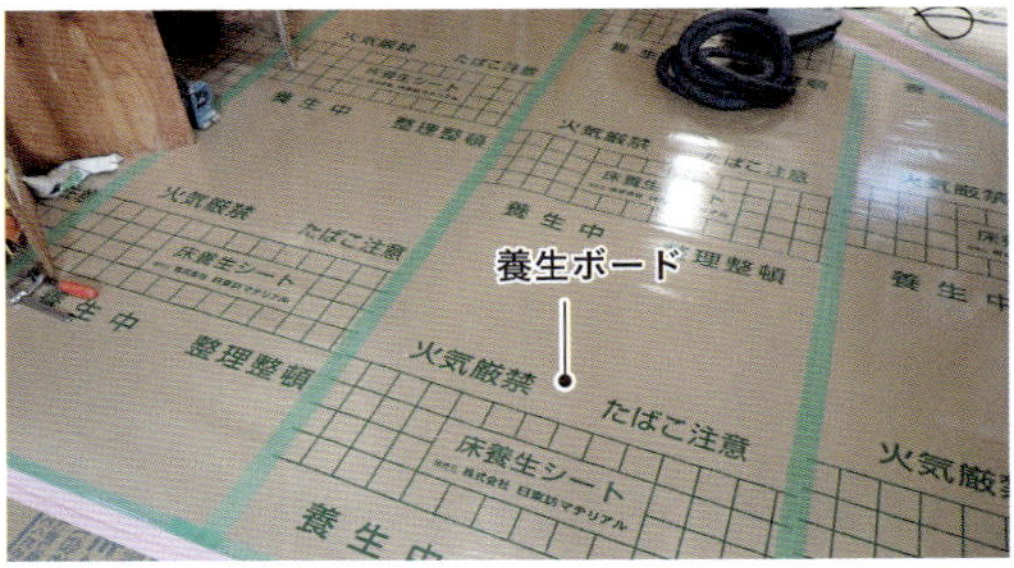

※9 幅木を先に施工する場合は、床材を釘打ちではなく接着させてはめ込むこともある

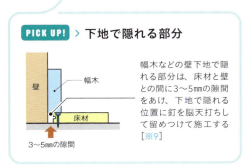

バルコニー

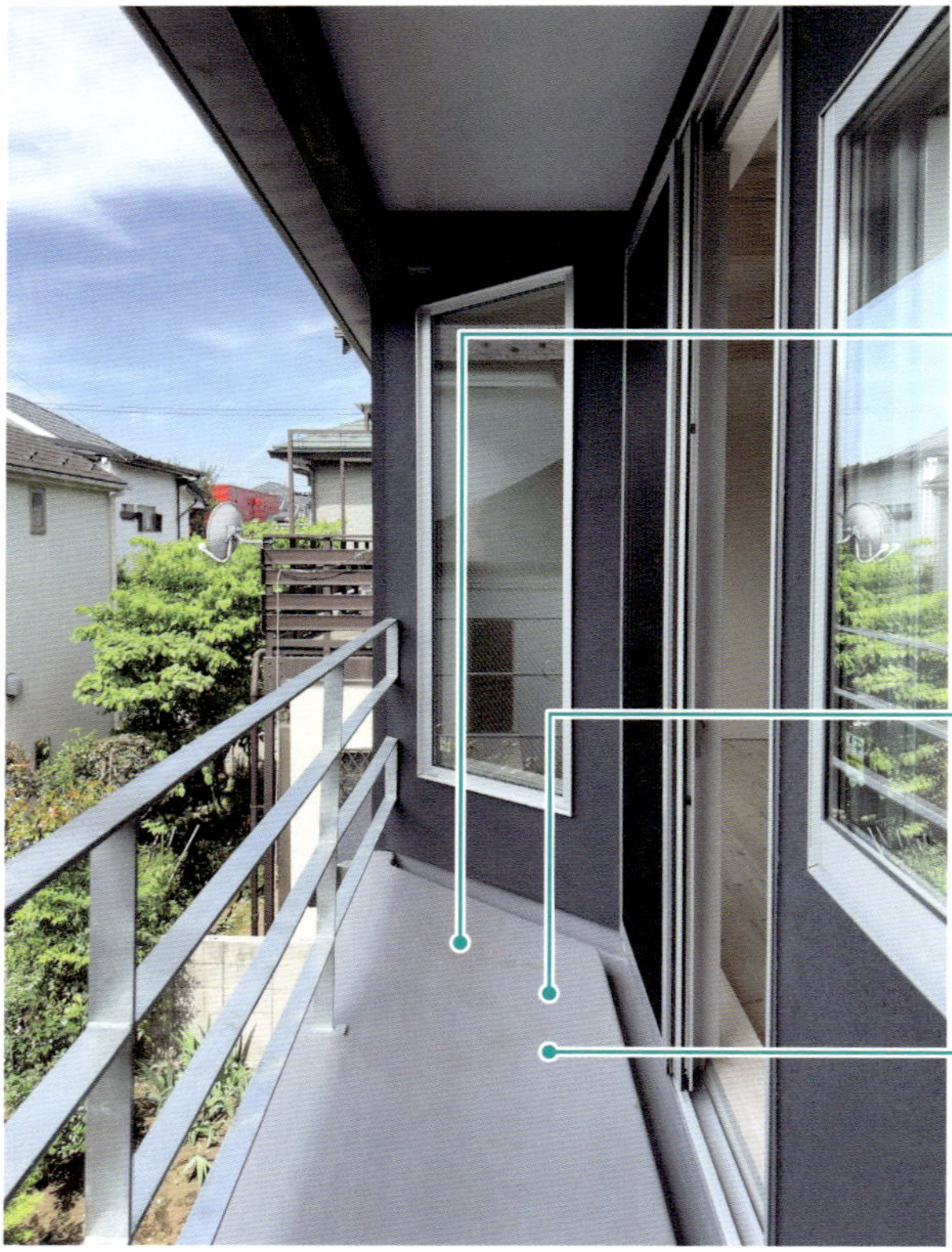

防水層

バルコニーは防水が要。開口部下の防水層は120㎜以上、壁面は250㎜以上確保する。サッシとの取合いはシーリング納めとし、可能であればサッシのツバをかぶせておく

FRP防水

バルコニーはFRP防水などでしっかり防水処理を行う。ただし、臭いが近隣トラブルの原因になりやすいので、あらかじめ説明をしておく

合板は重ね張り

バルコニーの下地は、合板を2重張りし、その上に熱膨張率の低いケイ酸カルシウム板を張るとなおよい

＼こっそり呟く… 現場X／

7:40 たけみ @takemi

防水工事は雨の日は絶対ダメ！ 今日は雨は降らない予報だけど……曇ってて不安……

10:28 代々木匠子 @yoyogi_syoko

バルコニーの袖壁が開口部の端にぶつかる場合、開口の幅詰めをして欲しいな！

15:00 代々木匠子 @yoyogi_syoko

笠木に乗っちゃダメって何度言えば分かるんだ…… #若手の現場しくじりあるある

17:22 Eileen @eileen_reiko

スノコを置きたいからバルコニーの床を敷居より少し下げて置かないと……

防《ぼう》水《すい》工《こう》事《じ》

バルコニーは、床部分を防水するケースと、床を防水せずにスノコ状にするケースに大別できる。また、外部と内部をつなぐバルコニーは防水が何より重要。ここでは、2階バルコニーの FRP 防水［※1］の施工を追う。

1 床下地を張る

立上り部や排水溝の下地を設ける。排水勾配を設けるため、角度をつけてカットした

根太を303㎜ピッチで床に留め付け、床の排水勾配は1／50以上を確保。その上から12㎜厚の構造用合板2枚、12㎜厚のケイ酸カルシウム板の順に張っていく。

根太の施工

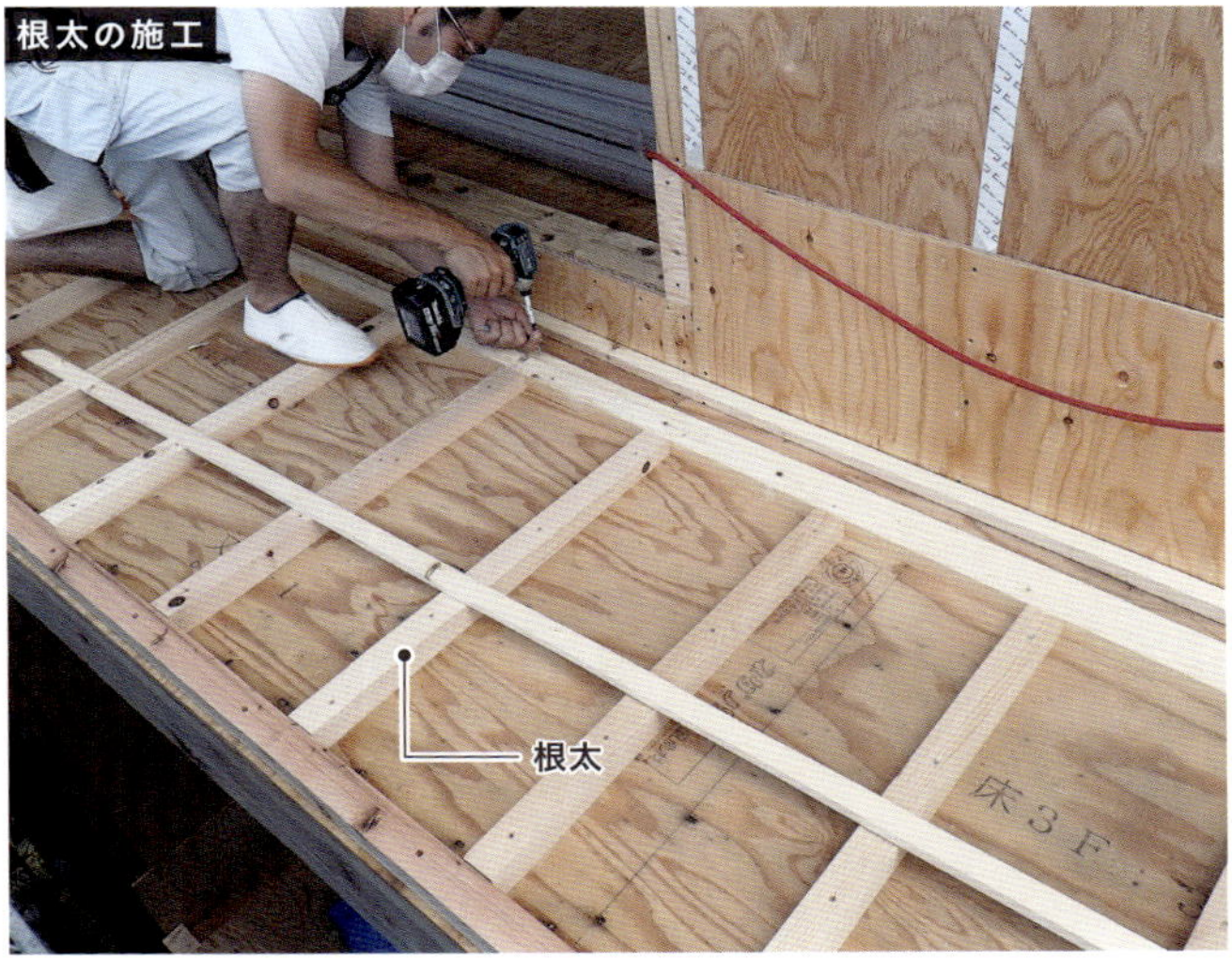

構造用合板を張り終わった状態

防水下地の立上りが250㎜以上（開口部の下端で120㎜以上）確保されているかもチェックです！

PICK UP! ＞ 防水性は下地が重要！

FRP 防水は、下地の動きに追随できずちぎれてしまうので、構造部分が揺れても動かないよう、下地合板はジョイントをずらした2重張りにする。また、構造用合板の上に熱膨張率の低いケイ酸カルシウム板を張るとなおよい。庇などで日差しを防げば膨張をある程度緩和できる

※1 液状の不飽和ポリエステル樹脂に硬化剤を加えて混合し、この混合物をガラス繊維（ガラスマット）などの補強材と組み合わせて一体にした塗膜防水。防水層は継ぎ目のないシームレスな層となり、優れた防水性能を発揮する

2 隙間を埋める

床下地を張り終えたら隙間をパテで埋め、出隅や入隅もFRP防水を施工しやすいように表面を整える。排水溝の水下にはドレン管の貫通孔を、壁面にはオーバーフロー管の孔をあける。貫通孔の隙間をシーリングで埋めれば、下地処理は完了。

FRP防水がなじみやすいように、出隅は面を取り、入隅には面木を入れるよ

PICK UP! あらゆる隙間をシーリング

躯体が動いた際に防水層に割れが生じないよう、下地の継目やドレン管周囲の隙間にも丁寧にシーリングを施す。ドレン管周囲のシーリングはFRP防水施工の直前までには終えていること

オーバーフロー管はサッシの下端より下に、ドレン管は勾配の水下側に設けてネ

※2 入隅の角を45度に面を取ったり、丸くしたりするためにいれる部材。かつては木材から切り出して用いられたが、現在では発砲プラスチック製が主流

3 FRP防水の下地塗装

プライマー（防水層を下地になじませるための下地塗料）を塗布する。ポリエステル樹脂に硬化剤を混ぜたものをローラー刷毛で塗っていく。防水層に気泡などが入らないよう、下地が必ず乾燥した状態で行う。

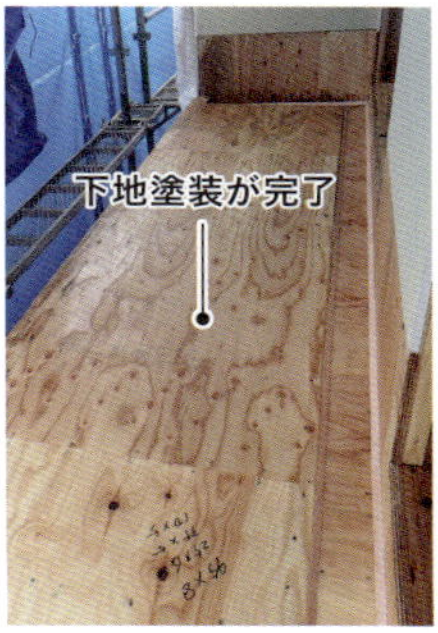

プライマーの塗布

4 ガラスマットを用意

防水層の補強材となるガラスマットは、割付けに応じてあらかじめ裁断しておく。防水層が切れないよう、割付けの際はガラスマットの重ね代を50㎜程度確保する。

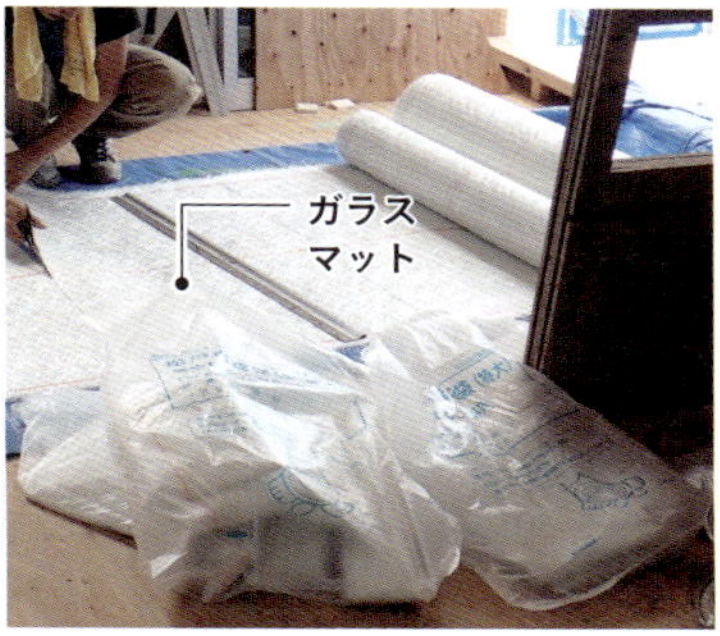

5 上塗り

裁断したガラスマットを敷き並べ、上塗りに移る。ポリエステル樹脂に硬化剤を混ぜたものをローラー刷毛に含ませて塗っていく。ガラスマットの厚さは1枚0.6～0.8㎜程度で、入隅部や複雑な形状にも密着させて敷くことが可能。

ガラスマットの敷設

上塗り

ここでは2重塗り（2プライ）を行っています。防水施工のミスは取り返しがつかないので、設計段階から「2回塗る」など指示しておきましょう［※3］

※3 FRP防水において、ガラスマットを2重に施工する2プライ仕様は、「L-FF仕様」として（一社）日本建築学会の建築工事標準仕様書（JASS8）に記載されている。単層の1プライ仕様に比べてコストは余計にかかるが、一般的な防水性能を確保できる

ドレン管内部にもガラスシートを敷いて樹脂を塗るよ。施工の範囲に特に規定はないが、手が届く範囲まで入念に！

PICK UP! ＞ 2重に施工して継目をなくす

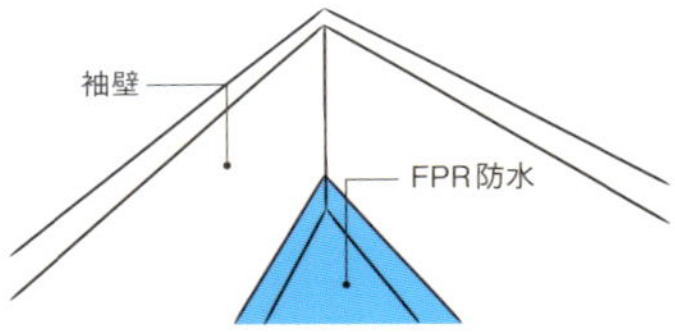

三角形のバルコニーの細い入隅部などは、刷毛が入るのかを事前に確認しておく

防水層に割れが生じる原因となる気泡を入れないよう、脱泡ローラーで上塗りを十分にならす。2回目を塗る際には1回目が完全に乾いてから施工するようにし、ガラスマットの継目位置を1回目とずらしておく。1回目が乾くまでには長いと2～3日程度かかる

6 防水層を仕上げる

ローラー刷毛でトップコートを均一に塗っていき、表面を仕上げる。トップコートを立上り部分に塗ると下に塗料が垂れるので、立上り部分から先に塗るとよい。このときトップコートの剥離防止のために、上塗りが完全に硬化する2～3日経つ前に仕上げ作業に移る。

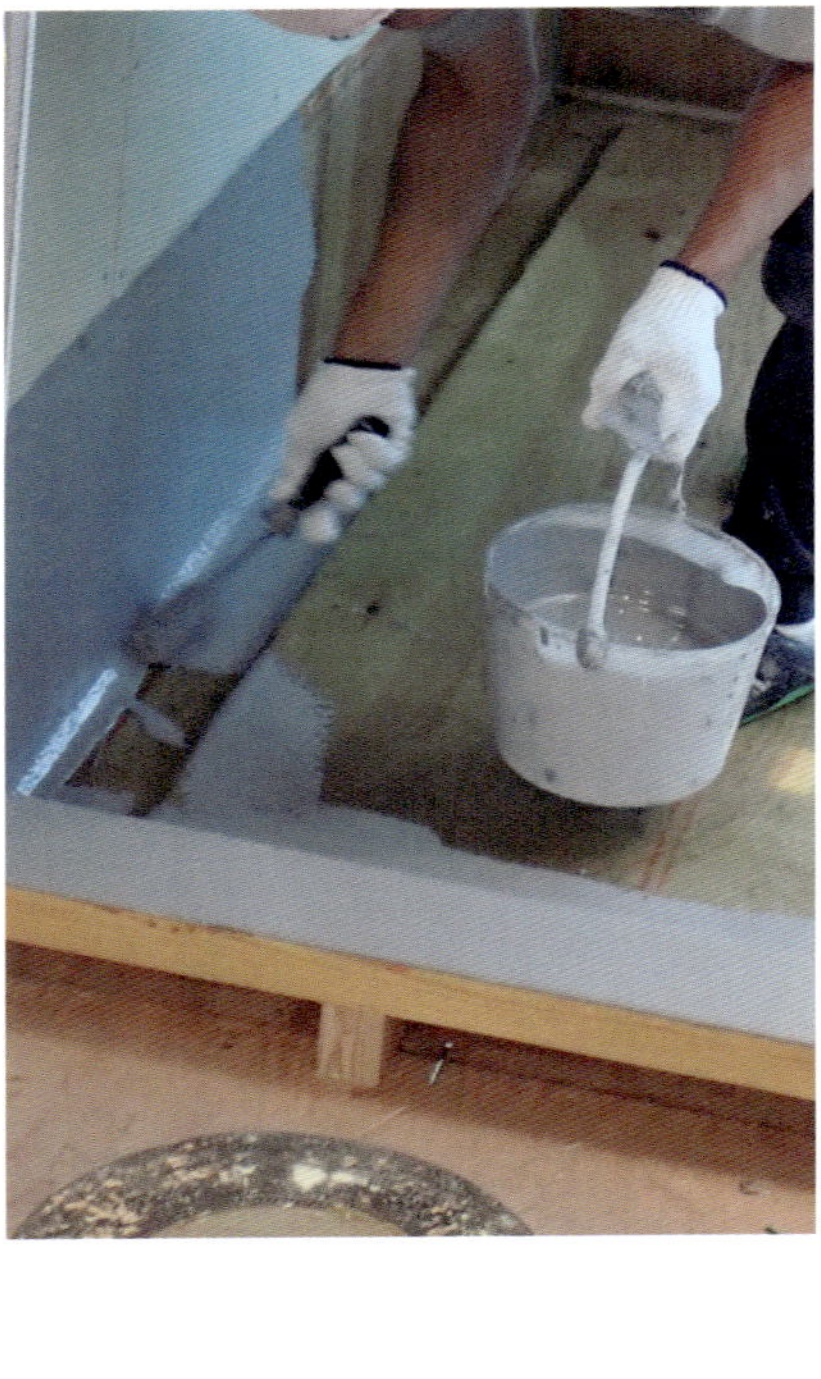

天候などの関係で塗膜が硬化しすぎた場合は、表面を研磨して荒らしておく

PICK UP! ＞ その他部材の取り付け

断面図

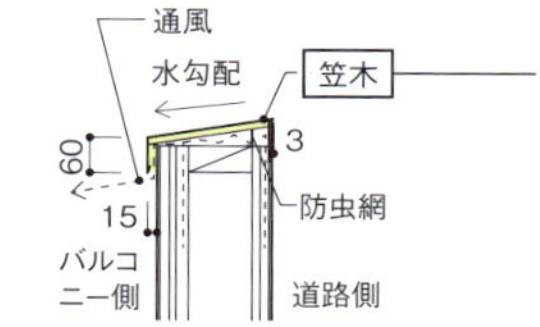

笠木や手摺などを取り付けたら、バルコニー工事は完了。笠木の勾配は、外観を重要視するなら外壁に水が垂れないよう内勾配に、室内側からの見栄えなどを重要視する場合は外勾配にする

視認しにくいFRP防水とサッシの下端の取合いは、ライトやカメラなどを用いて、隅々まで確認しておきましょう

PICK UP! ＞ 防水立上りの規定

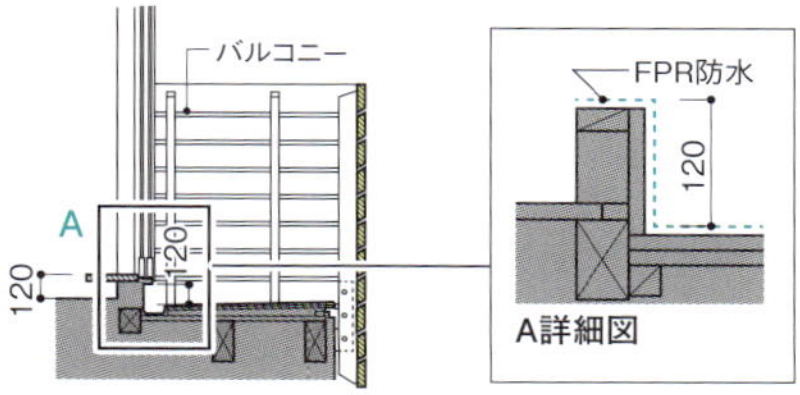

防水層の立上りについては、瑕疵担保責任保険の設計施工基準で、開口部の下端では120mm以上、それ以外の部分では250mm以上が必要。さらに立上り部にはFRP防水をぐるりと巻く必要がある

PICK UP! ＞ 排水廻りの処理

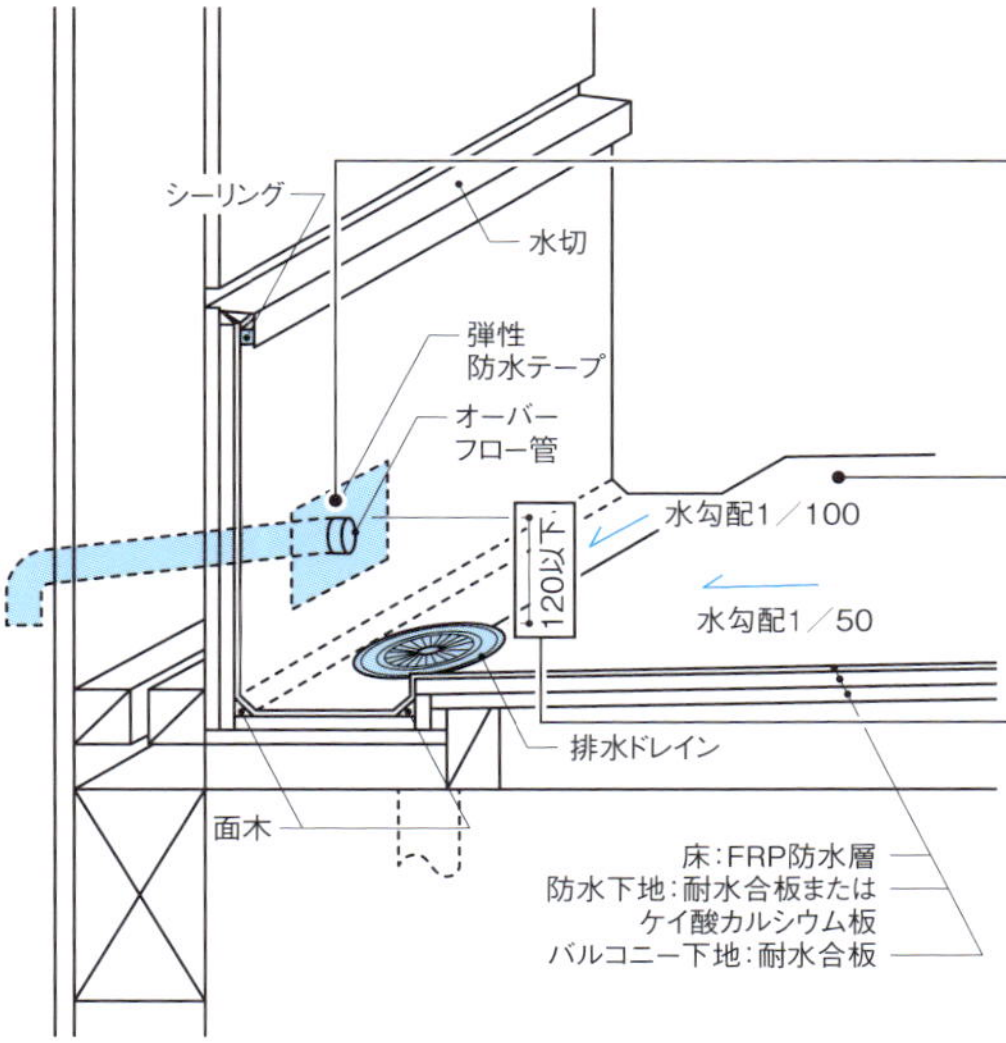

オーバーフロー管の貫通部は弾性防水テープなどで防水補強する

防水層の補強や取合い部の水漏れ措置がしっかりとされているか確認する

オーバーフロー管は防水層の立上り高さおよび開口部の下端120mmより低い位置に取り付ける

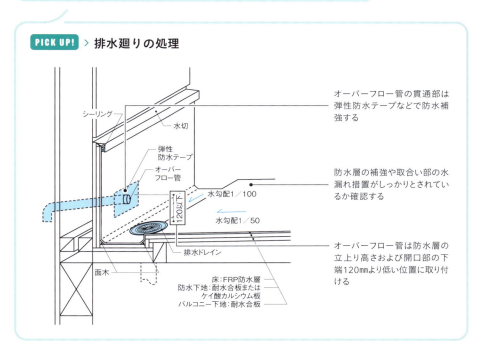

断《だん》熱《ねつ》

断熱工法は、充填断熱、付加断熱、外張り断熱の 3 種類に大別される。部位も壁のほか屋根・天井・床・基礎にも施工できる。

充填断熱

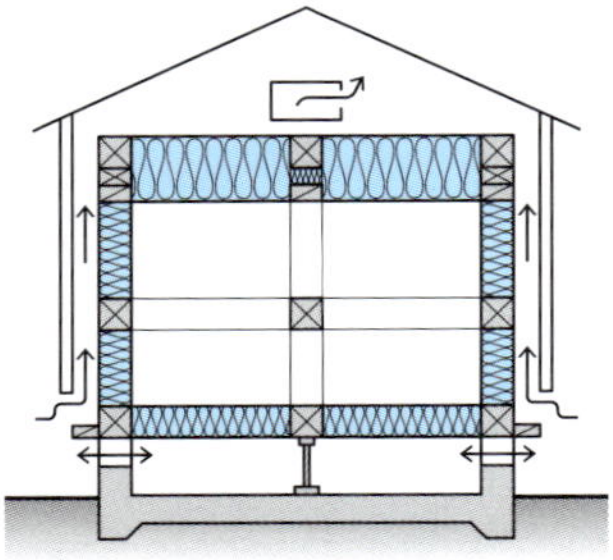

壁内の空間に断熱材を充填する工法

付加断熱

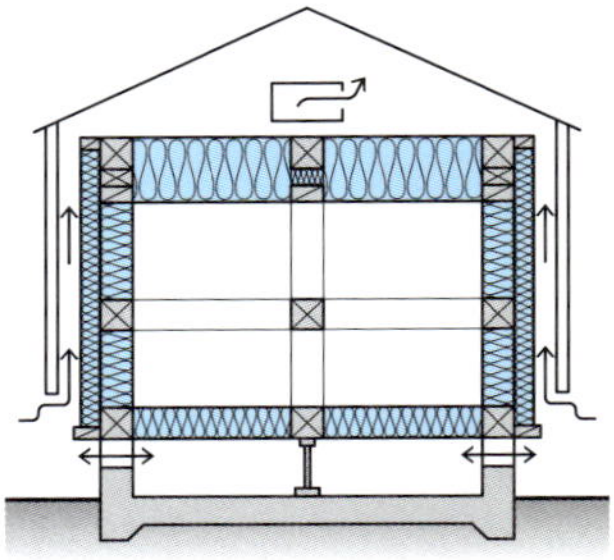

充填断熱と外張り断熱を両方施工する工法。充填断熱は構造材部分が断熱できず熱欠損となるので外断熱を付加して対処する

外張り断熱・基礎内断熱

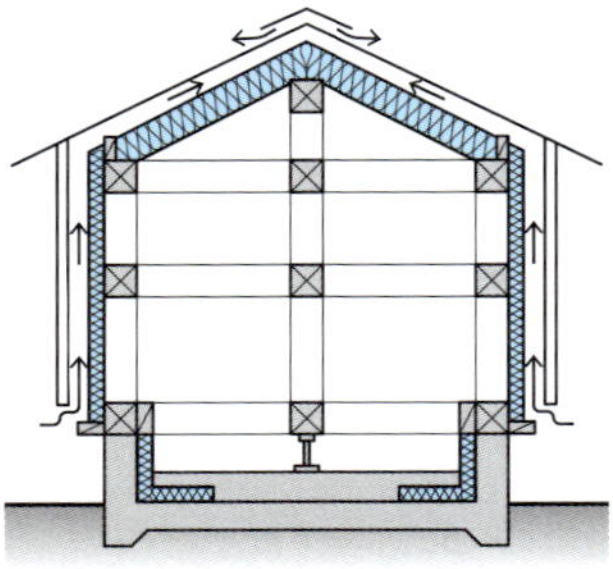

壁の外側に断熱材を張る工法が外張り断熱。充填断熱に比べて、気密・熱橋対策が容易。温暖地域ではシロアリ被害のリスクがあるので基礎内断熱が広まっているが、熱橋対策が必要

外張り断熱・基礎外断熱

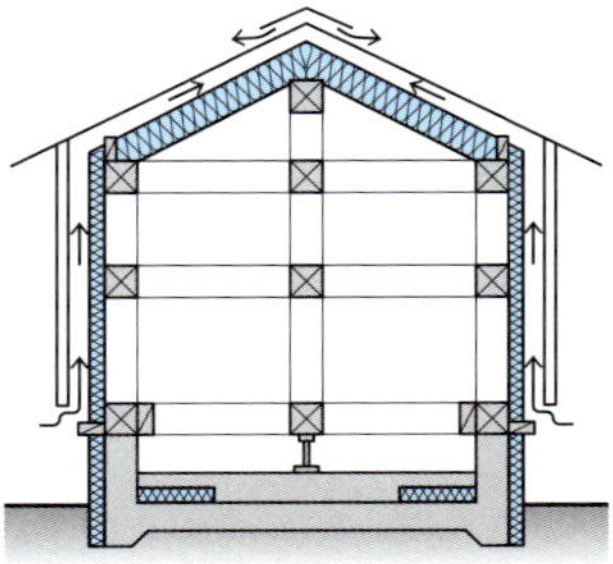

寒冷地は冬の底冷えを軽減するために床下で気密化を図り基礎の外側を断熱材で包む基礎外断熱も検討したい

こっそり呟く… 現場 X

11:48
Eileen @eileen_reiko
本日、建て主への断熱材仕様についての説明完了！性能面は妥協しないデスヨッ！

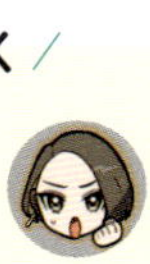

13:24
日比谷 @hibiya_0506
断熱材についてレクチャーを受けたわよ。高性能な家をつくるためには必須だわ

15:41
たけみ @takemi
断熱性能は施工精度が命。丁寧で正確な施工を大工さんに指示するのが私の役目

16:53
代々木匠子 @yoyogi_syoko
正しい断熱材の施工はかなり手間がかかるから、腕と情熱の見せ所だな

充填断熱

木造住宅で最も多く採用されている充填断熱工法。一般的に、グラスウールやロックウールが使われる。気密性を求める場合は、防湿フィルム付きの袋に入っていないものを使用し別張りシートとする。

1 断熱材の搬入

外壁下地の施工と間柱の設置が終わったら、壁への断熱材の充填に備えて断熱材を搬入する。その際、断熱材のサイズと品番が指定したとおりか確認する。

防湿フィルムは破れやすいから搬入時に引っ掛けないように注意しましょう！

PICK UP! ＞ 断熱材は一筆書きできるように

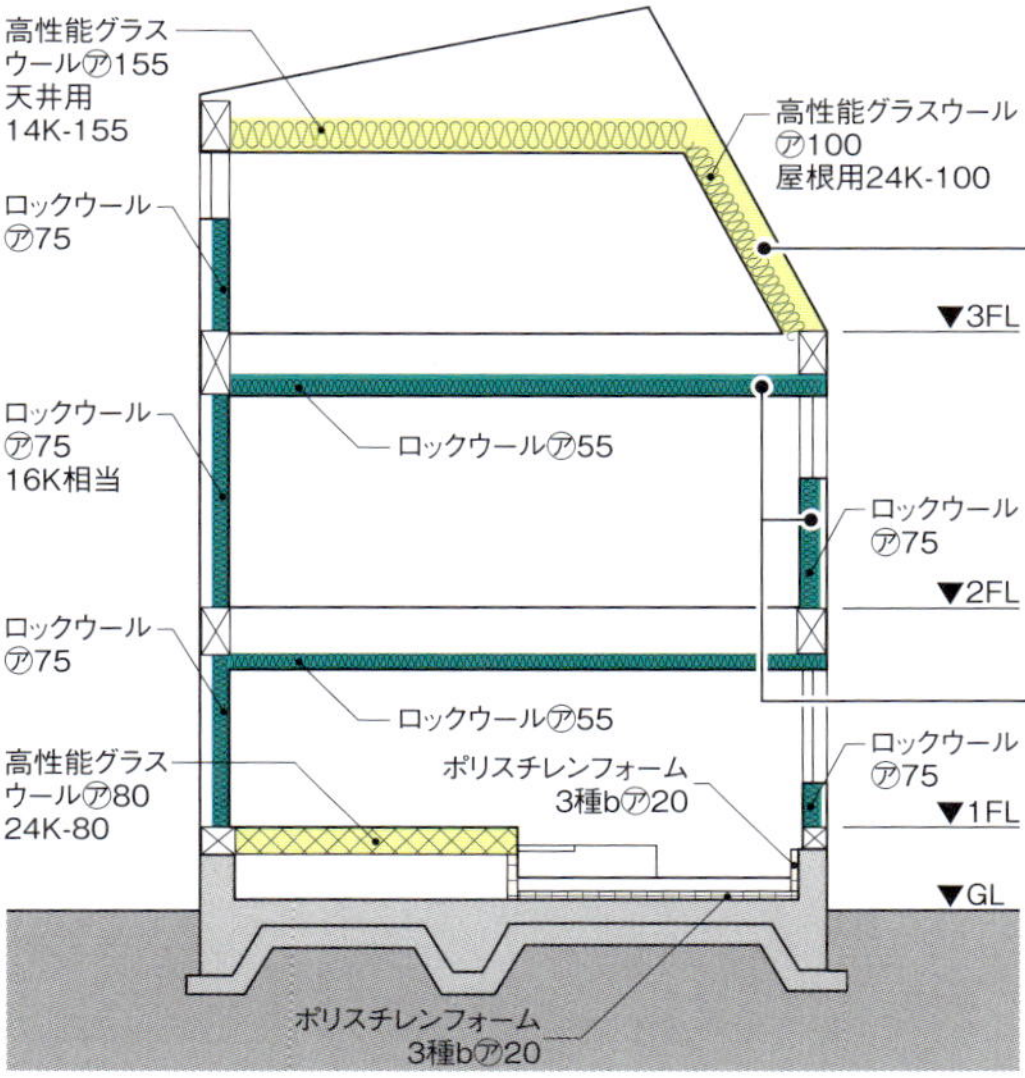

最近は冬の寒さよりも、夏の日射による屋根面からの熱の方が住環境に大きく影響するため、その熱を遮断することが重要。そのため、屋根面は壁などよりも高性能の断熱材を入れたり、厚みを増したりするとよい

本事例では、壁や2・3階床はロックウール［※1］、1階床や3階天井は高性能グラスウールとした［※2］。断熱材は、連続が途切れることなく一筆書きでたどれるよう、熱橋［59頁］の発生に注意しながら計画する

※1 2、3階の断熱材は遮音性を高めるために入れている
※2 本事例のようなローコスト物件であっても、最低限この程度の断熱性能は確保したい

2 断熱材の裁断

柱や間柱の間に隙間なく断熱材を充填できるよう、充填する場所の寸法を測る。その寸法に合わせて断熱材をカッターでカットしていく。

隙間なく充填するためにも、切る時は「垂直に」が基本的なポイント！

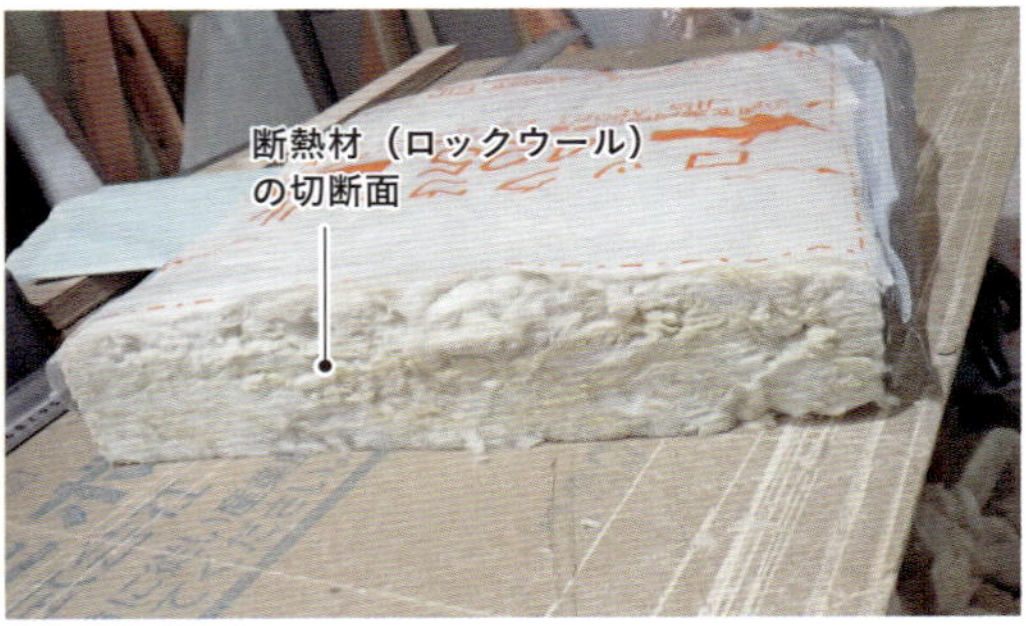

3 断熱材の充填

断熱材をカットしたら充填に移る。断熱材の充填は施工精度が性能に直結するので、小さな隙間なども丁寧に充填していく。

PICK UP! ＞

小さな隙間もしっかり充填

窓台の下などの小さな隙間は、細かく切った断熱材や、発泡ウレタンフォームのスプレーを使用してしっかり埋める

断熱材がぺちゃんこになると性能が発揮されない。充填する際は断熱材がへこむほど押し込まないように！

PICK UP! ＞

コンセントボックス廻り

コンセントボックス廻りをカッターで切り欠き、コンセントボックスの裏に断熱材を詰める。コンセントボックスと防湿シートを防湿テープでつなぎ、隙間をつくらないようにして、気密テープを張る

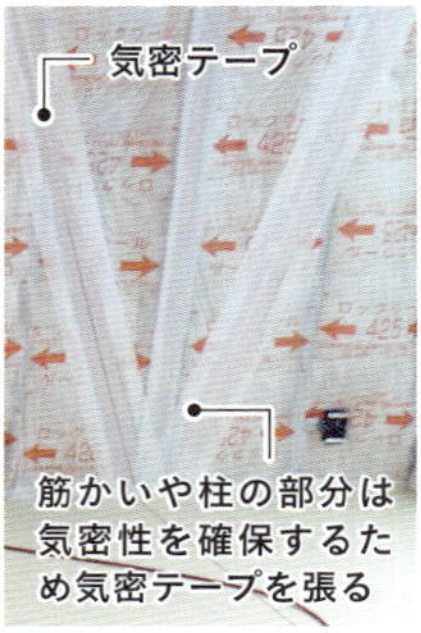

PICK UP! ＞ 断熱材施工の注意点

防湿フィルム面が室内側に向くようにする

断熱材（耳）を柱・間柱・胴差に300㎜間隔でタッカー留めする。または、断熱材の上から気密シートを施工する

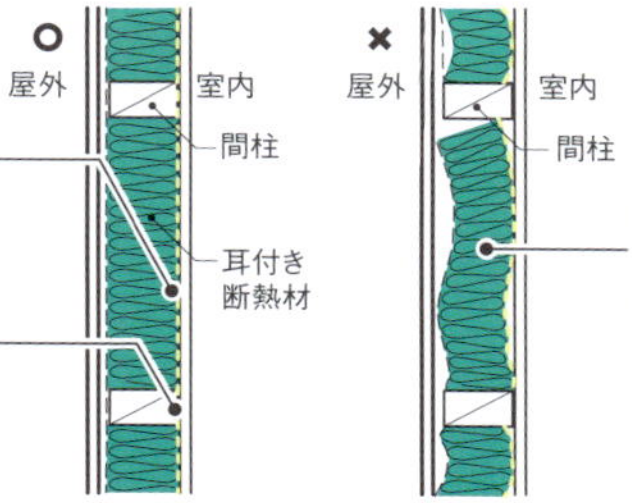

寸法が合っていない断熱材をむりやり押し込むなどして、断熱材がよれて隙間ができてしまうと、性能を発揮できず断熱欠損や結露の原因になる。断熱材が寸足らずの場合も同様

4 断熱材の固定

充填後、タッカーを用いて、断熱材の耳を柱や間柱の見付け面に300㎜間隔で留めていく。左右に耳があるときは、30㎜程度重ねて留め、切断したものなど耳のないものは気密テープを張り、柱や間柱などに固定する。

断熱材を固定した状態

PICK UP! ＞ 気密性アップのポイント！

壁断熱の下端は気密性を高めるため、気密テープを張る

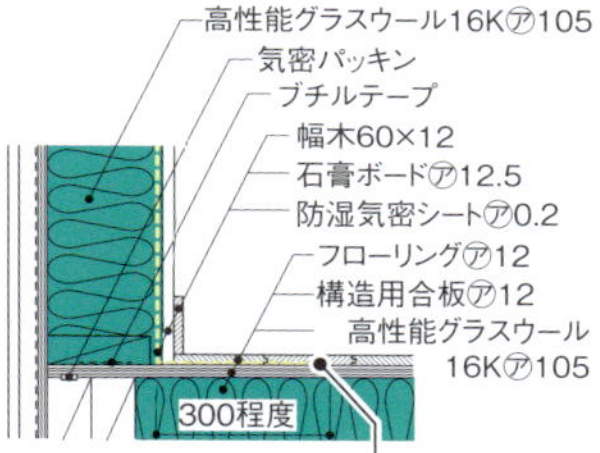

気密テープのほかに、床下地の面にフィルムを30㎜程度重ねて留め付けても気密性が高まる

耳とは、袋の左右に付いていて、タッカーを留める印が記載された部分のことですよ

5 シートを張る

昨今は袋入りが一般的ではあるが、断熱材がむき出しのタイプの場合は、充填が終わったら、断熱材がすべて覆えるよう防湿気密シートを適当な大きさに裁断し、タッカーで留めていく。

防湿フィルムが付いている場合は、防湿フィルム面を室内側に向けて充填し、タッカーで留めればOK

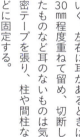

充填断熱（セルロースファイバー）

② 先張りシートを張る

断熱材を充填する壁に先張りシートを張る。セルロースファイバーの厚さを考慮して、シートをタッカーで柱や間柱に留めていく。シートが緩んでいるときれいに充填できないので、ピンと張って留め付ける［※3］。

⑤ 吹込み口をシートでふさぐ

最後に吹込み口を防湿シートでふさぎ、タッカーで留める。

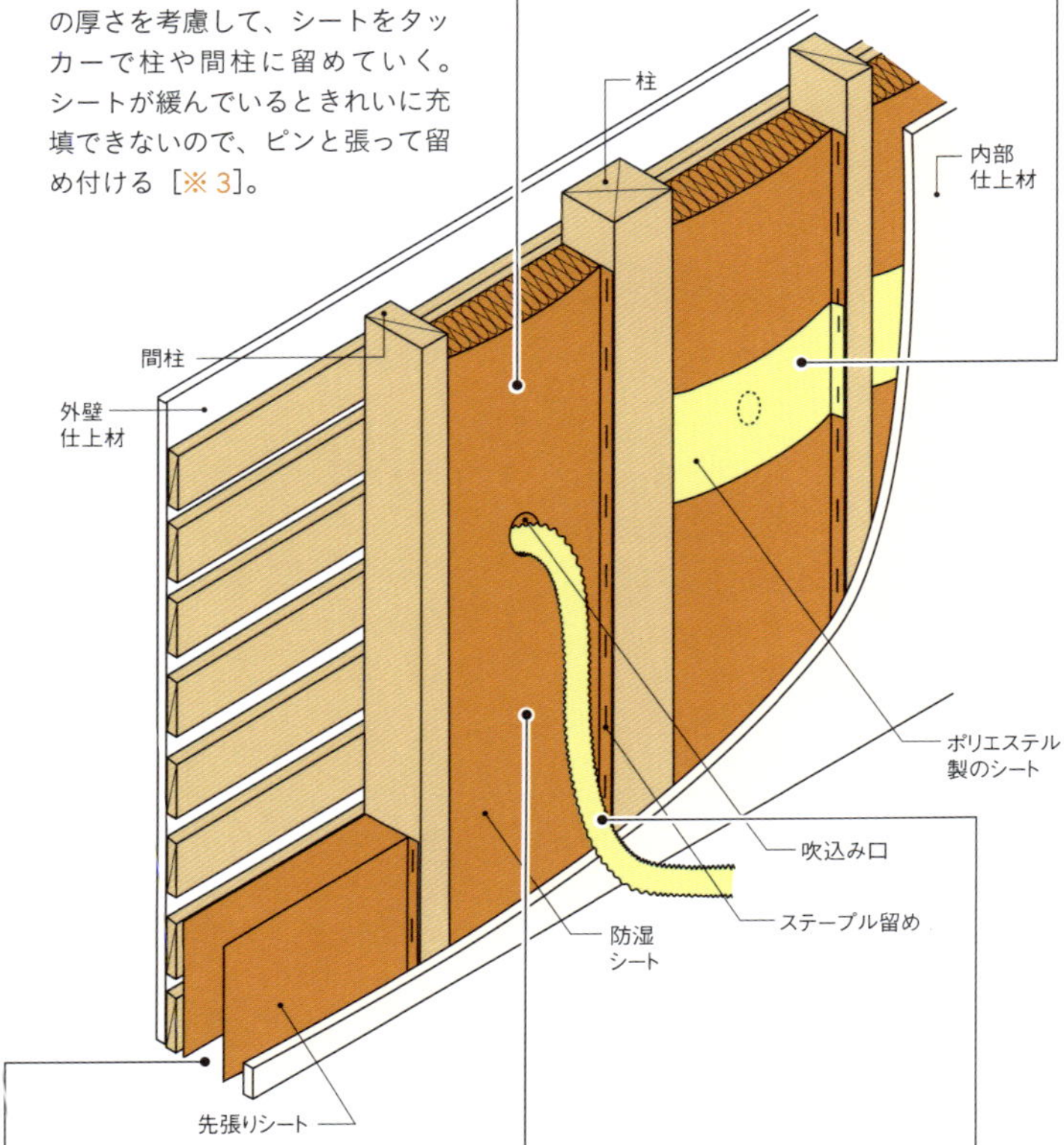

① 壁内を清掃

隙間なく充填するために、また吹込み後のセルロースファイバーの剥がれを防止するために、柱と間柱の間などのごみやほこりをきれいに清掃しておく。

③ 吹込み口をつくる

先張りシートを張り終わったら、カッターで切込みを入れ、専用吹込み機の吹込み口をつくる。

④ 吹込みを行う

断熱材の吹込みは専門業者が行う。隙間なく充填するため、セルロースファイバーの充填具合を手の感触で確かめながら吹き込む。

充填用のホースが入らない隙間には、ポリエステル断熱材などをカットして詰めます

※3 配線や配管廻りではシートに孔をあけ、折り込んだシートを張り付けてセルロースファイバーが流入しないようにする

PICK UP 1

断熱材の種類と特徴

使用する断熱材の種類は、求める性能と価格のバランスで決める。昨今は温暖化のため、冬期における外気温の断熱よりも、夏期における屋根面からの遮熱も重要視される。コストを重視しながらある程度の性能を確保したい場合は、屋根面にはより高性能な発泡ウレタンを用い、壁面には安価なロックウールを用いるとよい

表 断熱材の性能＆コスト比較

断熱材の種類	特徴	コスト
セルロースファイバー	新聞古紙を原料とした断熱材。自然素材系の断熱材はコストが比較的高めだが、そのなかでは低価格なので採用しやすい。素材自体に吸放湿性があるため、地域にもよるが防湿層を設けなくても結露する可能性は低い。また、防火性や防虫性も高い。質量が大きいので断熱性・吸音性も高く、静かな家にしたいという要望には応えやすい	高
発泡ウレタン	ウレタン樹脂に発泡剤を混ぜたもの。耐水性が高い。気密性が高いため、防音性もある。ただし、セルロースファイバーに比べると質量が小さいので吸音性能はやや低く、低温域の音は抜けてしまう。防音シートとの併用がお勧め。気密性を求めたいものの、セルロースファイバーとするには予算が不足する場合に選ぶとよい	中
ポリスチレンフォーム	ポリスチレンを主成分として、難燃剤を混ぜて発泡させ成型したもの。発泡プラスチック系の住宅用断熱材としては最も一般的に使用されている。水や湿気に強く、断熱性能も高いので、玄関土間、浴室廻りなど基礎断熱が必要な部位に用いられる。シロアリが好むため、防蟻処理された商品もある	中
グラスウール	ガラスを繊維状にしたもの。燃えにくく、シロアリがつきにくい。コストも低く、充填断熱の代表的な材料といえる。吸音性や耐火性などにも優れる。結露対策として防湿施工が必須	低
ロックウール	玄武岩などを繊維状にしたもの。性能やコスト、施工性はグラスウールとほぼ同じ。断熱材のほか、吸音材としても用いられる	低

発泡ウレタンB種は、セルロースファイバーよりも数値的な性能は高いです（A種ではほぼ同等）。しかし、セルロースファイバーのほうが質量が大きいため熱容量が大きく、温まりにくく冷めやすいです。感覚の差もありますが、建て主にヒアリングすると、セルロースファイバーのほうが住み心地がよいということもあります

ごみやほこりが残っていると接着力が弱くなり、柱材などの収縮や地震の揺れなどの力が加わった際に剥がれて、断熱欠損が起こる原因になってしまいます

1カ所から吹き込むと、断熱材の入り具合が偏ってしまうので、複数箇所から吹き込むぞ

外張り断熱

3 断熱材の仮留め

構造用合板を張ったら断熱材を仮留めする。仮留めで使用する釘やビスなどは熱橋になるので、上から気密テープを張っておく。仮留めしておくことで、この後の作業時に断熱材が浮き上がるのを防ぐ。

4 気密テープを張る

サッシ廻りや断熱材の継目に気密テープを張り、隙間をふさぐ。

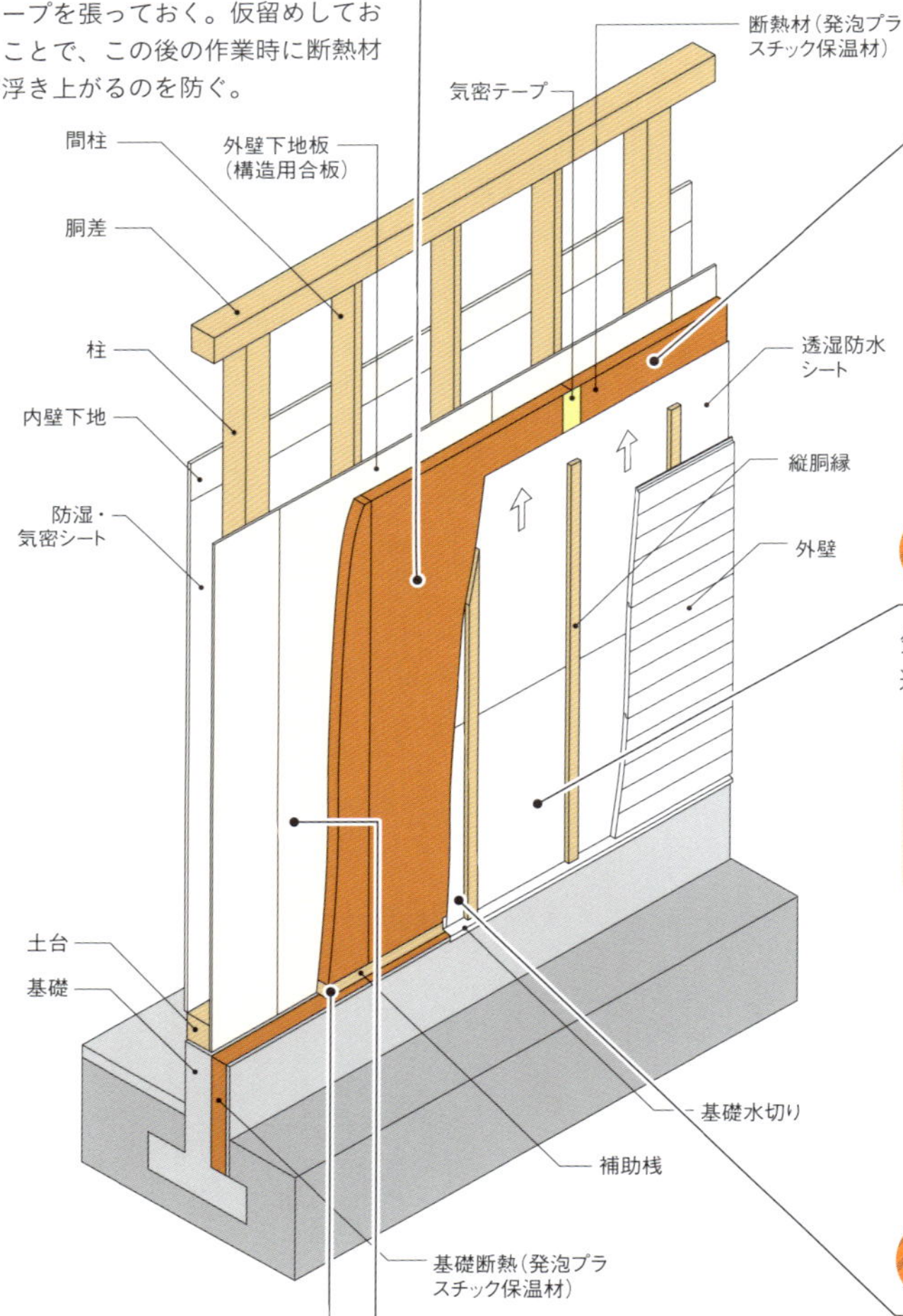

5 透湿気密シートを張る

気密テープを張ったら、上から透湿気密シートを張る［※4］。

6 通気胴縁の取り付け

断熱ビスを使い、通気胴縁を断熱材の上から留める。全体に胴縁を取り付けたら完了。この上から外壁の下地材を施工する。

1 補助桟の取り付け

断熱材の下端を保護し荷重を受ける補助桟を、土台・桁廻りに取り付ける。

2 構造用合板を張る

構造用合板を釘で間柱に留める。断熱材より先に下地材として合板を張ることで気密性が高まる。

※4 断熱材のなかには、特殊アルミなどが張られた透湿気密シートが不要なタイプもある

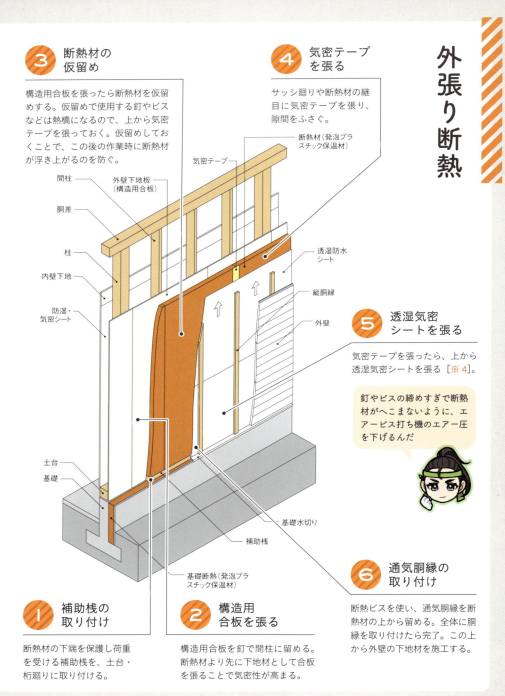

PICK UP 1

充填断熱と外張り断熱

断熱材を外壁の内部に入れる充填断熱は、施工しやすくコストも安いというメリットがある。ただし、施工が悪いと隙間ができやすく、壁内結露が発生するおそれがある。一方、外張り断熱では、構造の柱や梁よりも外側で断熱するので、壁内結露を防ぐことができ、構造躯体の保護につながる。また、連続的に施工できるので、断熱性能を高めやすい。ただし、断熱材を設置するために外側の下地をつくる必要があり、コストがかかる。また、外壁が断熱材の分だけ厚くなってしまうので、それを考慮した納まりを検討する必要がある。

充填断熱

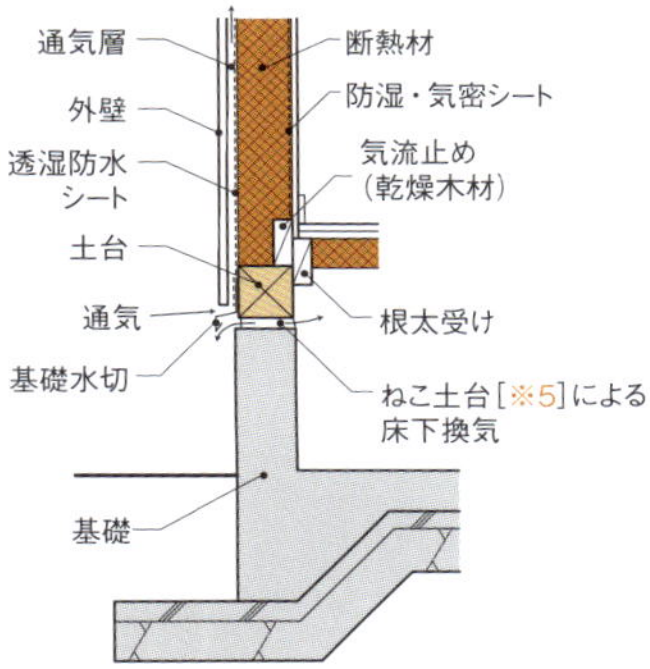

外張り断熱

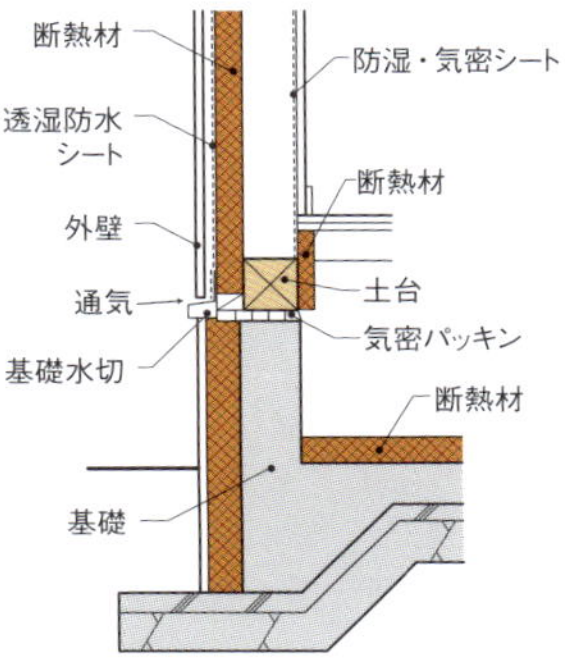

特に鉄骨部が熱橋になるS造や、構造躯体に熱を溜めてしまいがちなRC造には、外張り断熱が有効です。ただし外張り断熱だけでは防音性能が頼りないので、壁内にも吸音性能を高めるための断熱材を入れたいですね

PICK UP 2

通気構法以外の場合

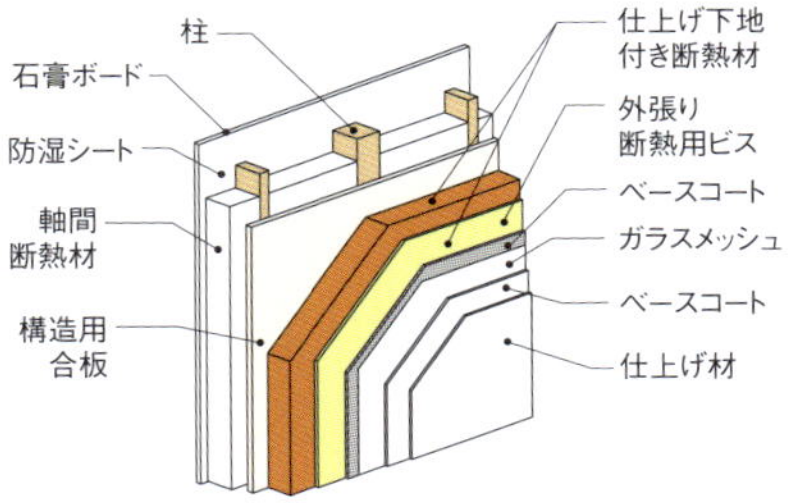

通気構法のほか、通気層を設けない工法もある。その場合は、通気層の役割を果たすよう、透湿性のある断熱材や材料で構成する

通気構法ではないドイツ製の製品［※6］には、断熱層から仕上げ下地まで一体となったものがあります。施工性はよいですが、海外製ということもありコストが高いのが難点です

※5 基礎立ち上がりと土台の間に挟む樹脂製や金属製の基礎パッキンのこと
※6 アルセコ外断熱システム。環境先進国ドイツにおいてトップクラスのシェアを誇る外断熱メーカー「アルセコ社」のサービスで、ドイツをはじめ世界中で使用されている外断熱システム。室内からの湯気はすべて屋外へ抜けていく構造になっている

内《ない》部《ぶ》天《てん》井《じょう》

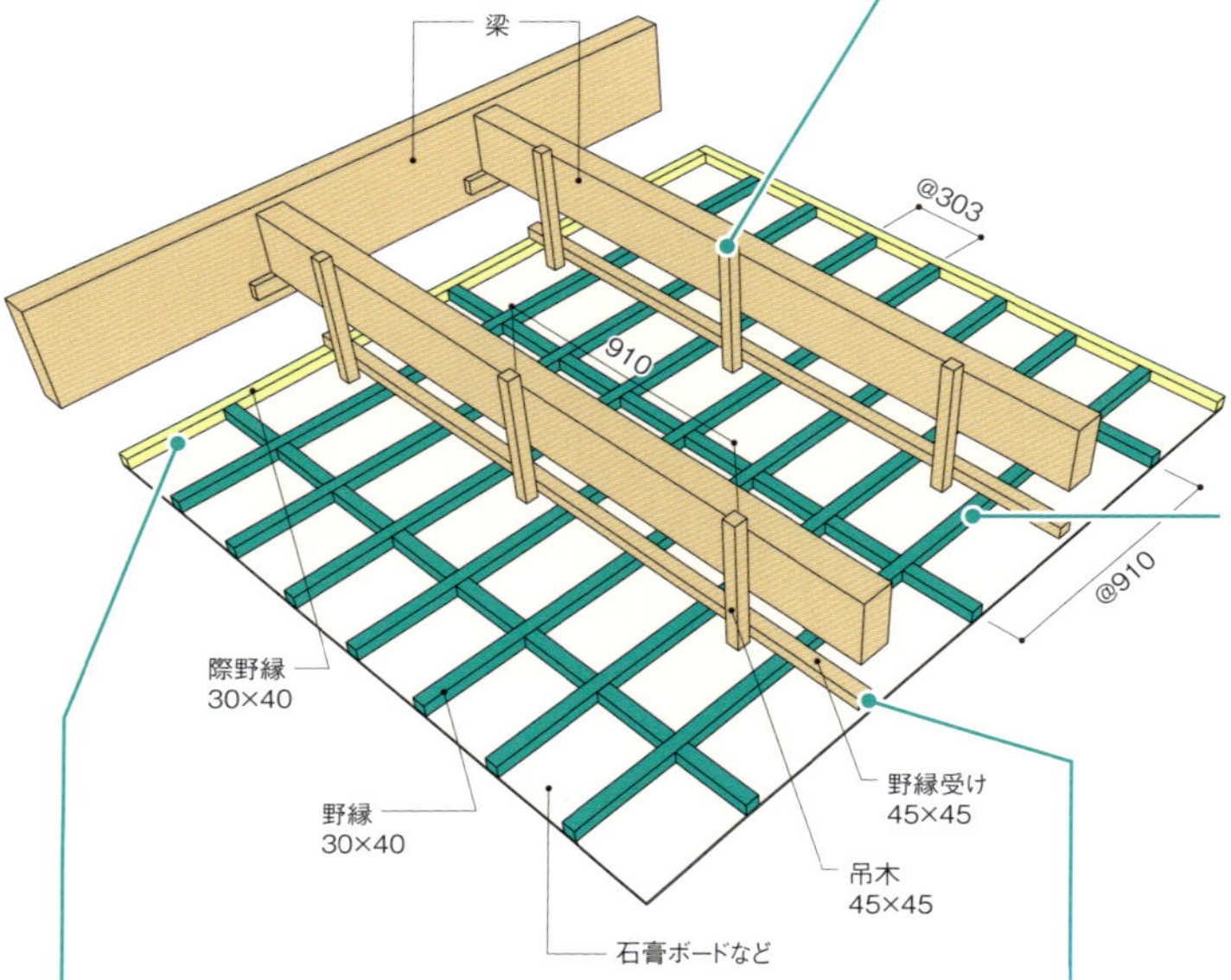

吊木

天井下地を水平に支持するために用いる部材。小屋梁や床梁などに取り付けた吊木受け[※1]に取り付ける場合もあれば、吊木受けを省略し梁に直接取り付ける場合もある

野縁

天井の仕上げ材を張り付けるための下地に使われる棒状の部材。乾燥収縮してしまうと、天井仕上げの割れやゆがみにつながってしまうので、野縁にはしっかりと乾燥した木材を使用する。ボードを張る前に下端を切りそろえる

際野縁

野縁受け下地材で、野縁を取り付ける目安とするために壁際に取り付ける部材。天井高さの目安にもなる

野縁受け

野縁を留めるための部材。吊木で構造材に留め付ける。野縁の不陸を解消する

こっそり呟く… 現場X

11:38
たけみ @takemi

プレカット発注前に設備配管ルートを確認しておいてよかったぁ！天井懐に余裕がある！

15:49
代々木匠子 @yoyogi_syoko

重量があるシーリングライトやレンジフードを天井に取り付けるなら、下地を強化しな！

16:25
光 @hikaru

断熱材と絡むダウンライトの納まりは難しい……断熱層にも使用可能な器具かも要確認

17:43
Eileen @eileen_reiko

建具枠と天井の絡み、ちゃんと納まるように展開図と納まり図を描いておきマシタ！

※1 上階の振動を天井に伝えないようにするための吊木の受け材

天井下地

天井の木下地は、基本的に野縁と、それを受ける野縁受け、そして吊木から構成される。吊木受けが追加される場合もある。仕上げをきれいに見せるためには、下地をいかにズレないように施工するかも重要。

1 墨出しを行う

野縁と際野縁を取り付けるための墨出しを行う。天井高さや天井懐の寸法を確認しながら、野縁や際野縁の取り付け位置を墨出ししていく。

天井高を確保するために、天井懐をどこまで低く抑えるかは、慎重に見極めたいもの。梁下端から天井仕上げまでを50㎜程度確保すれば何とか施工できます。ただし、天井隠蔽型のエアコンの冷媒管や換気扇のダクト、上階の配管などを、梁下端と野縁受けの間に通せるかどうか検討することを忘れないように！

配管などの直径はφ100かφ150程度ですが、そこに保温材や耐火材が巻かれることも忘れてはなりません。配管などが通る部分の高さは最低でも200㎜は確保しておきたいです

レンジフードの配管は特に大きいので、ルートがしっかり確保されているか事前のチェックが必要！プレカット前に確認することが現場で慌てない秘訣です

2 際野縁を取り付ける

墨出しに沿って、柱や間柱に野縁と同寸（30×40㎜）の際野縁を、室内の四周に釘やビスで留めつけていく。

3 際野縁に墨出しする

野縁受けや野縁のピッチを際野縁に墨出ししていく。

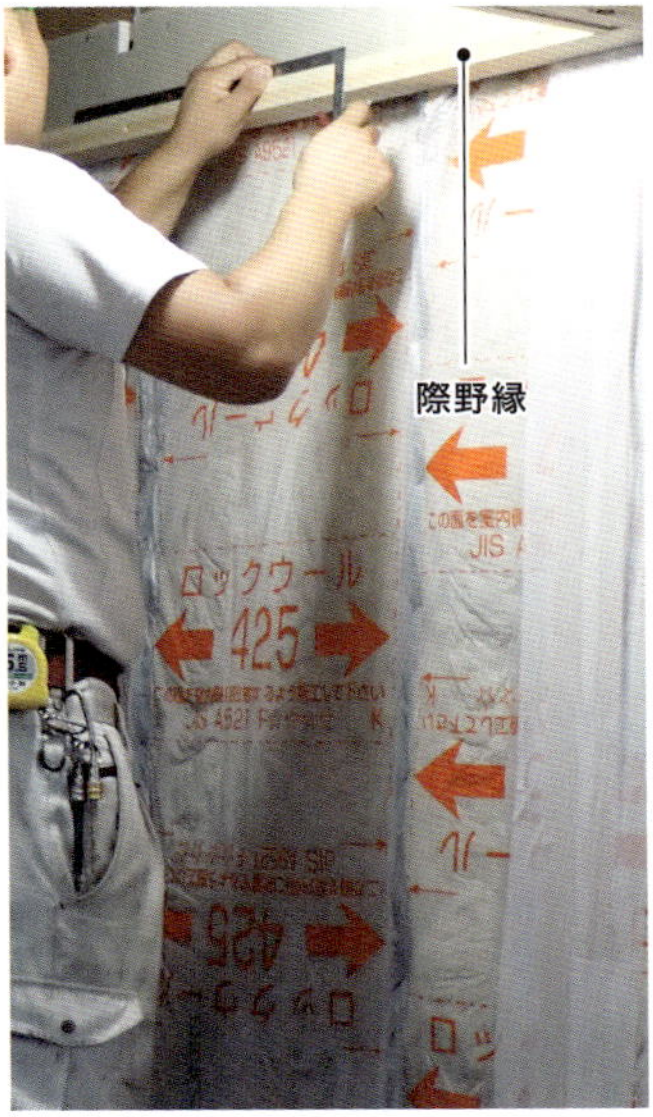

PICK UP! ＞ 板張り天井の場合の注意点

野縁に天井を直張りして板張り仕上げとする場合［126頁］、野縁を架ける向きは目地割りや板張りの方向によって変わる。天井板の仕上がり方向と直交する向きに野縁が架かるようにする

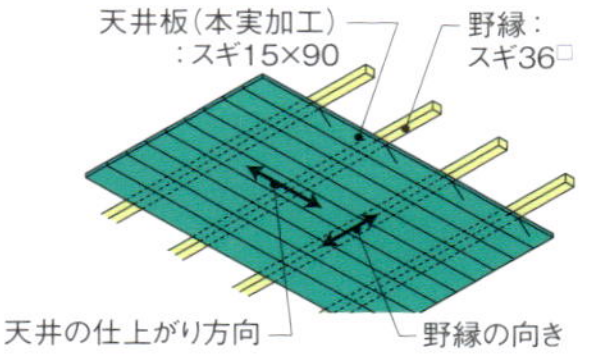

天井下地を組む際に考慮する必要がある場合［※2］は、事前に現場に伝えるんだよ

4 野縁受けを取り付ける

際野縁の上端に、野縁受け（40㎜角）を910㎜ピッチでビス留めしていく。野縁受けは、野縁と直交方向に架け渡していく。

野縁受けと野縁を面一で納める方法もある。その場合は、野縁受けと野縁が交わる部分に不陸が発生しやすくなるので、施工精度が求められるんだ

換気扇やエアコンなど重量のあるものを設置する箇所では野縁を補強しよう

5 野縁をビス留めする

野縁受けを取り付けたら、野縁を野縁受けに303㎜ピッチでビス留めしていく。

※2 板張り天井ほか、石膏ボードを目透かし張りのうえ塗装仕上げとする場合も、目地底が野縁となるよう調整が必要

トップライトなどの開口部やカーテンボックスが絡む場合は、周囲に補強下地（野縁受け）を取り付けてからいったん野縁を架け渡し、開口部などの形状に合わせて野縁、野縁受けをカットしましょう

PICK UP! ＞ 野縁に配線が絡む場合

配線が通る部分は、適宜切り欠けばすっきり納まる。切り欠いた分、耐力が落ちないよう補強材を取り付ける

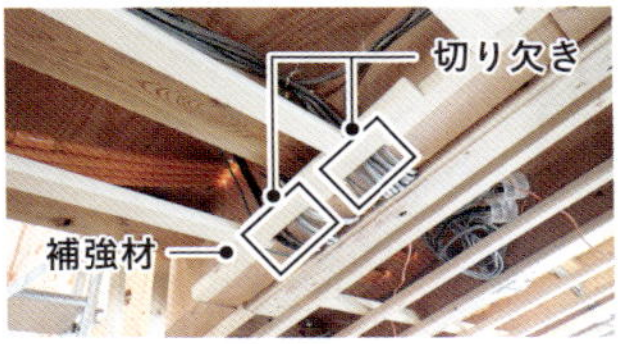

6 吊木を取り付ける

野縁を取り付けたら、梁に吊木を910㎜ピッチでビス留めし、野縁受けを梁と固定する。

7 石膏ボードを張る

吊木までで天井下地は完成。塗装仕上げやクロス張り仕上げなどの場合、この後、仕上げの下地となる下地合板や石膏ボードが張られる。

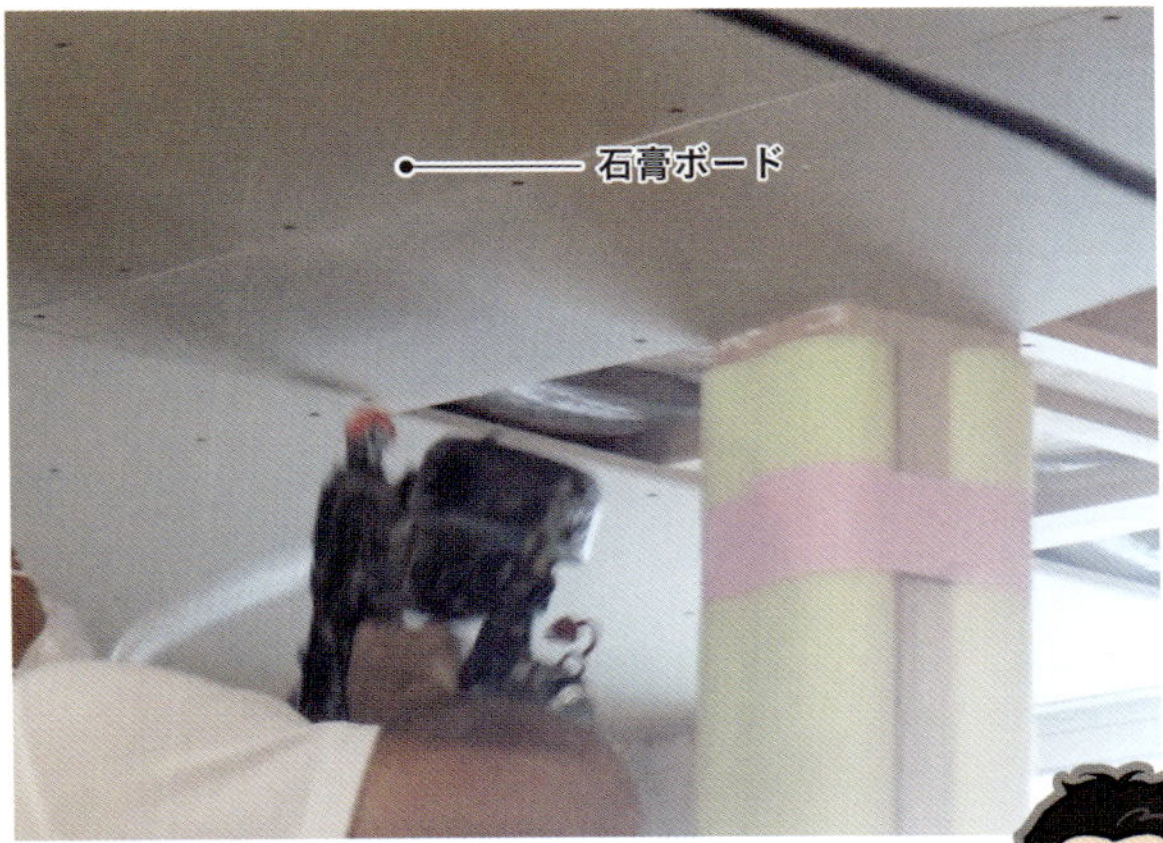

石膏ボードは、重みによって中垂れすることがあります。必ず吊木を910㎜ピッチで設置し、梁と野縁受けを固定することが大切です！野縁設置後の現場で、正しく吊木が設置されているかの確認も必須ですよ！

天井裏に断熱材を入れるとき［※3］は、石膏ボードを張る前に充填するので忘れずに！

※3 天井裏に断熱材を入れるのは、断熱［66頁］のためではなく防音のため

板《いた》張《ば》り仕上げ

1 断熱材を入れる

防音性能をもたせる場合は、断熱材を入れる。

目指す防音性能にもよりますが、通常の歩行音が下階に響かない程度の最低限レベルであれば、安価なロックウールで十分です！

2 下地ボードの張り付け

仕上げ材を野縁に直接張らない場合は、天井仕上げの下地となる石膏ボードなどを、タッカーで打ち付けていく。

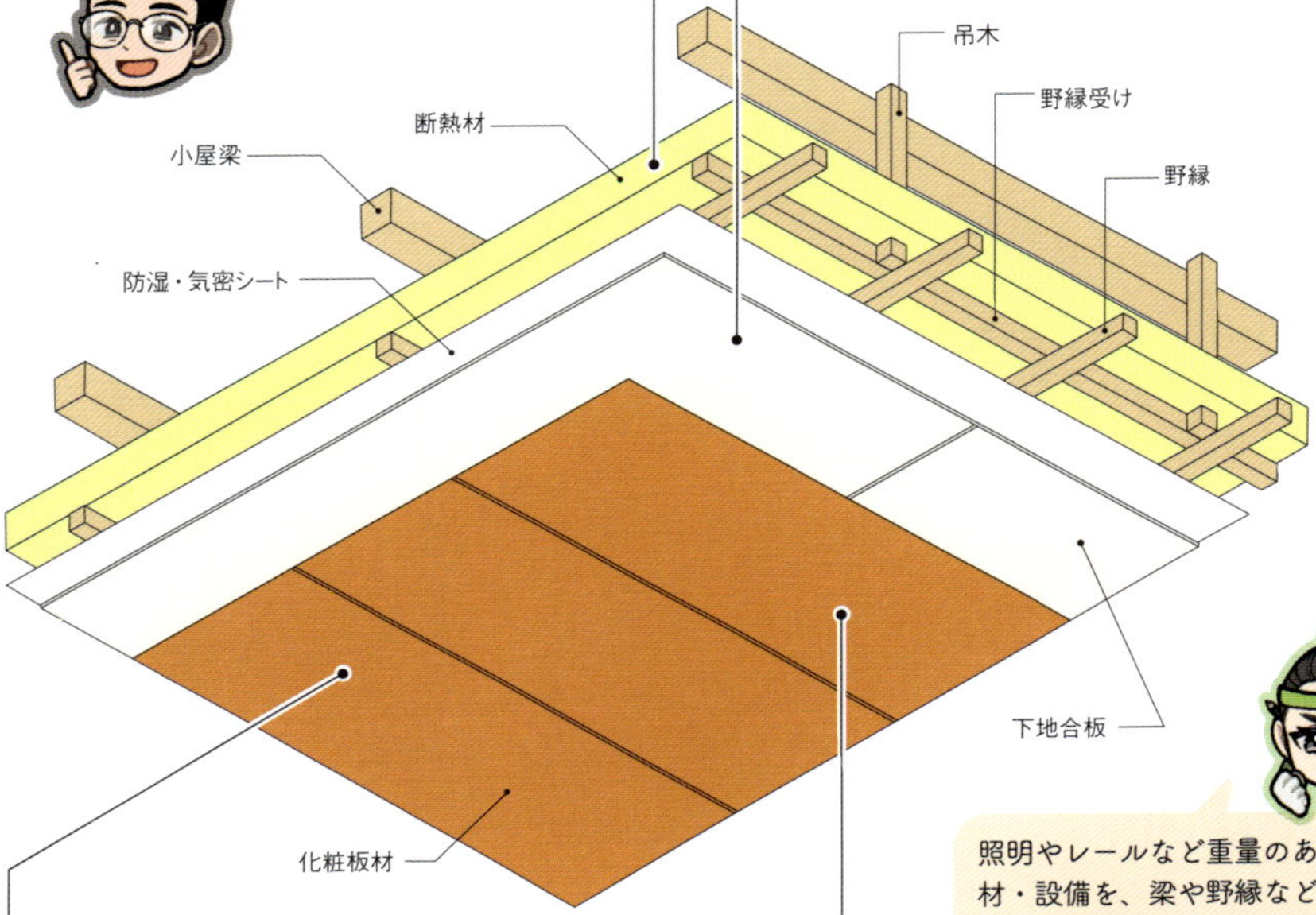

照明やレールなど重量のある建材・設備を、梁や野縁などの木下地に直接取り付ける場合は、下地のボード類はその部分を切り欠いて張っておくんだ

3 仕上げ板材の仮留め

張る面の大きさに合わせて板材（化粧材）をカットし、裏面に木工用ボンドを塗った仕上げの板材を、下地に張っていく。無垢板は手跡がつきやすいので手袋を装着して行う。

4 板材の留め付け

板材の実《さね》をステープル（4㎜）で留めた後、板材表面からピンカッター（35㎜）で下地材に留め付ける。

折れ釘［※4］は、折った跡が目立つため使用は避けたいな

※4 頭部が折れた釘のこと。打たれた後も頭部が板の上に出るのが特徴。伝統建築の壁板を留めるのによく使われている
※5 その場合、天井内が透けないように野縁を目地底とするので、野縁の位置を厳密に確認する。板厚に対して目地幅は6㎜程度とするときれいに仕上がる

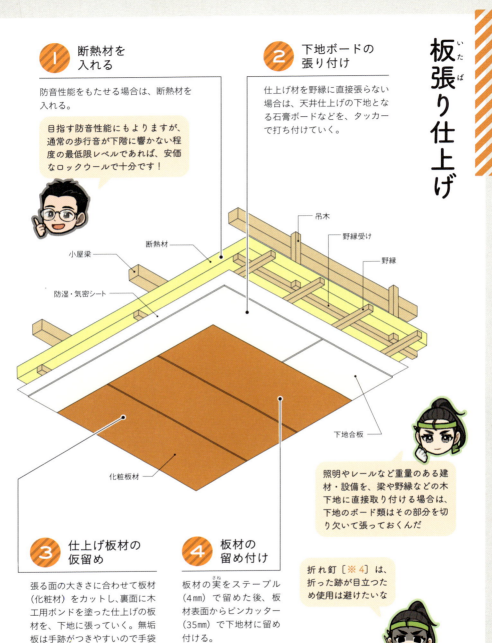

PICK UP 1

板張り天井の種類

仕上げを板張りとする場合は、樹種だけではなく、その張り方によっても仕上がりの印象がかなり異なる。施工後には、板材どうしが隙間なく張られているか、天井面の平滑性が保たれているか、割付けなどの納まりが適切かをしっかり確認する。ここでは、主な板張りの種類を紹介する

目透かし張り①

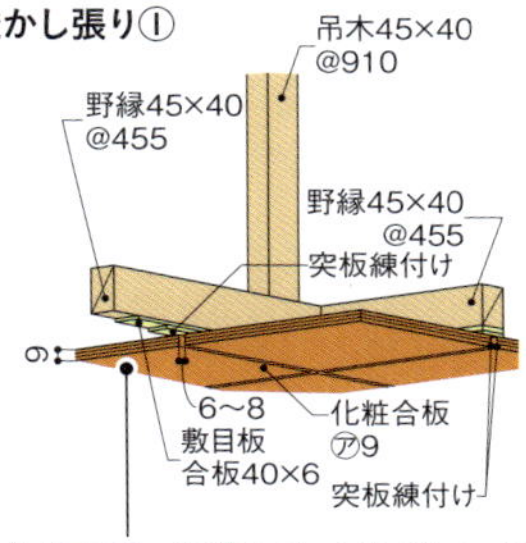

シナ合板を用いる場合は、1枚ごとに寸法のバラつきがあるため、目透かし張りで納めるケースがほとんど［※5］

目透かし張り②

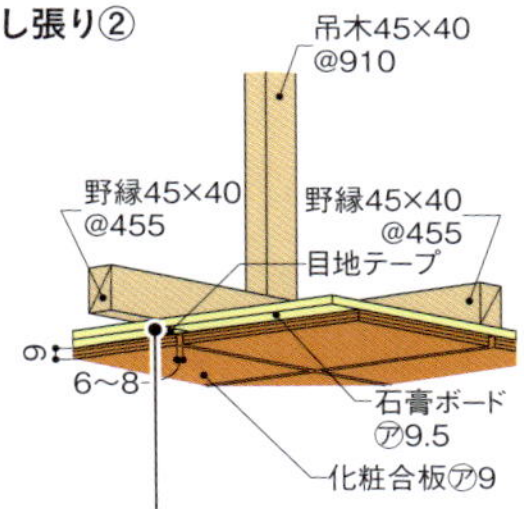

石膏ボードを張った上に天井板材を張れば、簡単に施工できる［※6］

合板目透かし張りでは、目地がそろっていないと見た目が悪いので、どの程度の精度で納めるか、施工者と事前に打ち合わせておきましょう

突付け本実《ほんざね》張り

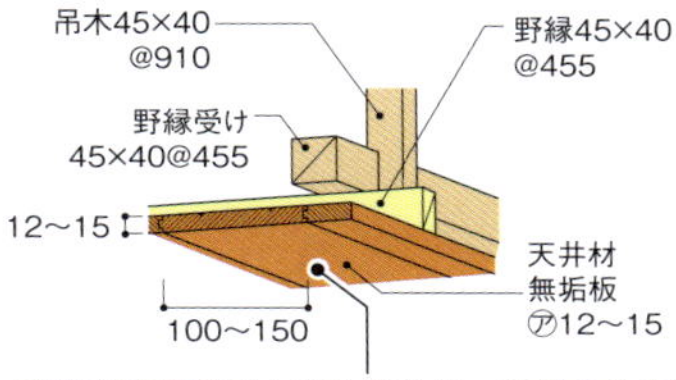

突付け本実張りとする場合は、雄側のみを釘留めし、雌側は差込みのみにすることで遊びをつくり、天井材の乾燥による暴れを吸収する［※7］

大和張り

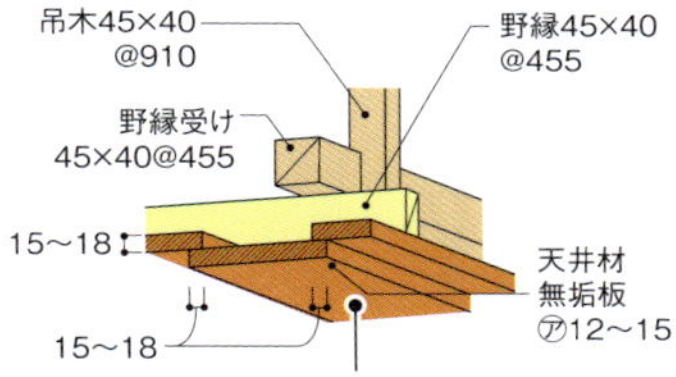

大和張りは、板をスノコ状に張っておき、そこに重ね代を取って重ね打ちしていく。板どうしは板厚と同じ寸法分だけ重ねる

目板張り

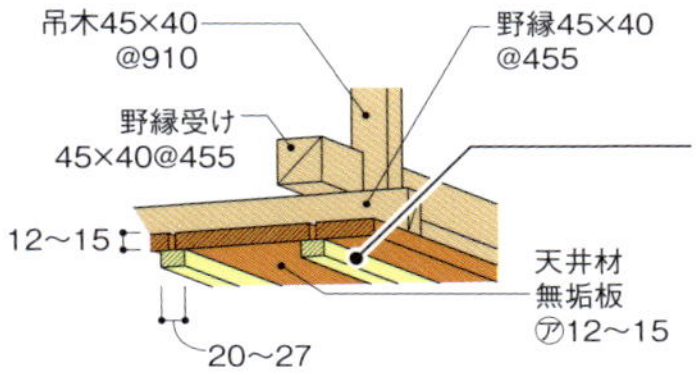

目板張りは、天井材の継目に目板を用いて釘で留めつける。天井材の収縮による目違いや狂いに対する配慮が不要

本実の長さを変えることで、目透かし張りに見せることも可能です

※6 シナ合板の場合はジョイント部には目地テープなどを張っておくか、塗装しておく
※7 天井材としての板は、強度をあまり要求されないため、厚さは9mm以上あれば問題ない。幅は90〜150mm程度で、床に張る場合に比べてやや幅広とすることが多い

塗《と》装《そう》仕上げ

1 下地ボードの張り付け

天井仕上げの下地となる石膏ボードなどを、タッカーで野縁に打ち付けていく。

2 パテ処理をする

ボードの継目やビス穴にパテ処理をして、一面が平滑になるようにする。

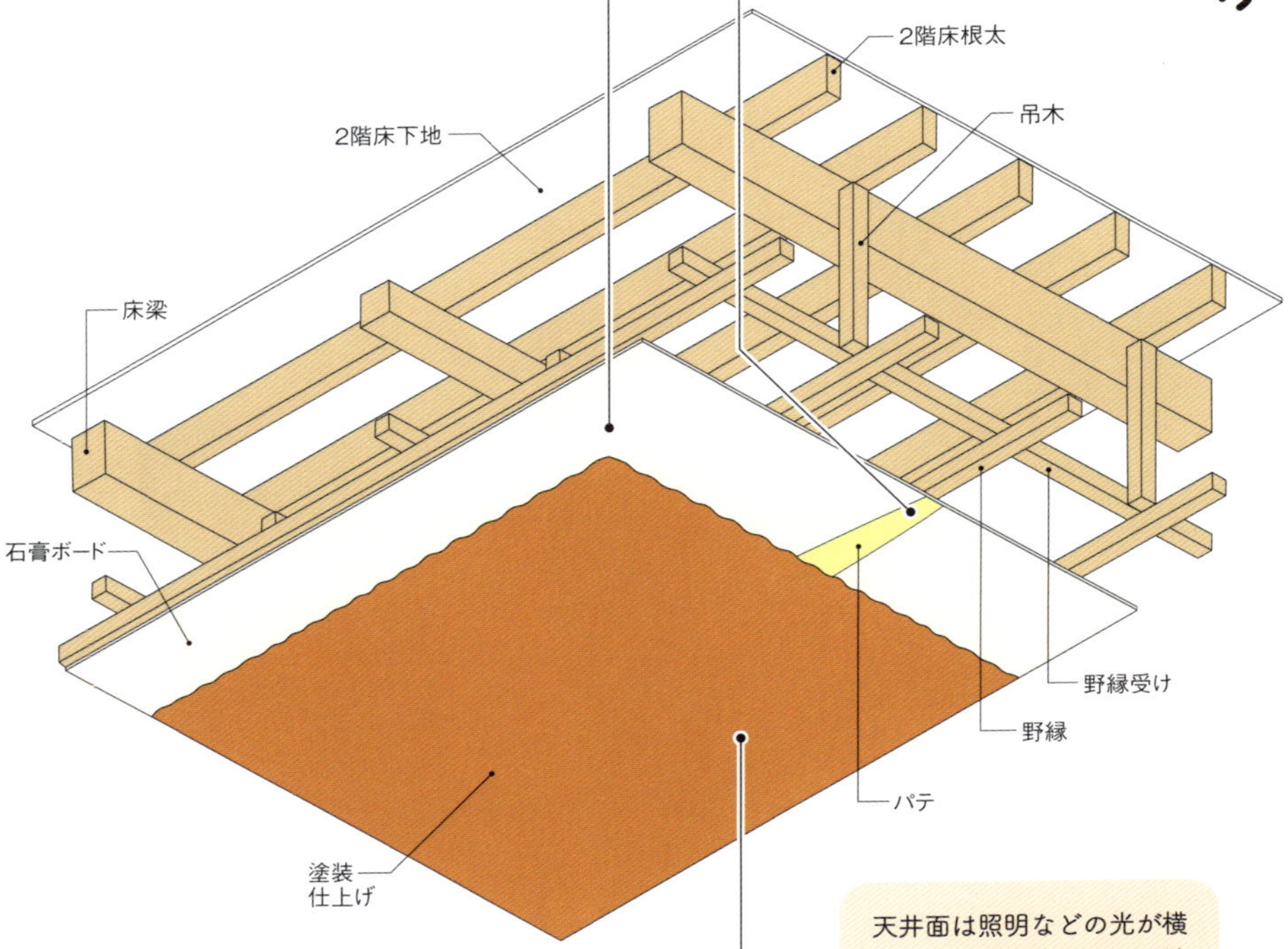

3 塗装する

シーラー処理をした後、廻り縁や仕上げが切り替わる部位にマスキングテープを張るなどして保護し、塗装して仕上げていく。

天井面は照明などの光が横や下から当たるので、下地の凹凸が目立ちやすい。パテ処理が非常に大事！特に塗装仕上げは仕上げ厚が薄く下地処理が仕上がりにひびきやすいので、私達にとっては腕の見せ所よ！

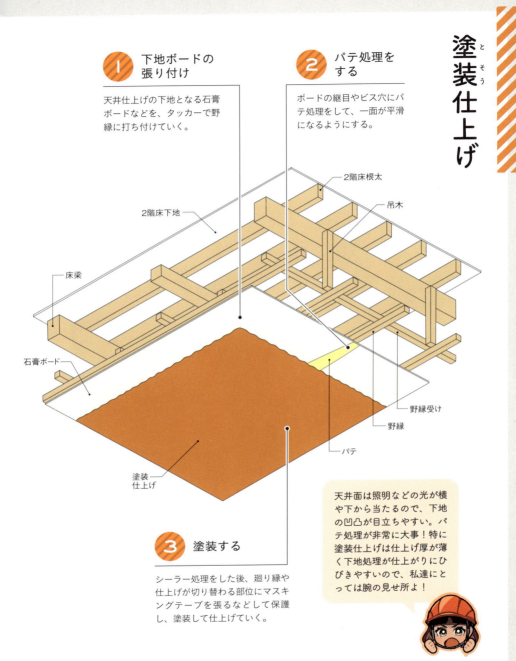

PICK UP 1

石膏ボードの張り方

石膏ボードの上に塗装仕上げをする場合は、石膏ボードのジョイント部に隙間をあけて目透かし張りとすることも可能。また、継目を竿（30㎜角程度の材）などで隠す場合もある

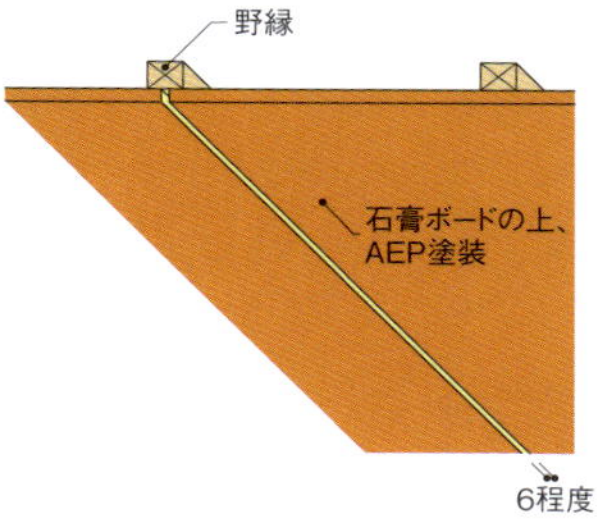

目透かし張りの上に塗装仕上げとする場合は、目地幅の不ぞろいが目立つため、施工精度を上げてもらいましょう

PICK UP 2

廻り縁の納まり

壁と天井の境には、納まりをよくするため廻り縁という部材を入れるケースが多い。ここでは、一般的な廻り縁の納まりを紹介する

一般的な廻り縁

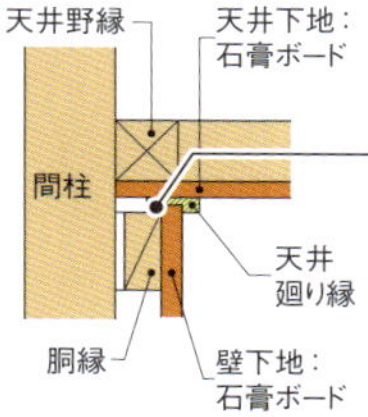

天井下地の施工後、天井ボード（石膏ボードなど）を張り、そこに廻り縁を取り付ける

隠し廻り縁

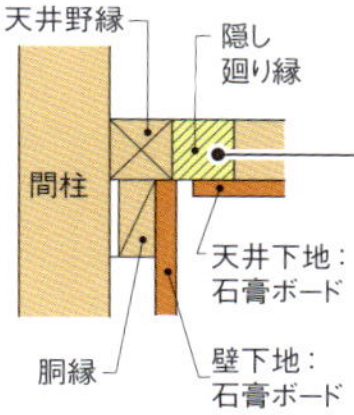

目地底は鉋《かんな》掛けしておくか、塗装や目地テープを張るなどの処理を施す

はっかけ廻り縁

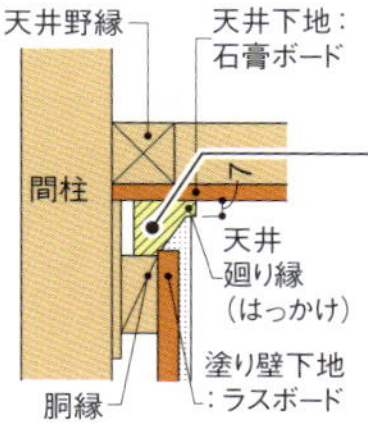

はっかけ廻り縁とすれば、見付け部分を薄く見せられる。ただし、木材の欠けを考慮して寸法を検討する必要がある

既製品の廻り縁

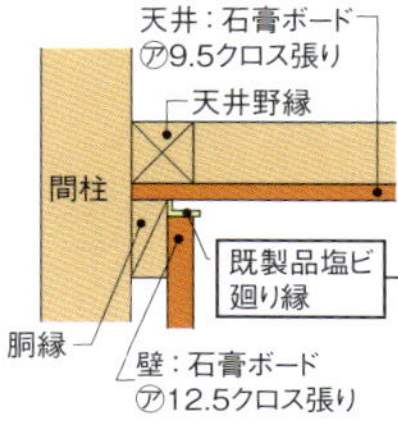

天井下地、天井ボードの張り付けが完了した後、既製品の廻り縁を取り付ける方法もある

既製品の廻り縁を見せたくない場合は、目地底となる部分まで天井仕上げを施すとよいです。既製品を用いる方法が比較的簡便ですが、廻り縁を設けず突付けで納める例も増えています。その場合は、施工精度が仕上がりに影響するため、現場で事前に打ち合わせましょう

内部壁《ないぶかべ》

大壁[※1]の下地

筋かいを用いた最も一般的な下地組の方法で、この上に、石膏ボードや羽目板などの面材を張る

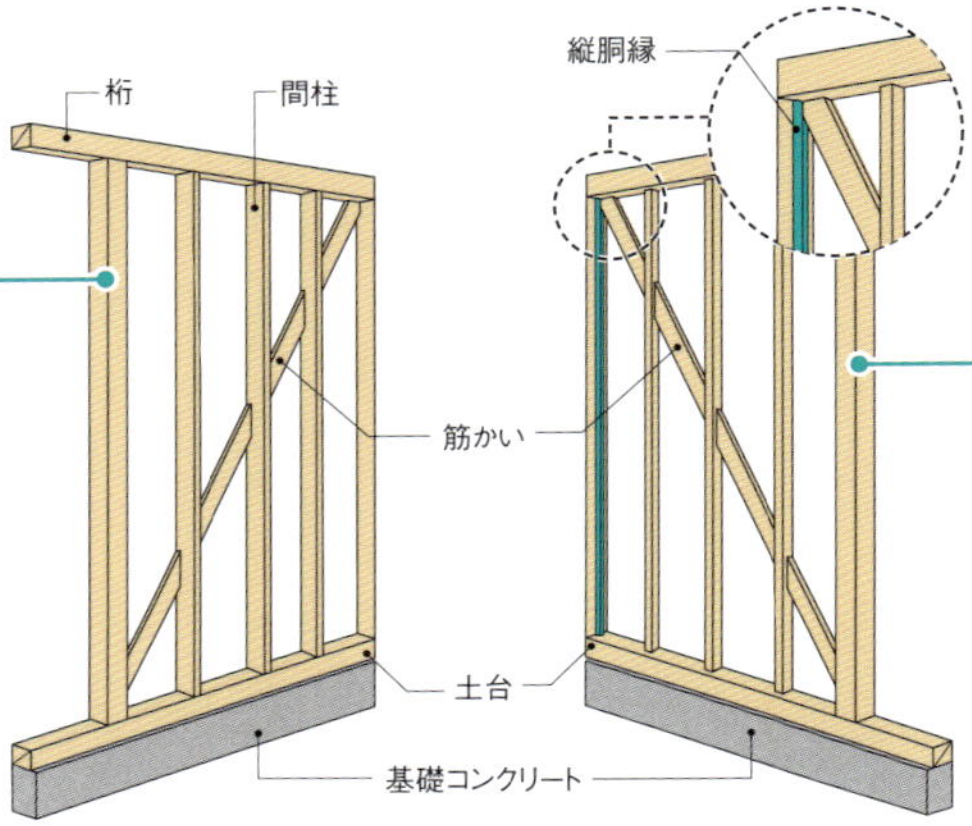

真壁[※2]の下地

石膏ボード、羽目板張りなどで一般的に用いられる下地組。面材を受ける縦胴縁が隅柱に付く。この上に横胴縁を留め、面材を張る

PICK UP! 横胴縁を入れる場合の施工例

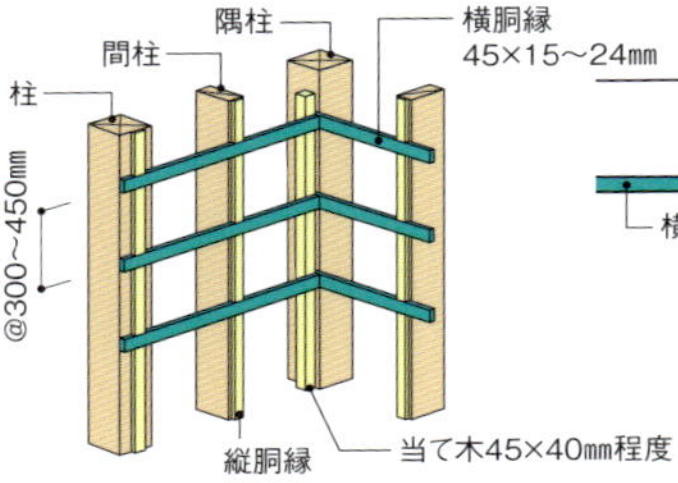

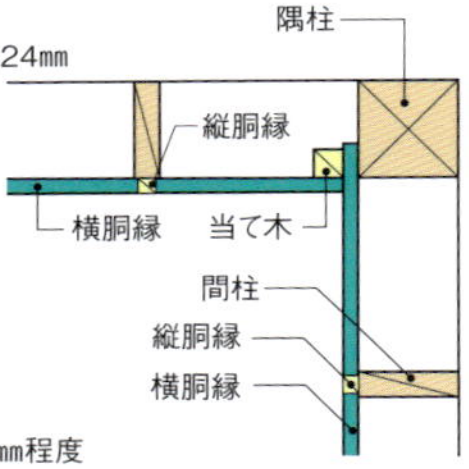

胴縁には厚さ15~24㎜、幅45㎜程度のスギ小幅板を用いるのが一般的。取り付ける面材の厚さに応じて300~450㎜間隔で柱にビスで留め付ける。柱を欠き込んで胴縁を取り付ければ、壁厚をさらに薄くできる

こっそり呟く… 現場X

10:12
たけみ
@takemi

「左官壁の柱に猫じゃらし入れろ」って言われたから、「猫好きなんですか？」って聞いたら「チリ決《じゃく》り」だった……。本日も怒られまくりだ！

12:23
光
@hikaru

コンセント廻りの防火処理してるとき数学の神が降臨して、リーマン予想の新しい解法思いついた。やっぱり私、天才

15:14
代々木匠子
@yoyogi_syoko

壁仕上げ材が和紙だと、ボードのメモ書きが透けちゃうからやめてほしいんだよな…あ!? 誰だこの変な数式書いているヤツ!?

※1 構造材を壁内に隠蔽する納め方
※2 柱や梁など構造材が一部露しとなる納め方

内部壁下地

壁下地の品質は仕上がりの良否を左右する。仕上げ材や壁の納め方に合った施工が大切だ。最終的に隠蔽される箇所だからこそ、正しい施工監理に気を配ろう。また、幅木の納め方にも注意したい。

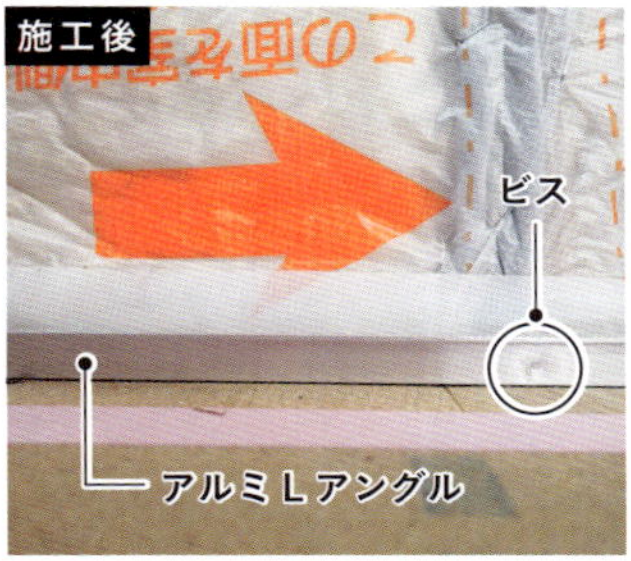

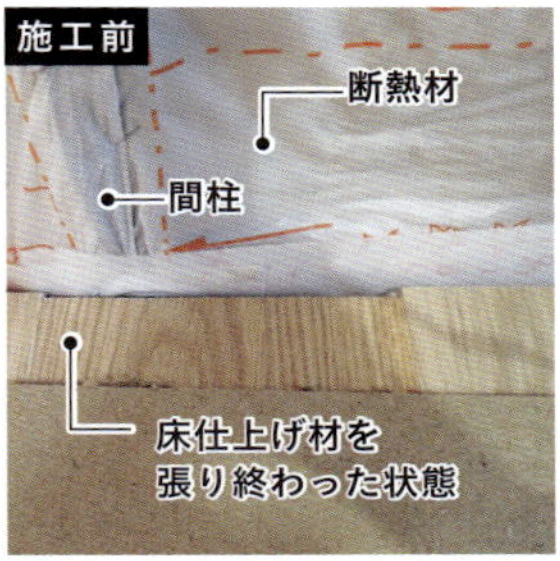

1 幅木の設置

壁下地に断熱材を充填し終わったら、幅木（アルミLアングル）をビスで間柱に留める。その後、石膏ボードを張る。

PICK UP! ＞ 幅木の納め方のバリエーション

幅木は形状によって、①出幅木、②平幅木、③入幅木［132頁］の各種に分かれる。幅木には、材の伸縮に伴う床の動きを吸収したり、床材と壁材が取り合う部分の隙間をカバーする役目もあるため、意匠性だけでなく施工性・機能性も考慮して適した形状と材質を選定する。基本的に床仕上げの後に幅木を付ける手順が一般的だが、幅木自体が薄い場合は材の正面からフィニッシュ釘で仕上げることもある。ソフト幅木［※3］の場合は材が軟らかく重量がないため、仕上げの上から接着張りとする

真壁の場合は、柱や建具枠よりも面落ち［※4］させて幅木を納めよう

①出幅木（壁：左官仕上げ）

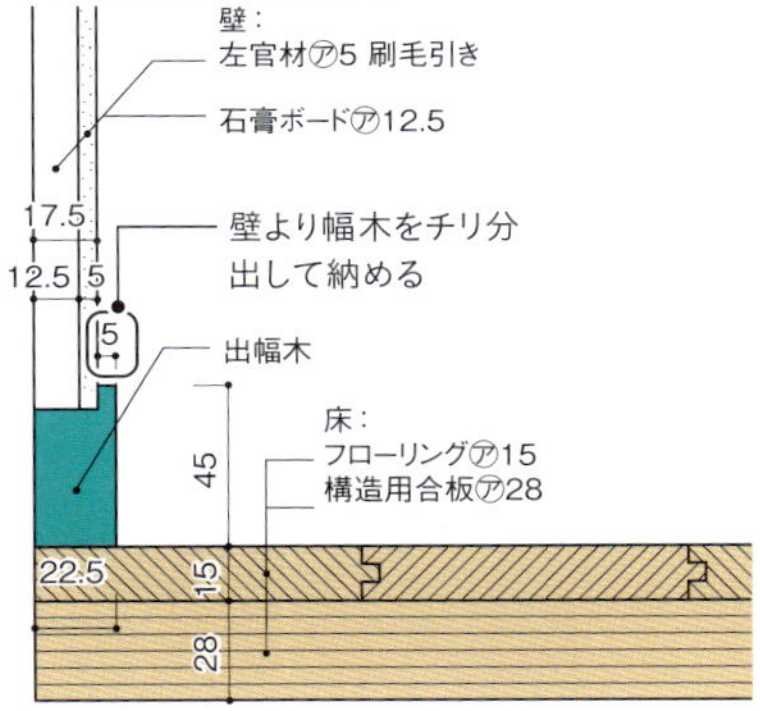

②平幅木（壁：塗装仕上げ）

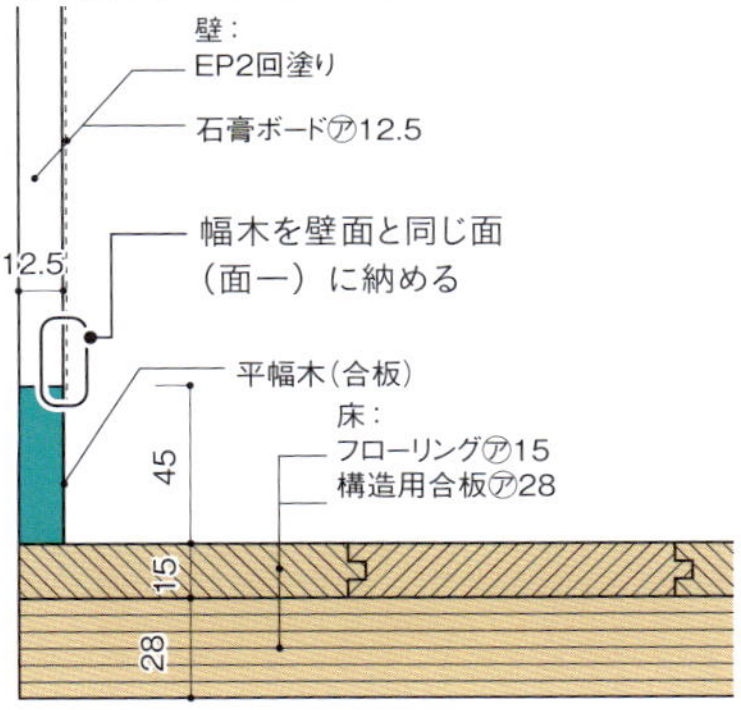

※3 塩化ビニル製の軟らかい幅木。厚さ1.8㎜、成は60㎜が一般的
※4 壁面に取り付く部材の小口を見せないように、柱・建具枠の面よりも内側に部材を納めること

PICK UP! 〉意匠性・施工性◎のアルミＬアングル製入幅木

本事例では、幅木として高さ15㎜のアルミＬアングルを使用。幅木が死角に入りすっきりとした印象に。調整材で幅木の出を1.5㎜程度に調整すると掃除機などで仕上げ材を汚さずに済む。アングルを定規代わりにしてボードの位置決めもでき、施工性も◎

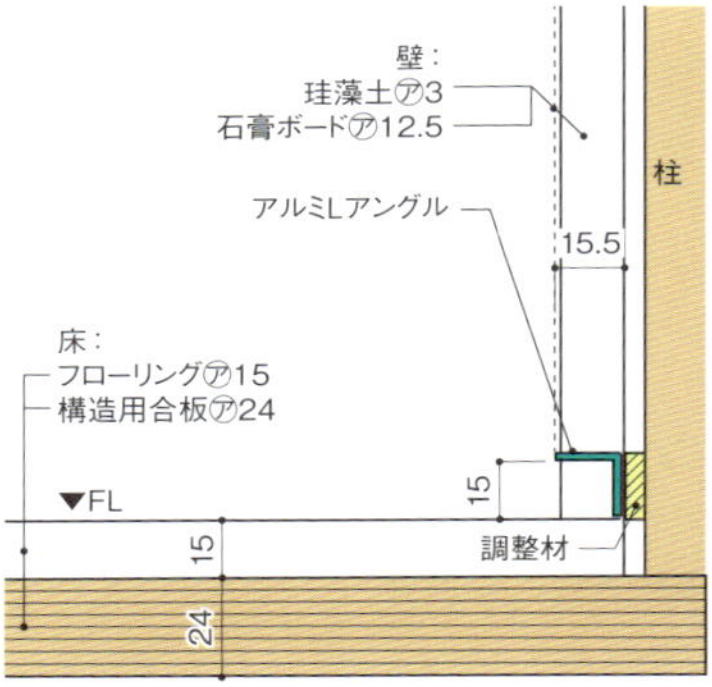

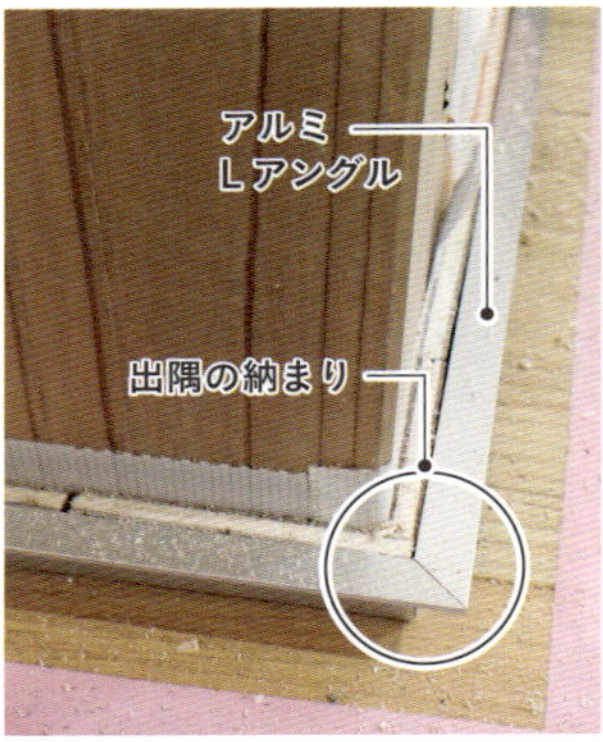

❷ 面材の加工

石膏ボードは原板をカットせずに使用するのが基本だが、加工する場合は電動鋸《のこぎり》などで切断する。粉塵が大量に舞うので吸い込まないよう注意。間柱の位置も転記しておく。

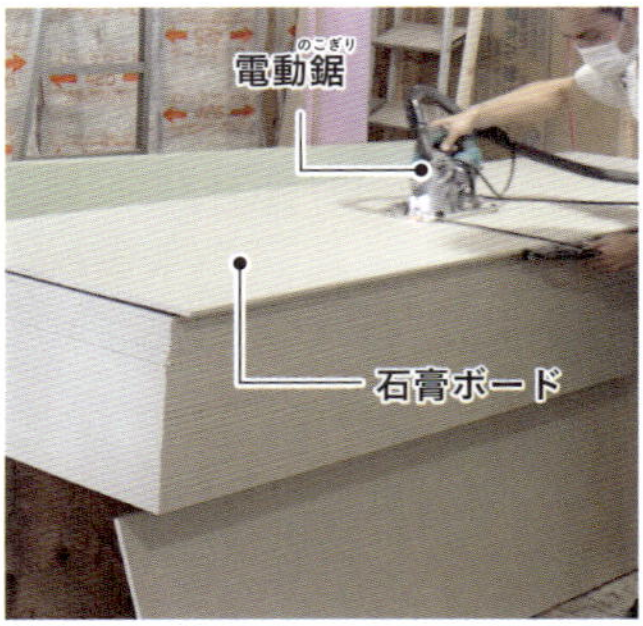

❸ 面材をビスで留め付け

幅木の上にボンドを塗り、面材を載せて柱にビスで仮留めする。設備用の貫通部は事前に加工しておく。間柱の位置を確認しながら、所定の間隔で墨付けし、ビス留めする。

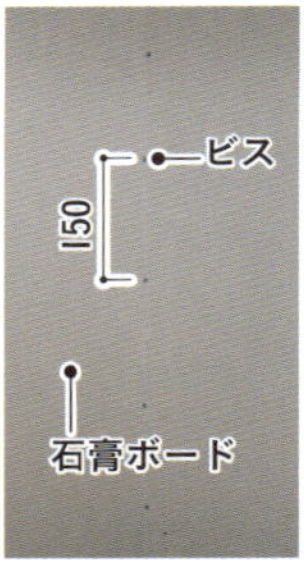

※5 直交方向に交わる2材が45°で取り合うこと、またはその部分

PICK UP! 石膏ボードの種類と留め方

石膏ボードは、防火性能や部屋の用途、仕上げ材に応じて適したものを選ぶ[表]。施工方法は、平頭の真鍮《しんちゅう》または亜鉛めっき釘、ステンレスビスなどを使用して壁下地に留め付け、必要に応じて接着剤を併用する。留め付ける間隔は、ボード周辺部は100㎜とし、端より10㎜内側に留める。そのほかの部分は150㎜間隔とする

石膏ボードの留め方

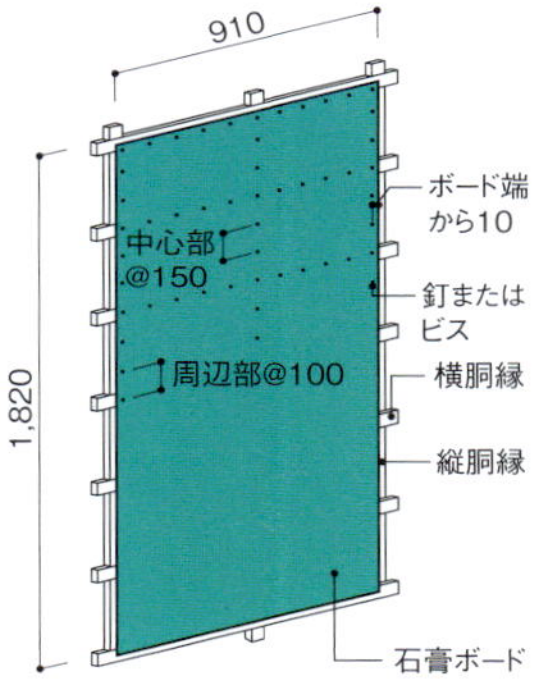

表 石膏ボードの種類と特徴

名称	特徴
石膏ボード(GB-R)	石膏を芯材としてその表面にボード原紙を張ったもの。内部の壁一般に使う
シージング石膏ボード(GB-S)	両面のボード原紙と芯材の石膏に防水処理を施したもの。水廻りに用いる
強化石膏ボード(GB-F)	GB-Rの芯材に無機質繊維などを混ぜて、耐火性を高めたもの
石膏ラスボード(GB-L)	GB-Rの表面に長方形のくぼみを設け、表面に石膏プラスターを塗布して不燃材料とした不燃下地材
化粧石膏ボード(GB-D)	GB-Rの表面に仕上げ材を用いて化粧加工したもの。倉庫などに用いる
不燃積層石膏ボード(GB-NC)	GB-Rの表面に不燃性ボード原紙を用い、不燃材料の認定を受けているもの

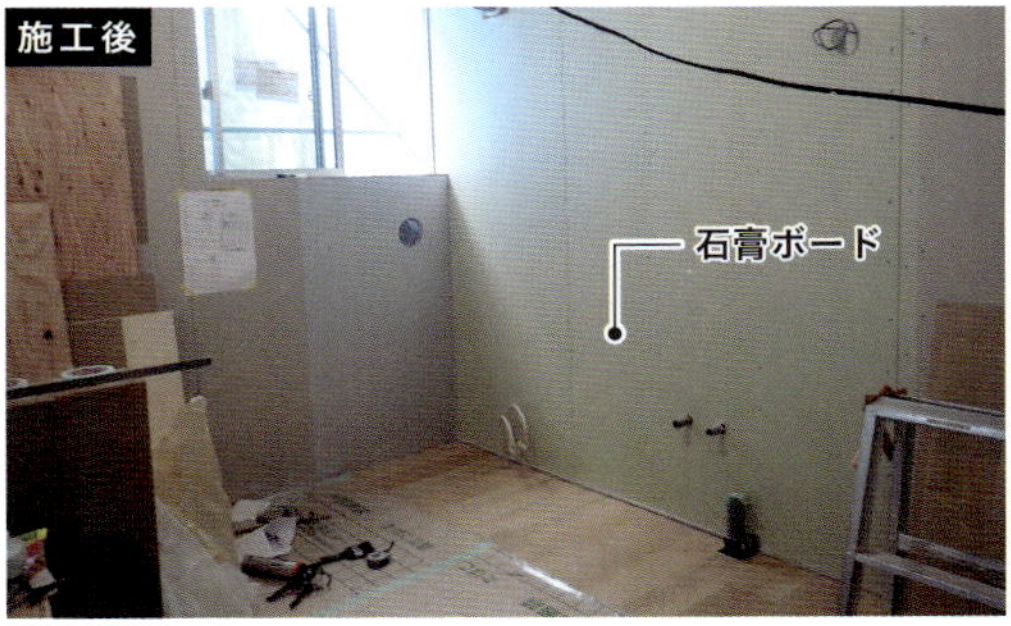

4 下地の補強

手摺や小型の棚など、荷重のかかる部分は、合板であらかじめ補強しておく。以上の作業を繰り返し、すべての面材を張り終えたら完了。

PICK UP! 補強材の入れ方

展開図

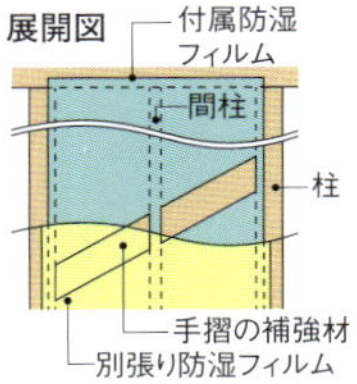

平面図

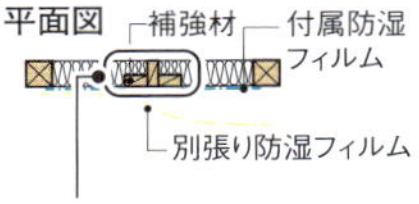

フィルムごと断熱材を切り、補強材を入れた上からさらにフィルムを張る

仕上げ前に面材の汚れも消しゴムで掃除しておきましょう

クロス仕上げ

1 下地処理

仕上げ後の空気溜まりや凹凸をなくすため、石膏ボードなどの下地にパテ処理を行い、平滑にする。まず、粗いパテを塗って、ボードの継目、大きな穴や溝を埋め、その上から目の細かいパテを塗る。1度目のパテ塗りの際、硬化促進剤を用いれば、下地処理からクロス張りまで1日で行うことも可能だ。

2 割付け

見付けが広い部分や目立つ部分を中心に、クロスの割付けを決定する。部屋内に張り出している柱などは、正面側にジョイントがこないよう注意する。また、継目は目立つので、目立つ部分には細い幅のクロスを入れない。

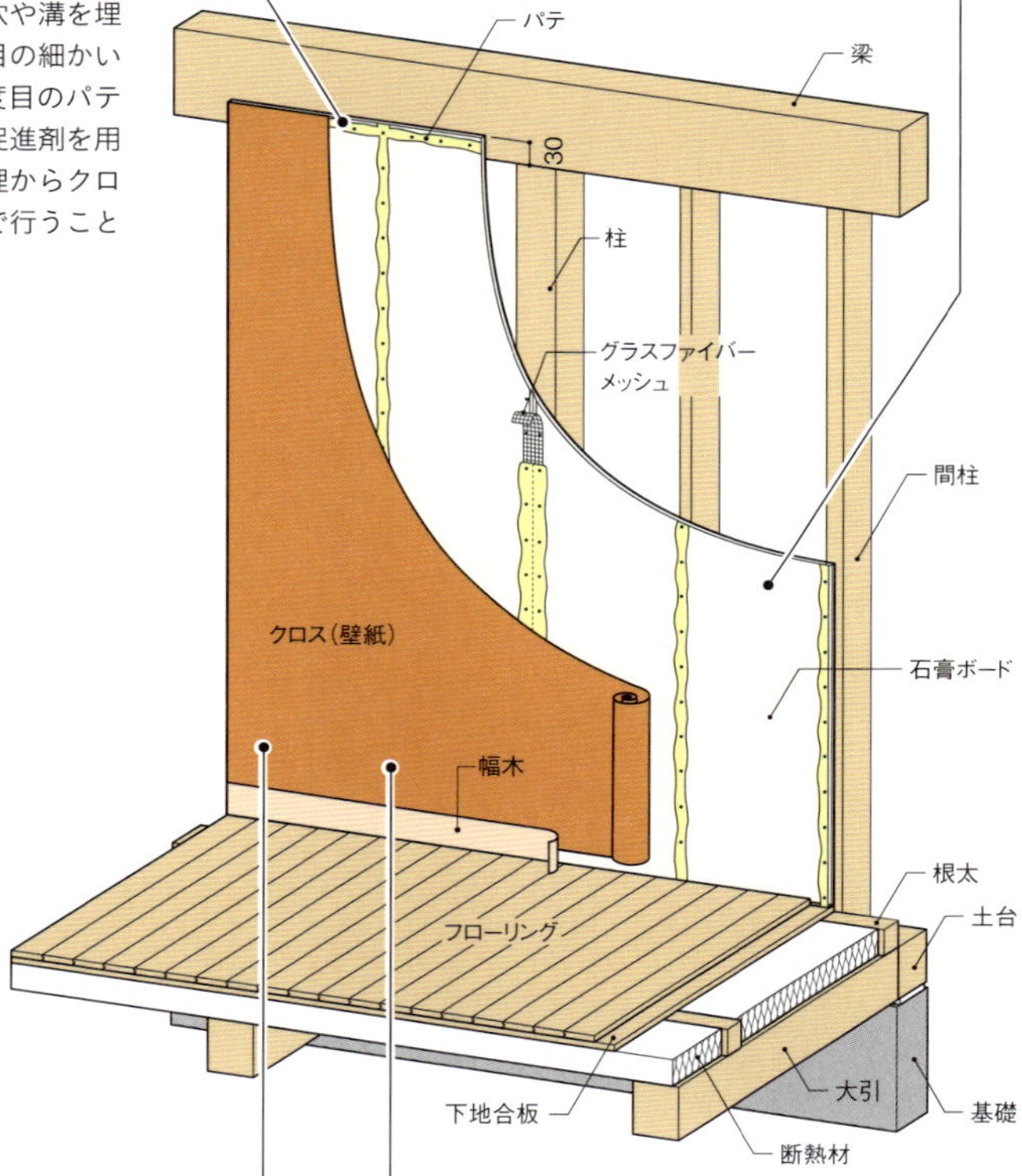

3 裁断

現場で壁紙糊付機を用いてクロス裏面に糊を付け、壁の寸法に合わせて裁断する。後で寸法を調整できるよう、張る壁面の寸法よりも若干長めに裁つ。クロスが柄物の場合は、柄合わせに必要な柄のリピート分の長さを加える。

4 クロス張り

オープンタイム［※6］を取った後、石膏ボードの天井側からクロスを仮配置する。正しい位置を確認できたら、裏側の空気を追い出すように上から下へ、ローラーなどでなでつけて張り進める。上下端、コーナー部はへらを用いてよく押し込み、余分な長さを切り落とす。このとき、床の際よりも少し短めにするとよい。際で切り落とすよりも裁断がしやすく、また幅木が下地に密着するのではがれにくくなる。

※6 クロス張りに適した接着力を出すための糊の養生時間。糊付け後、糊付け面を合わせてたたみ、製品ごとに定められた時間を確保する

PICK UP 1

石膏ボードのジョイント処理方法

石膏ボードのジョイントは、グラスファイバーメッシュ［※7］やジョイントテープを張って補強した上からパテ処理をする。パテが乾いたら、処理した部分を紙ヤスリで整える。出隅、入隅には、補強と破れや剥離防止を兼ねてコーナービードを張り、パテ処理をする

①グラスファイバーメッシュ

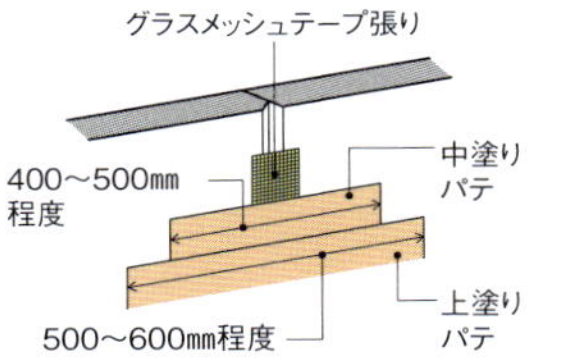

②ジョイントテープ

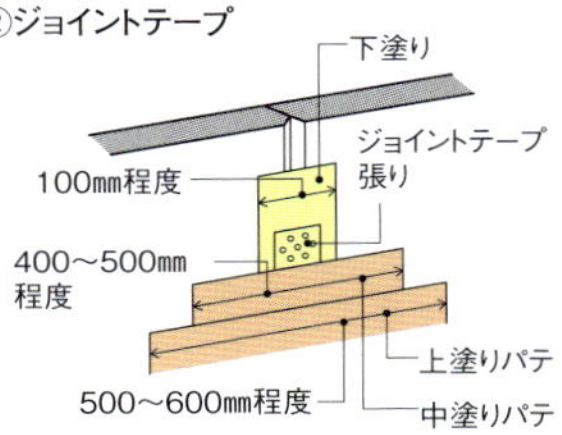

③入隅

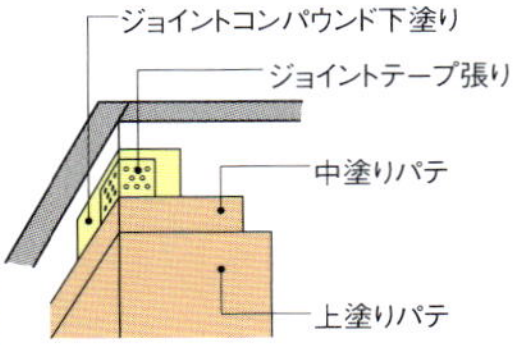

④出隅

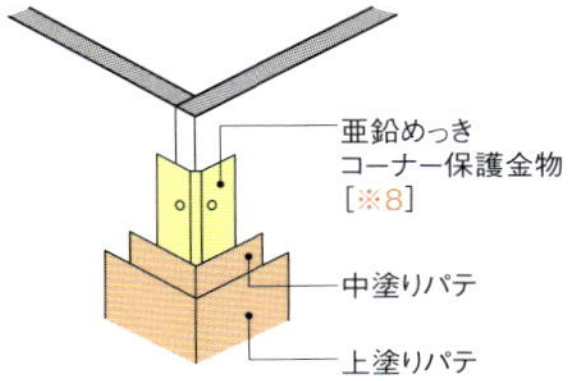

パテ処理中は細かい粒子が部屋中に拡散するの。周辺の塗装作業が終わってからパテ処理をして。養生もマストだぞ！

PICK UP 2

クロスの継目の処理と裁ち方

クロスの継目と石膏ボードのジョイントが重なると剥がれの原因となるため、ずらして施工する。クロス継目の裁断は、上図の3種類が一般的。柄の大きさやパターンに応じて最適な裁ち方を選ぶ。織物の場合は、裁断後の小口をすぐに糊留めしてほつれを防ぐ

クロスの継目が下地のジョイントと重ならないように注意。入隅はクロスを少し長めに裁ち、コーク［※9］を注入して納める

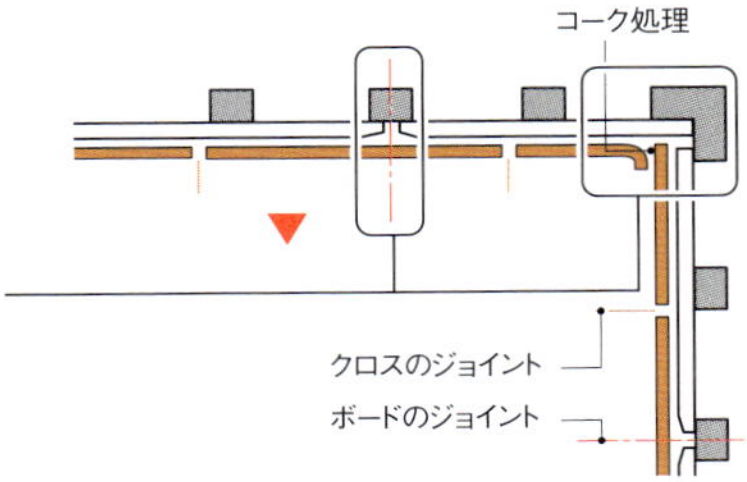

クロス継目の裁ち方

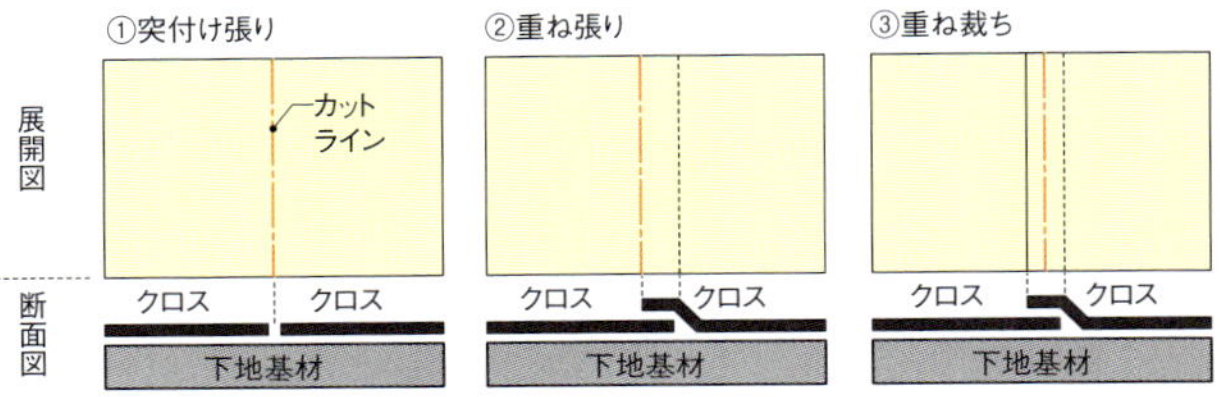

クロスは傷や癖が付かないよう立て掛けて保管するのが原則です。ただし、生糊付きの場合は糊が流れないよう寝かせて保管してください

※7 ガラス繊維製のメッシュ素材
※8 樹脂製のものもある
※9 材料の継目部分の隙間を埋め、密閉性や防水性を向上させる充填剤

左官仕上げ

1 下地の選定

下地は①石膏ボード、②ラスボード［※10］の2種類に下塗りを行う方法がある。②は意匠・性能ともに優れるが、乾燥に時間がかかる。主流は施工期間が短くコストバランスもよい①。下塗り不要の素材もあるが、色ムラやクラック（ひび割れ）を防ぐために、下塗りを施すことが望ましい。

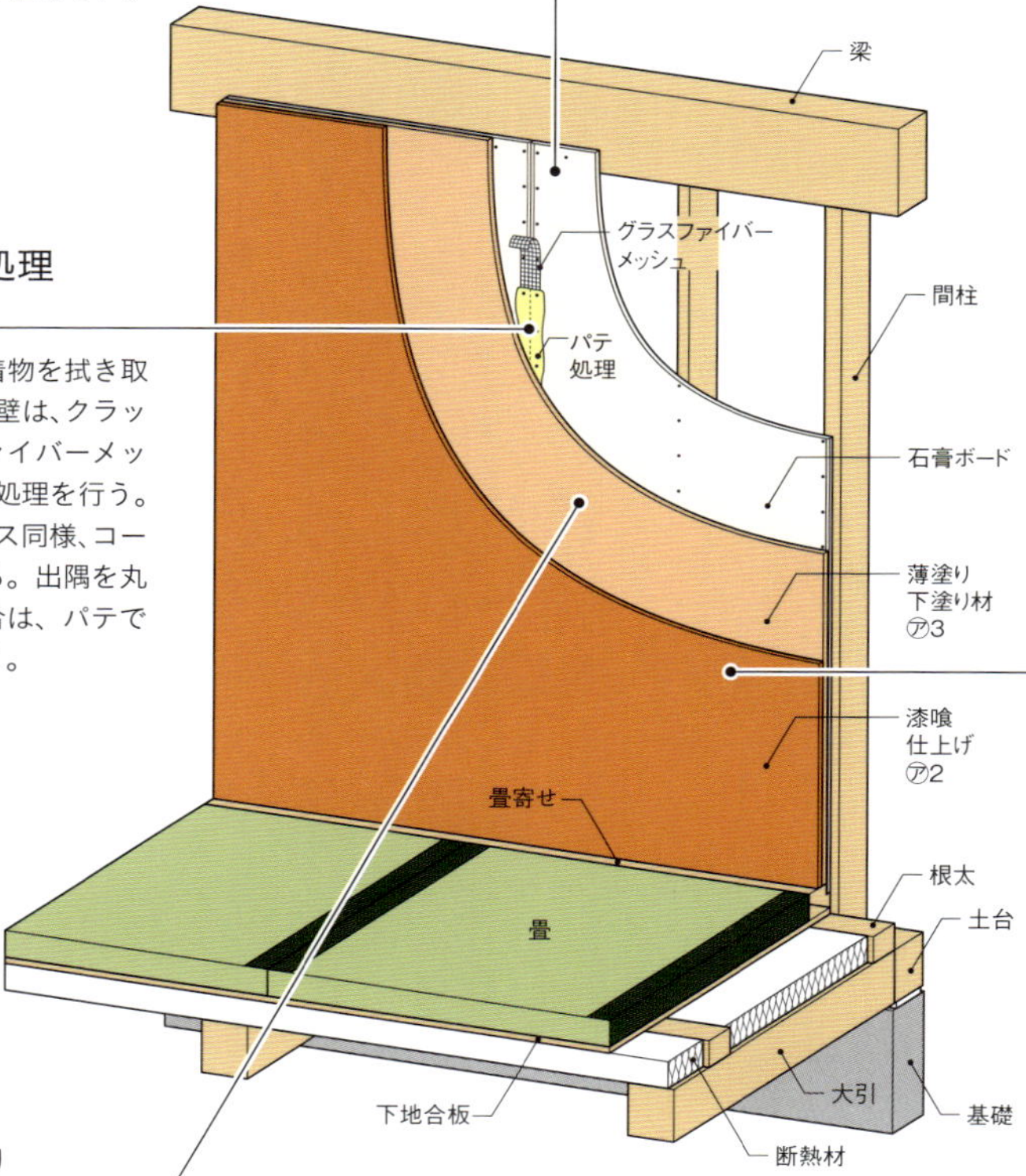

2 パテ処理

下地の汚れ・付着物を拭き取る。面積の大きな壁は、クラック対策としてファイバーメッシュを敷き、パテ処理を行う。入隅・出隅はクロス同様、コーナー材で補強する。出隅を丸く仕上げたい場合は、パテで丸みを出しておく。

3 下塗り

クロス仕上げと同様にパテを塗り、パテが乾燥したら［※11］、下塗り材を塗っていく。下塗り材が乾燥したら、下塗り材と同じ材で中塗りし、さらに1日養生期間をとって乾燥させる。

4 上塗り

仕上げ材を調合［※12］し、乾燥しないうちに鏝《こて》で壁に押さえつけるように上塗りしていく。入隅には切付け鏝［※13］、出隅には面引き鏝［※14］を用いる。仕上げ面に凹凸をつける場合は、一度平滑にしたあと、専用の鏝で鏝ムラを出す。木製定規（左官定規）で、仕上げの厚さを均等にならすか、凹んだ部分に材料を足していく。

※10 左官材の付着性を上げるため、表面に長方形の溝を設けた石膏ボード｜※11 厚みのある左官材の場合は、下地処理後、メーカー指定のシーラー（上塗り塗料の密着性・耐久性を高める塗装材）を塗り、乾燥後に下塗り材を施工する｜※12 調合時は現場の温度や湿度などを考慮する｜※13 断面方向から見たときに、持ち手の芯を中心として持ち手側へ鏝の面が折れているもの｜※14 切付け鏝とは逆に、施工する壁側へ鏝の面が折れているもの

PICK UP 1

クラックを発生させない下地処理

下地ボードを施工する際には、ボードのジョイント部分のほか、開口部廻りやボードの小口部分など、クラック発生の原因となりやすい場所をあらかじめ確認し、必要な下地処理を行う

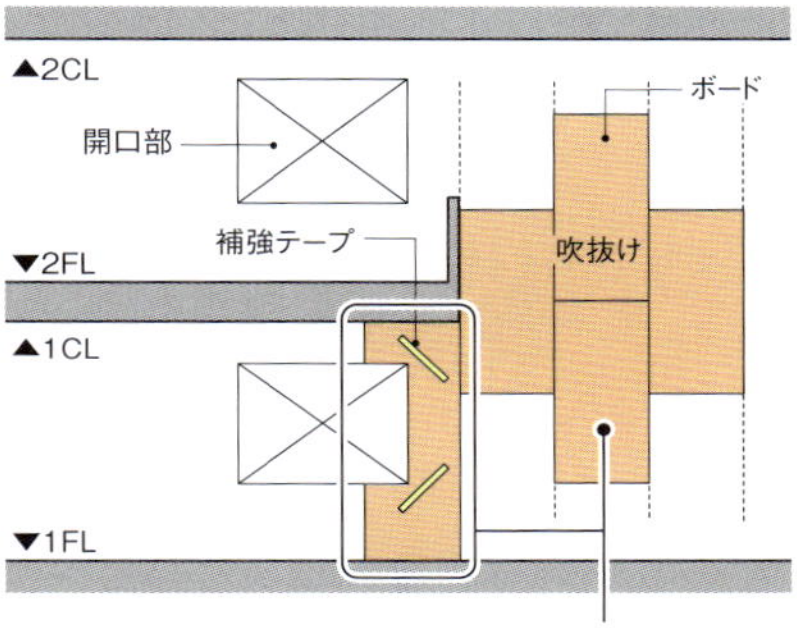

開口部の出隅はボードのジョイントを設けず、補強用のテープを張る。吹抜けなどで2層連続する大きな壁面の下地は、ジョイントのラインをそろえず千鳥張りとする

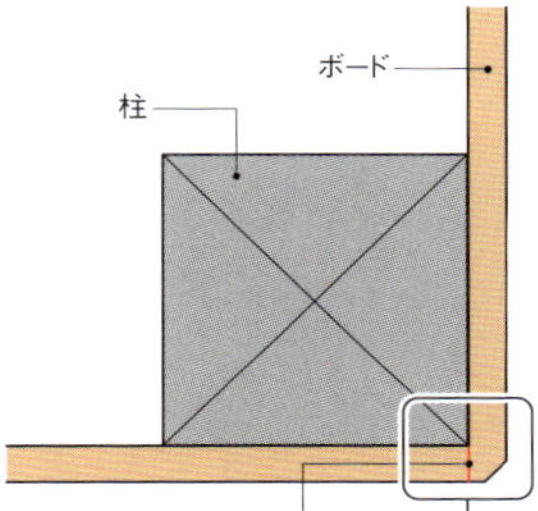

ボードの出隅は、吸水率が高くクラックが発生しやすいため、紙が巻いてある面を小口とする

メーカーの既調合品を使う場合、塗りサンプルを用意しているメーカーもあるが、サンプルが小さく施工後の仕上がりにギャップを感じる場合も。事前に現場で試験塗りを行うのが◎

PICK UP 2

真壁 [130 頁] のクラック防止策

和室などで真壁納まりとする場合は、柱にあらかじめチリ決《じゃく》りと呼ばれる溝を設ける。溝の奥まで左官材を塗り込むことで、乾燥収縮によるクラック発生を防げる

土壁塗りは、割竹を格子状に渡して縄で組む「竹小舞下地」に壁土を塗って仕上げる工法。ラスボードが登場する以前は、伝統構法の下地として用いられていたんですよ

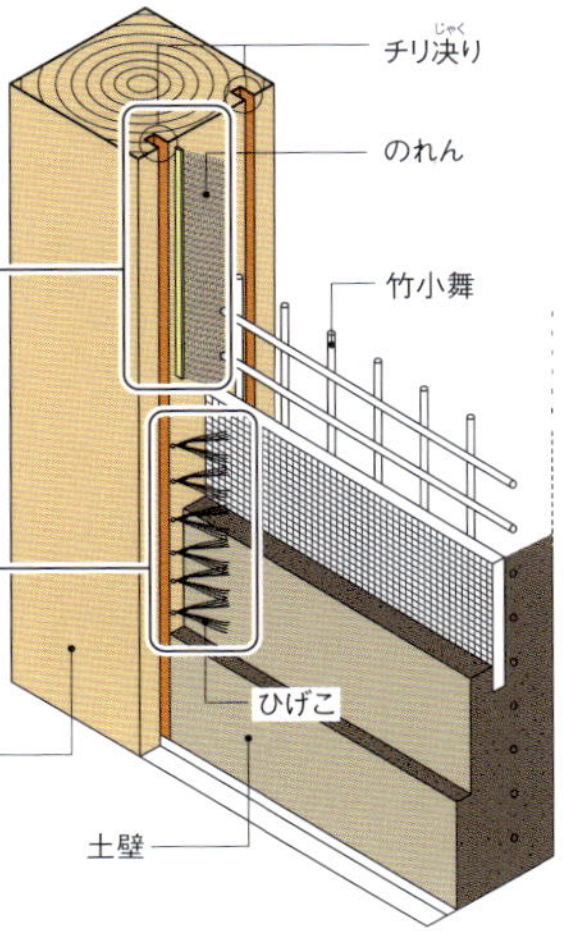

のれん（麻布などを割竹に釘で打ち付けたもの）をチリ部分に巻き込み、土を塗り込んでチリすきを防止する

さらした麻を束ねて2つ折りにし、釘に結び付けたもの。のれんと同じ役割だが、のれんでは対応しにくい丸柱などの部位で用いる

階《かい》段《だん》

ささら桁《げた》階段

ささら桁

2 枚の桁で段板を支持する形式なので、段裏からの補強が難しい。桁と段板の部材寸法は強度が十分得られるように最低でも厚さ 35㎜を確保する

接合部

段板と桁の接合部を蟻桟とする場合でも、それだけでは材の収縮や大きな積載荷重により徐々に接合が緩んでくる。段板を木ねじ留めして接合強度を高める工夫を施す

手摺

手摺を設置する場合は、手摺子を複数個のビスで留めるなど揺れにくく安全性を確保できるようにする

写真：桧川泰治

＼こっそり呟く… 現場X ／

8:41
たけみ @takemi

階段もプレカットが増えて現場で刻めない大工さんも増えていると聞きました

9:58
代々木匠子 @yoyogi_syoko

長物の材料は階段の取り付け前に上げておけよ…… #若手の現場しくじりあるある

15:24
杉浦充 @jyu_sugiura

階段板は合板張り物や無垢ではなくJパネル[※1]や集成材をよく使います

15:15
代々木匠子 @yoyogi_syoko

階段工事の時は、外部足場から2階に行ってほしいな…… #設計者への要望あるある

※1 国産のスギを 3 層ラミナ接着したパネルで、寸法安定性、強度性能、環境性能などを兼ね備えている

ささら桁《げた》階段

ささら桁階段は、稲妻形状の桁を両端に配置し、その上に段板を置いて留め付ける形状。蹴込み板を付けなければスケルトン階段にもなる。ここでは片方の桁を壁に固定した曲がり階段の施工手順を追う。

1 材料を用意

段板やささら桁を加工する。単純な形状であればプレカットを依頼し、難しい形状ならば現場で手加工を施す。その後壁側のささら桁を間柱の位置に合わせてビスでしっかりと留め、固定する。この際の階段部分の壁は断熱材の充填を終え、石膏ボードが張られる前の状態。

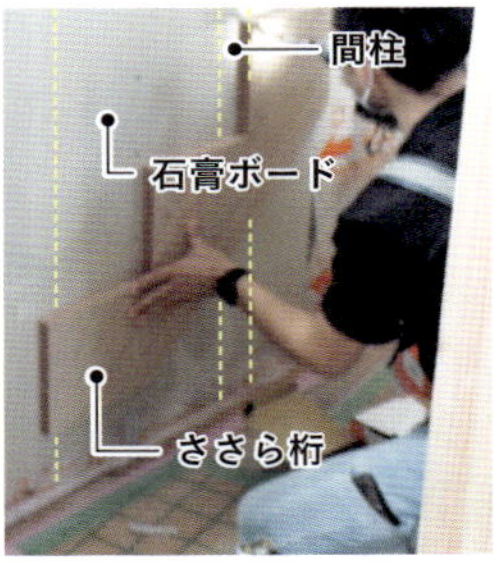

長い材料は階段部分の開口から上階に運ばれるので、階段取り付けはなるべく後の工程に!

PICK UP! > プレカットされる階段部材

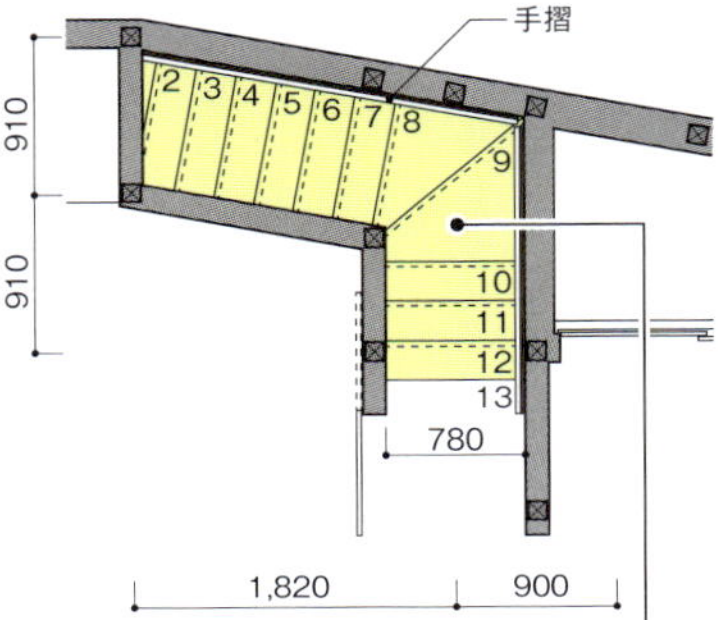

3階平面図

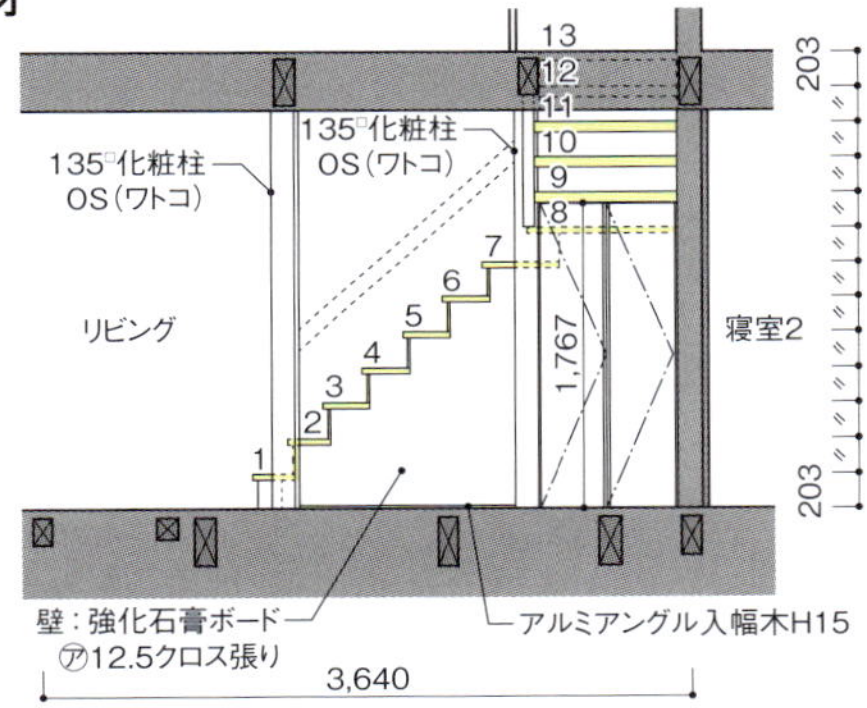

2階断面図

階段のプレカットは構造材の加工とは異なる会社が行うことが多い。工場での機械加工だと精度も施工性も高い。ただし、本事例のように90°以外の角度のついた階段など、現場合わせが必要なケースでは、一部は現場での手刻みで行われる。入手しやすい集成材だけでつくる場合、段板は25~35mm厚程度、桁は25~40mm厚程度となる。今回、ストリップ部分は60mm厚とし、準耐火構造とした

プレカット加工し、搬入されたささら桁。曲がり部分が直角ではないため、微妙な角度調整を現場の手刻みで行った[141頁]

すべて手刻みで1週間程度かかる工程を、プレカットだと3日で行える!

2 角度や寸法を確認

壁付けしたささら桁に段板を仮置きして、角度や位置を調整し、壁とは反対側のささら桁の支持材を設置。その支持材や間柱にささら桁を取り付ける。その後、続く上段部分のささら桁も両側に設置。壁付け部分には下地の石膏ボードも追加で留め付ける。

ささら桁を留め付けた後は、段板支持部材の余った部分を切り落として、段板が取り付く箇所を整えよう

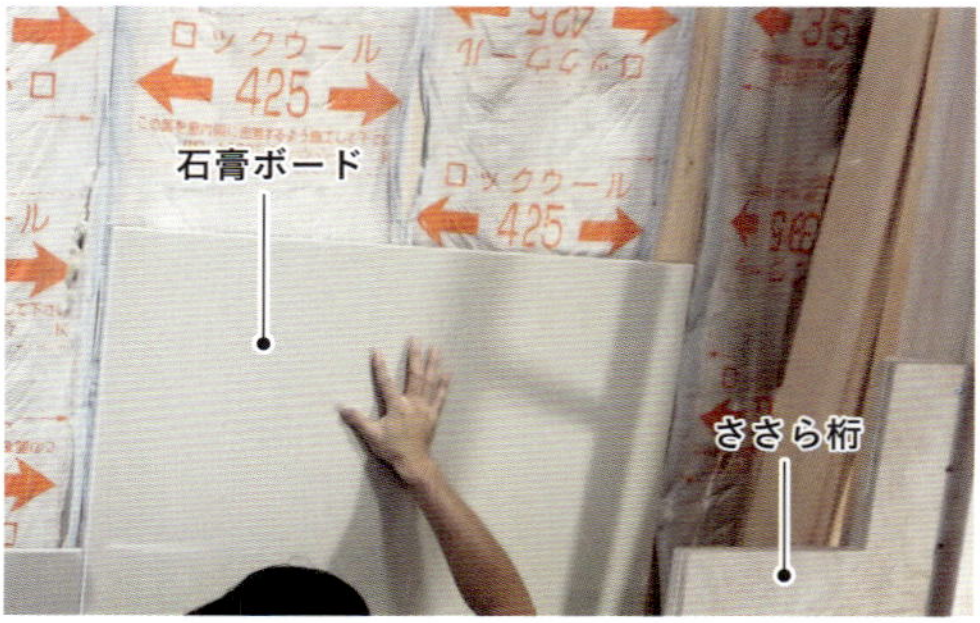

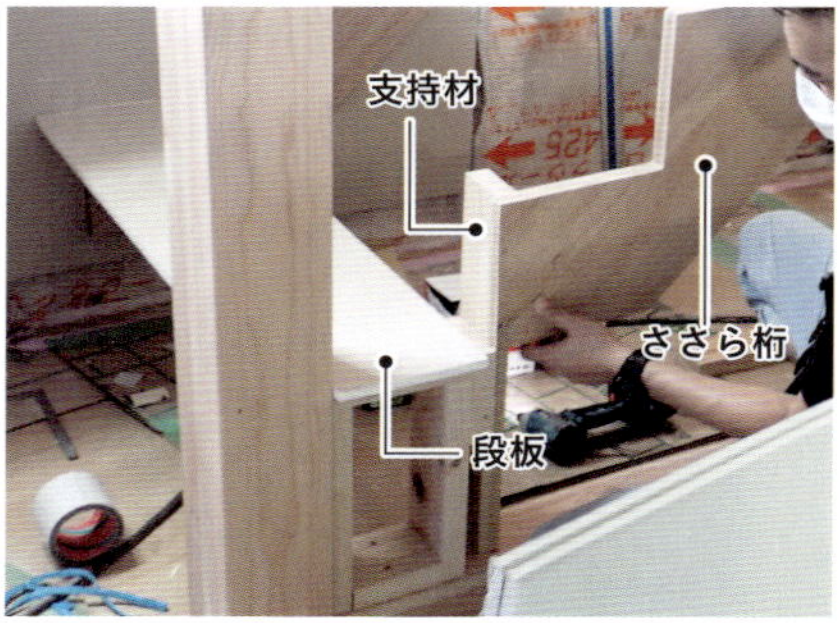

3 段板と蹴込み板

段板をささら桁に載せる。ささら桁には接着剤を塗り、段板の上から2カ所ずつビス留めし、ささら桁に段板を固定。段板の下を支える支持材もささら桁に留め付ける。その後、蹴込み板を差し込んで1段の完成。

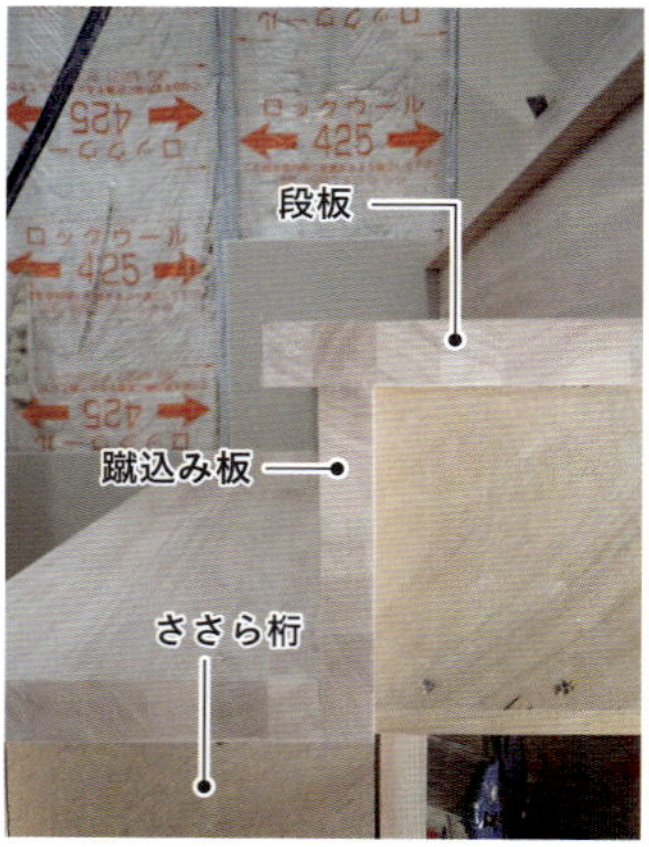

階段幅木は床の幅木よりも目立って目障りになるため、ここでは入れていません。その代わり高い施工精度が求められます

段板を留め付ける前に、傷の有無などを確認し、必要に応じて表面をサンダーで磨いておこう

4 曲がり部分の手加工

曲がり部分は、柱にささら桁を回すのは意匠的に避け、柱に直接段板を当てて留め付けている。詳細な現場合わせが必要となるため、段板は現場での手加工とした。まずは曲がり部分1段目の支持材を壁に取り付け、位置を合わせて段板を切り出す。

蹴込み板を設けた階段下は収納として活用。9段目から下は閉じた空間で、最大高さ1,767㎜の収納として利用できるのデス！

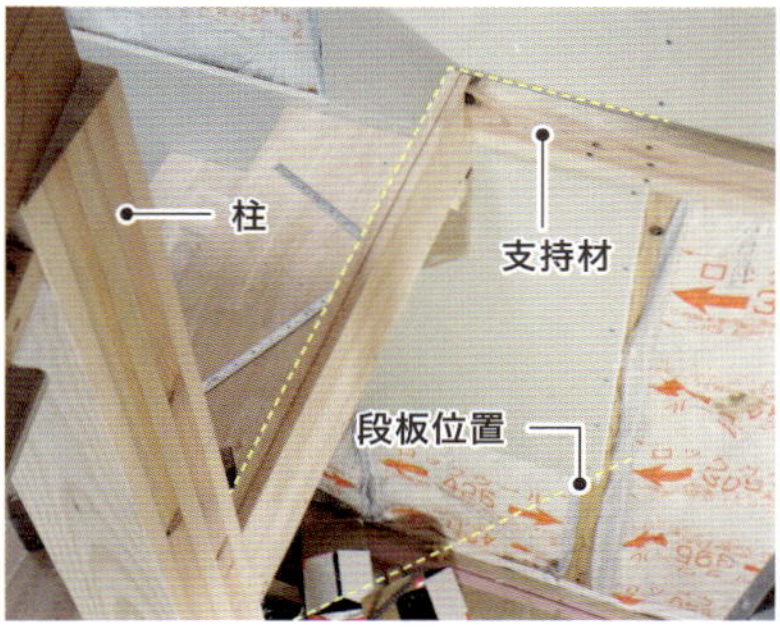

5 曲がり部分の留め付け

三角形の段板を桁の上に載せて留め付ける。蹴込み板を留め付けるまでの間は仮の支持材を置いておくとよい。蹴込み板を入れた部分から下は階段下を収納とした。上部は蹴込み板を付けないスケルトン階段とし、桁や段板は60㎜厚の準耐火構造としている。

蹴込み板の施工

段板の施工

施工後

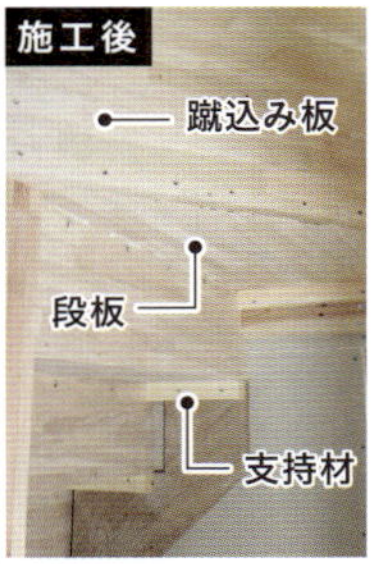

6 階段の仕上げ

念のため段板の寸法が図面どおり一定になっているかを再度確認する。その後、段板の滑り止め加工や手摺を設けるなどして施工完了。

手摺もなるべく木製でつくれば、意匠的にも統一感が出て美しいうえ、コスト削減にもつながります！

軽やかな印象の力桁《ちからげた》階段

1 力桁を受け梁に固定

力桁階段は、中央にある１本の太い桁で段板を支える形状。ささら桁階段と同様に、段板を留め付ける前に、下端が欠き込まれて持ち出した受け梁（上階の床梁）に、力桁をビスで固定する。

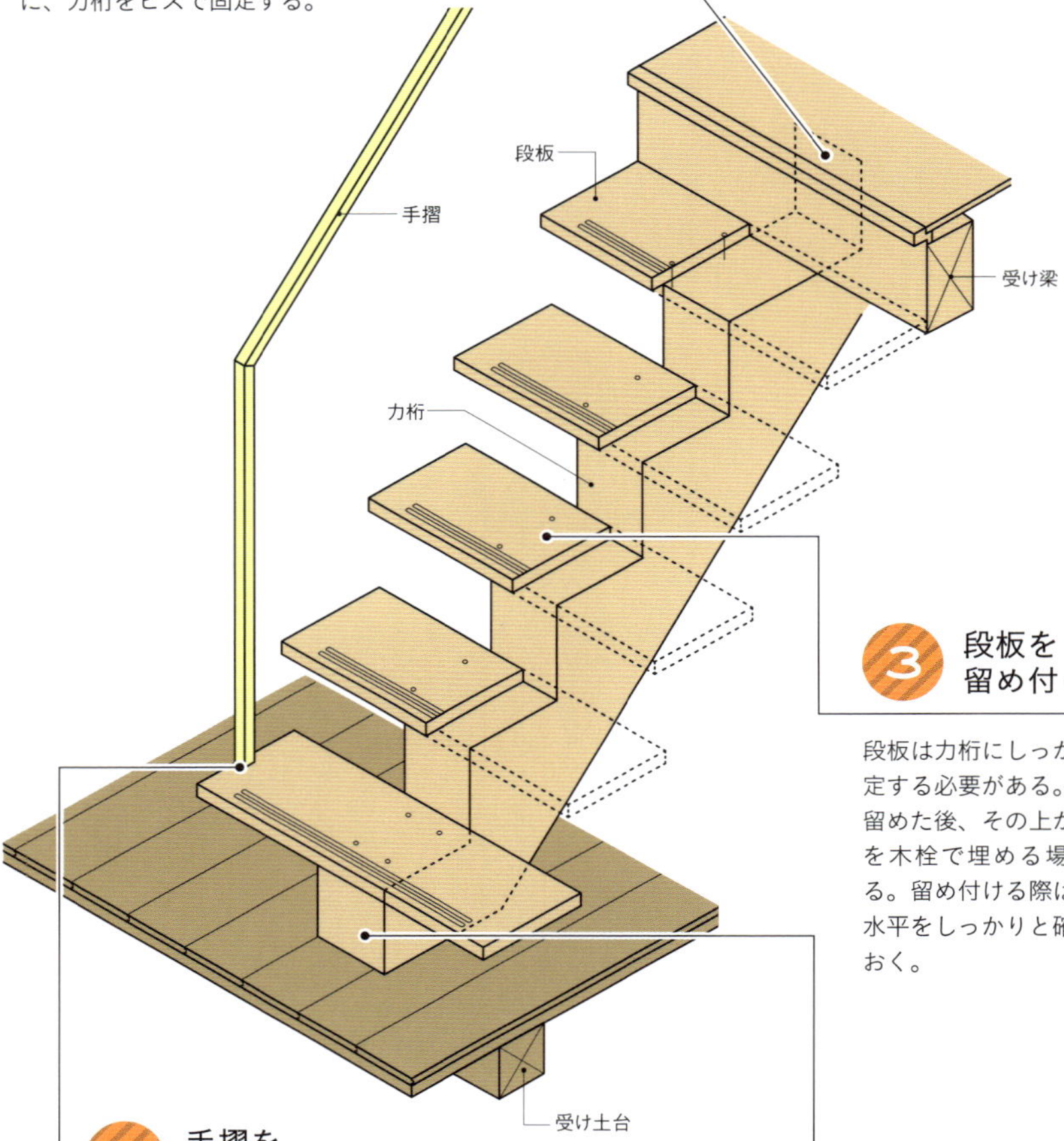

2 力桁の下端は受け土台に固定

力桁の受け土台側には彫り込みを入れ、力桁の下端に加工されたホゾを差し込み、上からビスで留め付ける。ホゾ加工をせずボルトで緊結する場合もある。

3 段板を留め付ける

段板は力桁にしっかりと固定する必要がある。ビスで留めた後、その上から表面を木栓で埋める場合もある。留め付ける際は段板の水平をしっかりと確認しておく。

4 手摺を取り付ける

力桁階段は、視線を抜いて開放的にしたい空間に採用されることが多い。そのため手摺も、なるべく細くて存在感の薄いものを選択するとよい。段板に手摺子を取り付ける場合は、段板端部を欠き込んで段板の裏側から４カ所をビス留めするなど、安定性を確保すると同時に、見栄えも考慮した留め付け方にしたい。

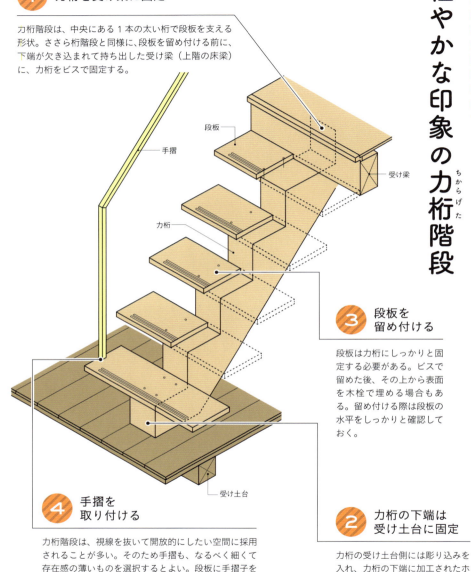

variation

PICK UP 1

鉄製の力桁

力桁階段は階段の荷重を支えるために、力桁の幅を厚くする必要がある。より開放的に見せるには、コストはかかるが力桁を鉄製にすると薄くできて効果的

「ムク柱の家」写真：杉浦充

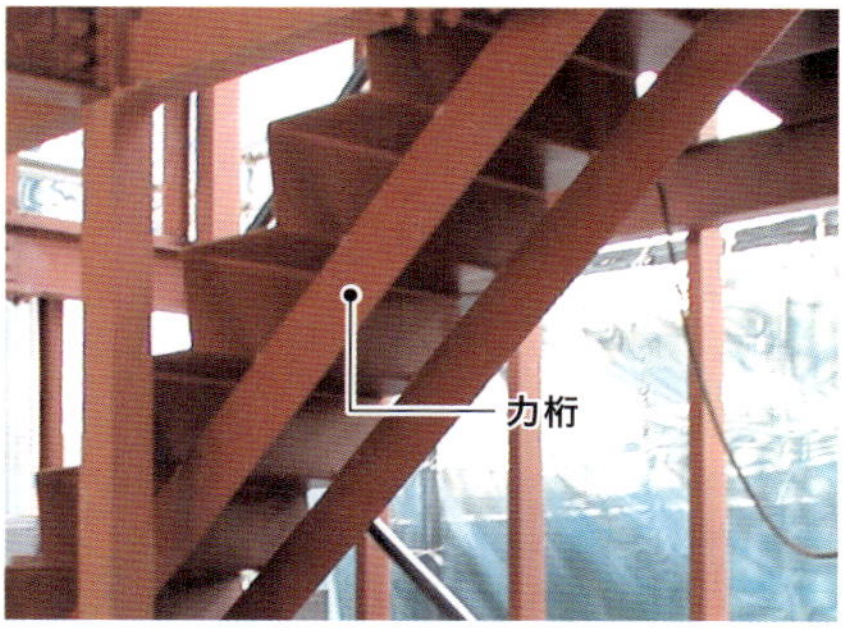

力桁を鉄製にする場合は、より効率的に段板を支える形状にできて構造的にも安心ネ！

PICK UP 2

力桁を複数用いる

木製の力桁を用いる場合、通常は1本の太い力桁を用いるが、力桁を複数にする方法も。鉄製よりもコストを抑えられ、階段全体の印象を軽くすることができる

「素箱V」写真：絵川泰治

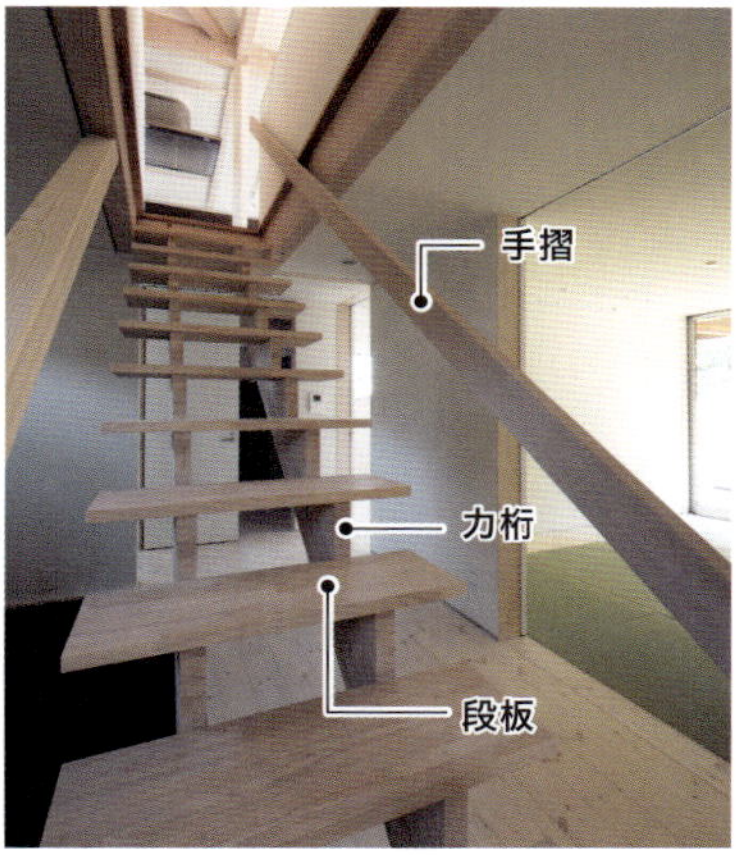

階段幅や空間との兼ね合いを検討して、ささら桁階段［139頁］と比較検討しましょう

PICK UP 3

段板を薄くする

力桁だけでなく、段板を薄くするのも存在感を薄くして意匠性を高めるには効果的。段板にスチールプレートを挟んだり、リブを入れたりと、各種方法がある

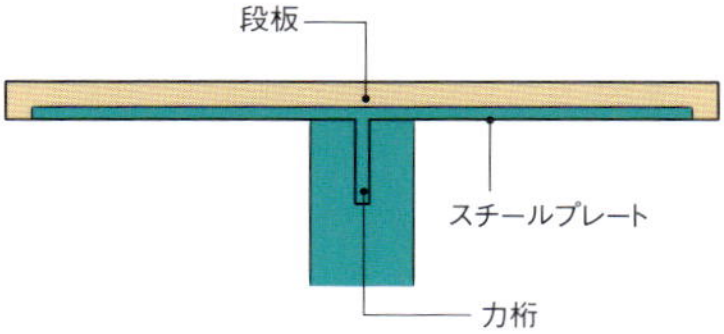

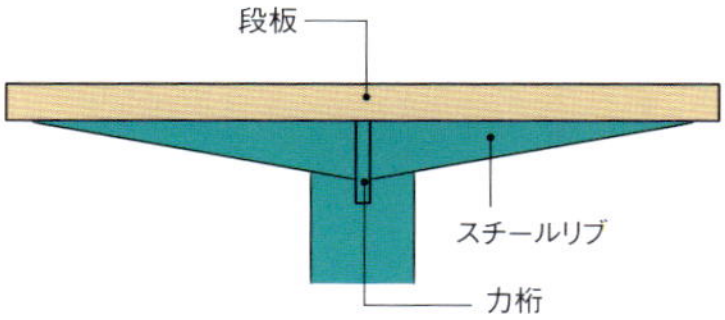

異素材を組み合わせる場合は、取合い部分の施工が難しくなる。施工精度には要注意

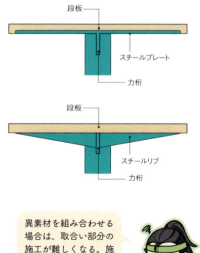

プレカットでつくる側《がわ》桁《げた》階段

1 側桁を調整

側桁となる側板は、現場に搬入される際にはすでにプレカットによって段板を差し込む溝が彫り込まれている。側板は階段の勾配に合わせて両端を斜めにカットする。

3 段板をたたき入れる

側桁に差し込みやすいよう、段板の端部は面取りする。側桁に段板を差し込んだら、段板の角度を分度器で確かめてビス留めのための墨を出し、それに従って側桁をビス留めする。

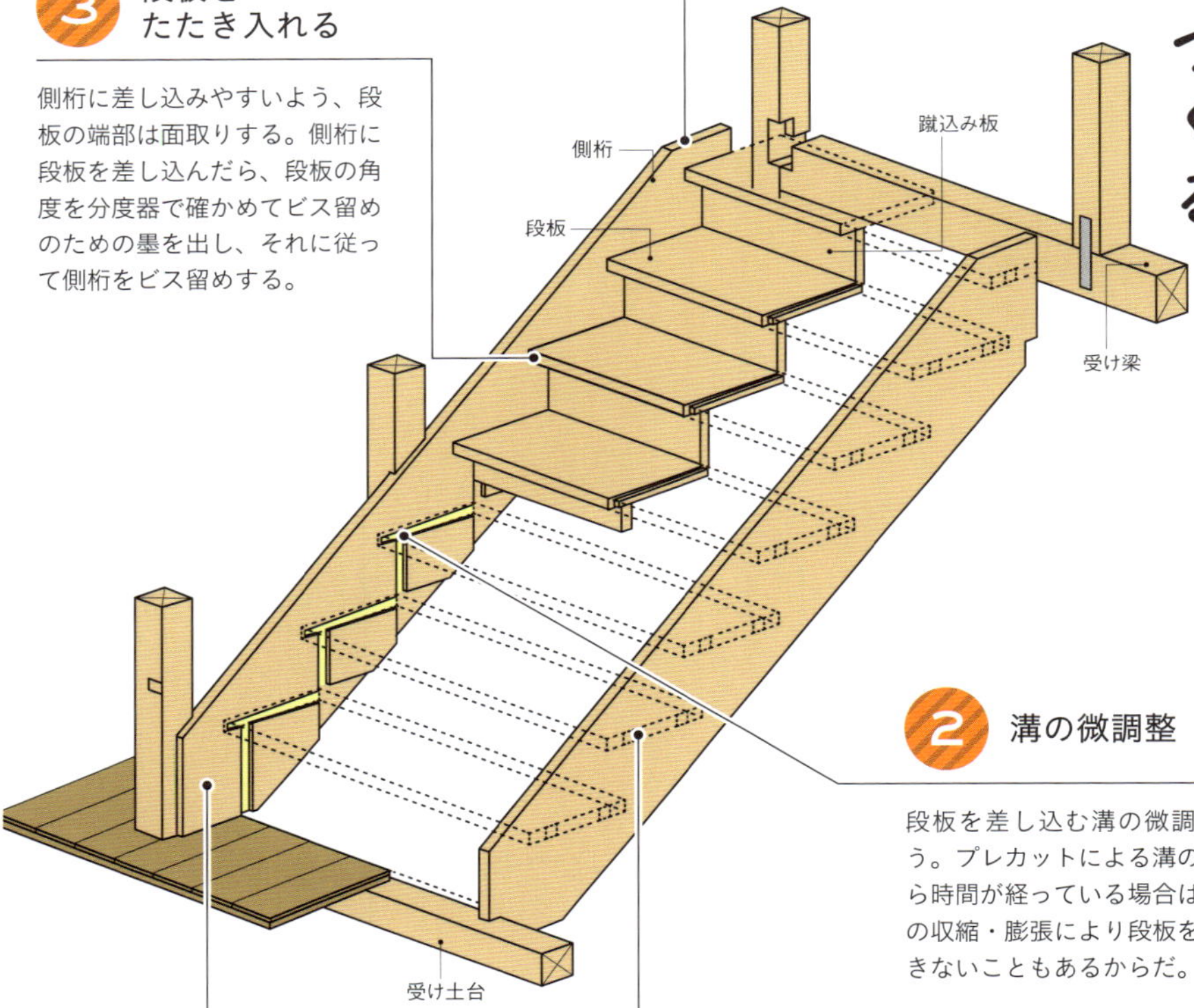

2 溝の微調整

段板を差し込む溝の微調整を行う。プレカットによる溝の加工から時間が経っている場合は、木材の収縮・膨張により段板を固定できないこともあるからだ。

5 階段を留め付けて完成

完成した側桁階段を上端は受け梁へ、下端は受け土台に羽子板ボルトなどで留め付けて完成。

4 反対側の段板も留め付け

すべての段板を留め終えたら、反対側の側桁の溝を段板の上にはめ込み、段板をビス留めしていく。

variation

PICK UP 1

先に側桁を取り付ける

作業スペースがない場合は、先に側桁を取り付け、間に段板を差し入れて留め付けるという順番で施工することもある。作業スペースや取り付け幅などを考慮してどちらの施工手順がよいかを検討する

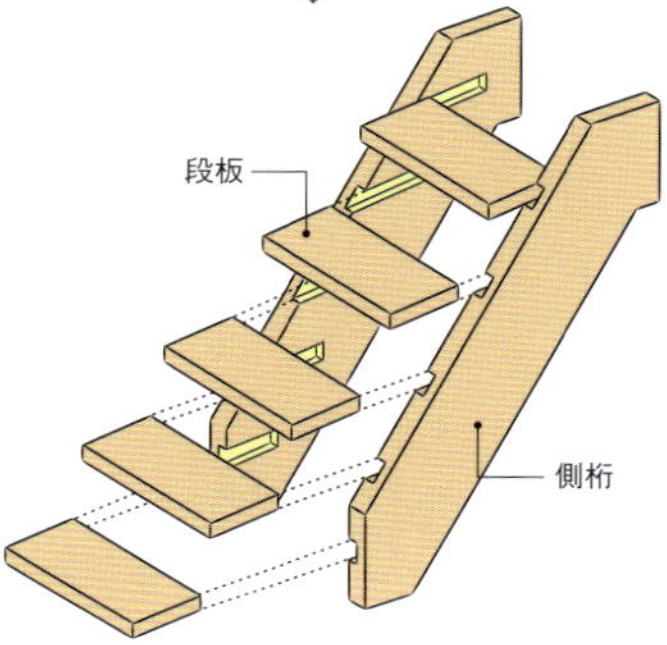
段板
側桁

この場合は、下の段から順に施工すると、上段を施工する際の足場になるぞ！

PICK UP 2

プレカットの注意点

側桁や段板をプレカットする場合は、事前に詳細図を確認しておく。プレカット工場でルーターなどを使い、段板に滑り止めの溝を入れることも。これがない場合は現場での作業となるため注意したい

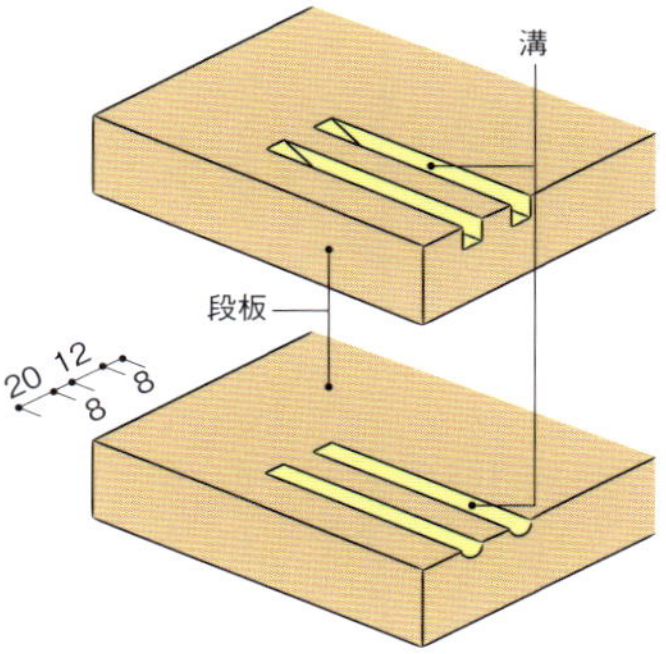
溝
段板
20
12
8
8

同じ滑り止めでもノンスリップなどを付けるのは階段の施工後にな！

PICK UP 3

基本は1間半で13段

階段の寸法は約1間半に13段で納めるのが一般的で、現場での施工性も上がる。これを基本として、ケースごとに微調整するとよい

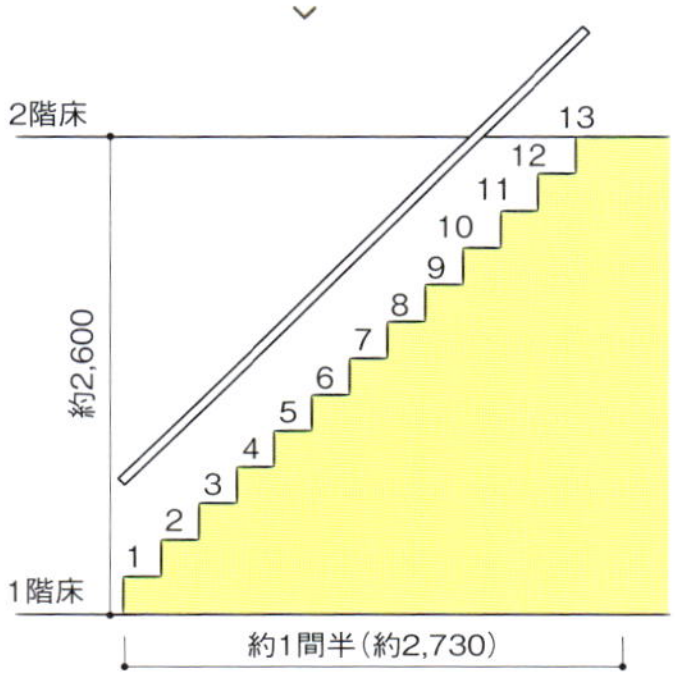
2階床
1階床
1
2
3
4
5
6
7
8
9
10
11
12
13
約2,600
約1間半（約2,730）

蹴上げの高さは200㎜以下、踏み面の長さは230㎜前後が基本です［※2］

※2 階高が2,600㎜の場合、蹴上高さは200㎜となる。階段での事故は下りる時に起こりやすいので、踏面の長さには要注意

建具《たてぐ》

蝶番

蝶番の耐荷重よりも扉が重いと扉の手先（吊り元と反対側）が垂れてしまい、蝶番が壊れてしまうことも。そのため、蝶番の種類・個数が指示どおりに施工されているかも確認する。扉幅が900mm以上だと垂れやすくなるので、重量用の蝶番や個数を増やすなどで対応する

ドアクローザー

風にあおられやすい場所の扉は、閉まる際に動作が緩やかになるドアクローザーを設置しておくとよい

開閉

枠のゆがみがなく、開閉がスムーズになるよう施工する。照明器具などと重なると火災の原因にもなるため、寸法が図面どおりかも確認しておく

額縁

枠と脇の石膏ボードを突付けにすると扉を閉める際の振動でチリ離れが起きやすくなる。枠を決り石膏ボードを差し込むなどして対応する

戸当り

戸当りに反りや傾きがあると隙間が生じたり擦れたりしてしまう。特に高さのある建具の場合に起きやすいので注意する。音漏れ防止で枠を設ける場合もある

気密性

寝室など、光や音を遮断したい部屋の場合は、枠にパッキン材を取り付け、気密性を高める

アンダーカット

24時間換気の観点から、建具にアンダーカットを設けることも多いが引戸はアンダーカットが不要

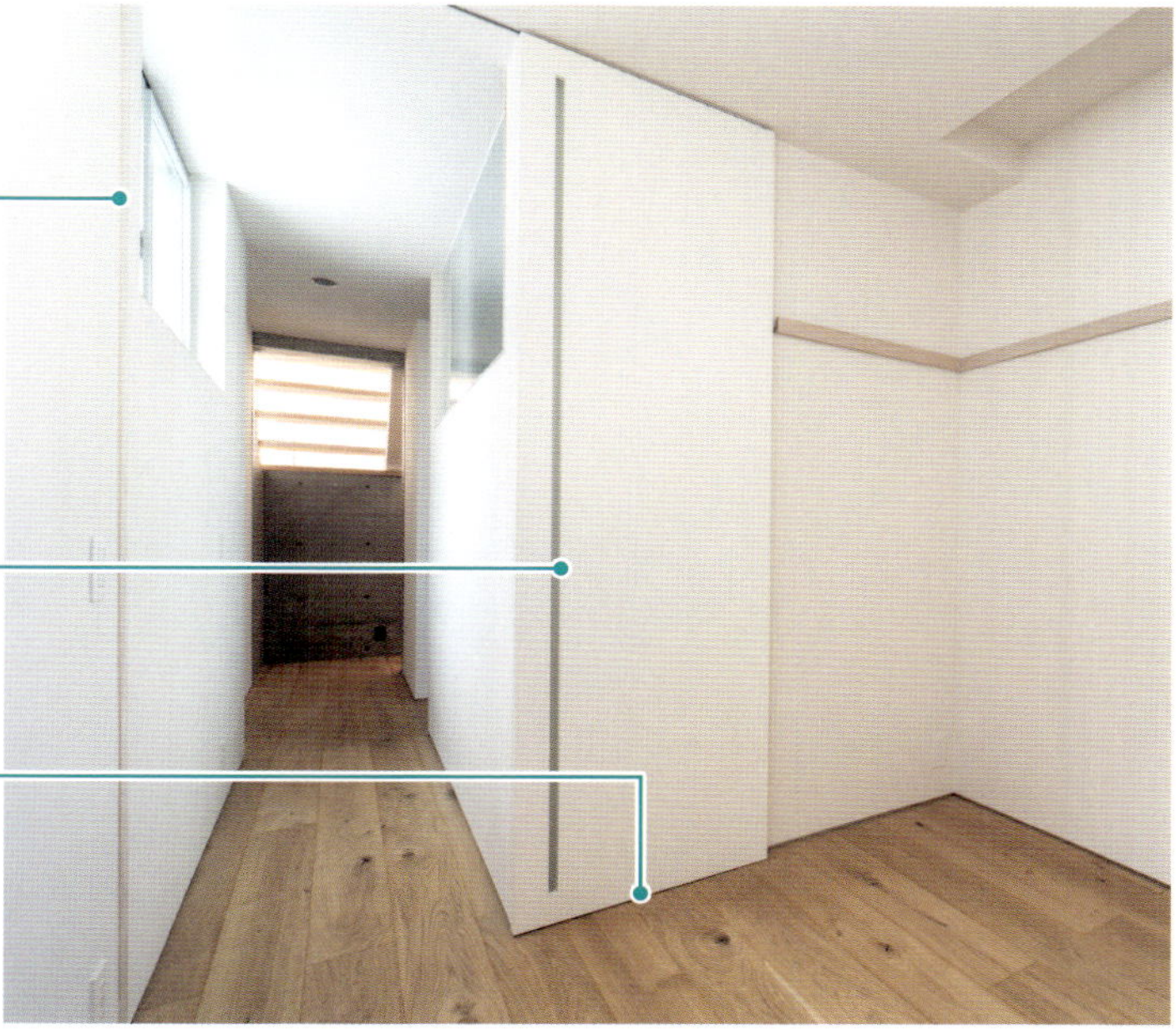

敷居

引戸を滑らせるために開口の下部に溝やレールのある水平部材（敷居）を設置する。バリアフリーの観点から、フラッターレール（後付け型で床面からの出寸法が小さいレール）など上部に突出しないものが一般的。写真は吊りレールタイプなのでレールがないすっきりした納まり

襖

框・下地骨・力骨・火打ち板・引手板などで構成された骨組の両面に紙や布を張る。写真は縁なしのシンプルな意匠。障子やフラッシュ戸に比べて見込み寸法が小さく軽い

写真：桧川泰治（3点）

開《ひら》き戸《ど》

1 建具枠の設置

建具枠の設置は床仕上げと並行して行う。まず建具が入る壁の間柱を切断し、まぐさをビス留めする。下げ振りで垂直を確認してから間柱とまぐさに建具枠を立て込む。この時、上枠側の戸当りを取り付ける部分にビスを留めればビス頭を隠すことができる。

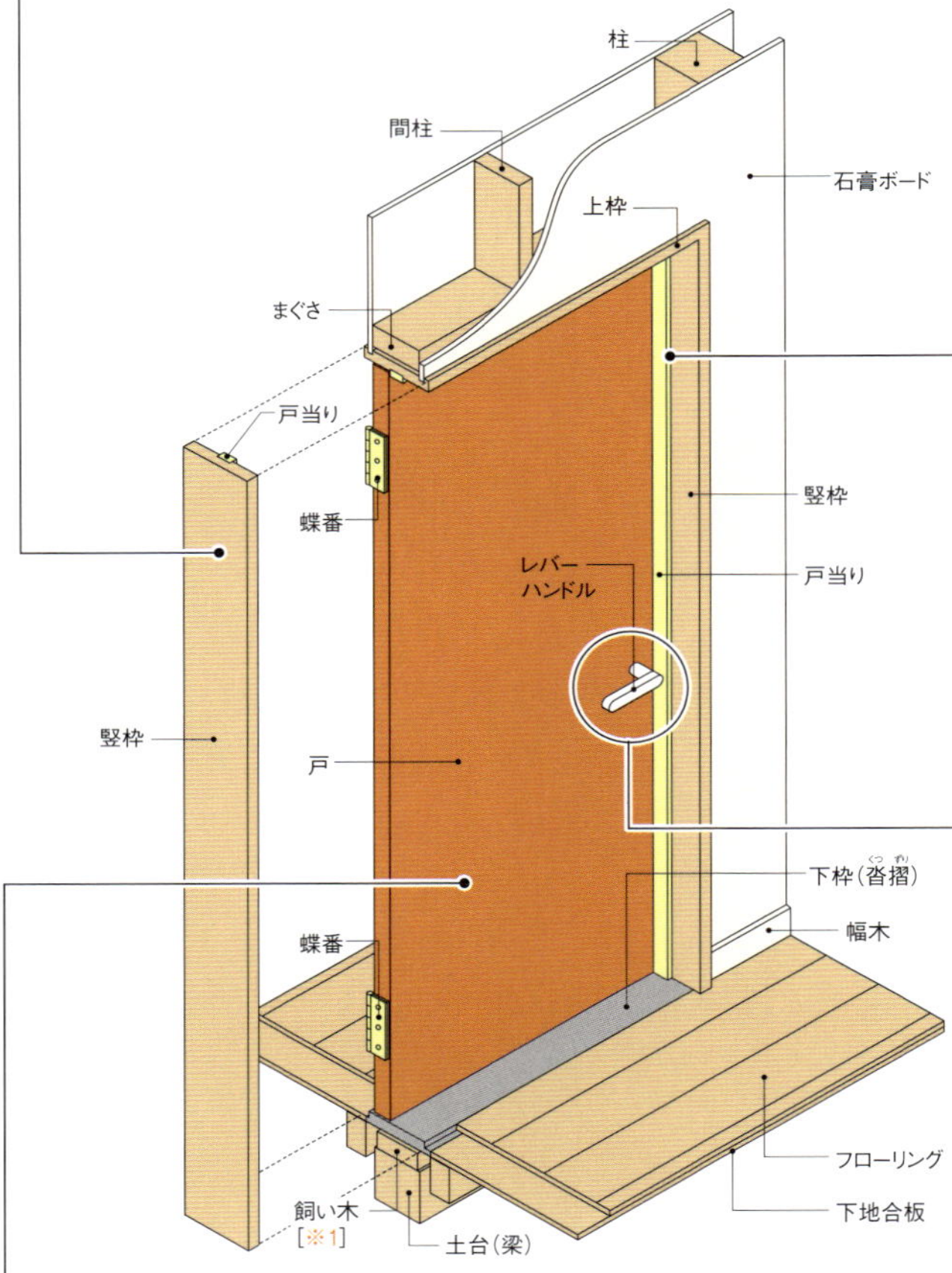

2 戸当《とあた》りの設置

戸当りを、ボンドとフィニッシュ釘[※2]や隠し釘で枠に留め付ける。内装材の運搬時に傷がつかないよう、仕上げがすべて終わった段階で設置するとよい。設置位置は、戸が天井まである場合は戸の左右に設置し、防音性・気密性を高めたい場合は四方に廻す。

3 戸の吊り込み

建具枠に蝶番の厚さと同じ厚さの彫り込みを鑿《のみ》で設ける。蝶番を用いて戸を仮設置し、寸法に狂いがあれば鉋《かんな》などで削って調整する。蝶番をビスで建具に本留めし、用意した彫り込みに固定する［※3］。

4 錠《じょう》・レバーの取付け

まず建具の錠の孔をあけるために、孔の四方にドリルで下穴をあけ、その後鑿《のみ》を使って孔を設ける。枠にも同様に、錠のボルトを受けるストライクを埋め込む穴をあける。錠の金具やレバーを取り付けて、開き戸の吊り込みが完了。

※1 梁や敷居などの横架材の隙間に挟む小片の材。荷重によるたわみや没落を防ぐ
※2 頭径が小さい（約1～2mm程度）釘のこと
※3 意匠性を考慮してピボットヒンジ（軸吊り蝶番）を用いる場合もある

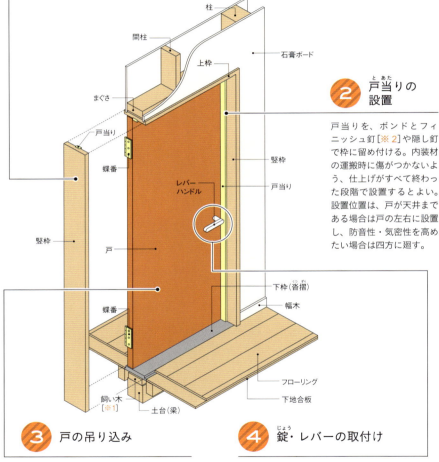

PICK UP 1

開き戸の枠廻りディテール

洋室の開口部に上図のような枠を納める場合は問題ないが、額縁付きの枠を納める場合は有効開口寸法が小さくなるため、要注意。床仕上げや沓摺《くつずり》と戸下端の空き寸法は6mm前後が多い[※4]

戸の寸法も要チェック。木は自然素材だから図面どおりのかたちにはならないもの。現場で枠の反りや傾きに合わせて調整できるよう、少し大きめに削り代を残した寸法で戸をつくっておこう

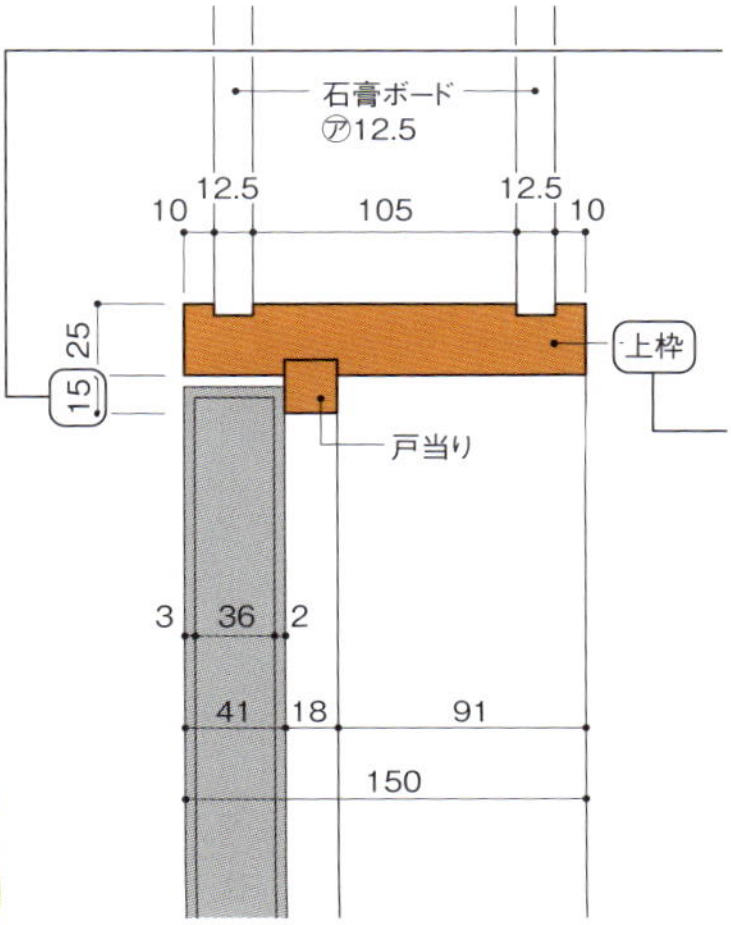

枠から戸当りまでの逃げ寸法は12mmまたは15mmが一般的

左図では枠材のみで戸当りを納めているが、内装に合わせて額縁（ケーシング）[※5]を回すこともある

PICK UP 2

戸が安定する蝶番の設置位置

輸入木製ドアなど重量がある戸を用いる場合は、枠がドアの重量に耐えられずゆがみが出ることも。長めの蝶番を用意し、取り付けるビスが躯体内の下地まで達するように固定しよう

戸の開き方向は、人が部屋に入る進行方向に向かうのが一般的。外開きの場合はほかの部屋の戸や、通行する人に干渉しないよう、吊元や動線を事前にチェックしてくださいね

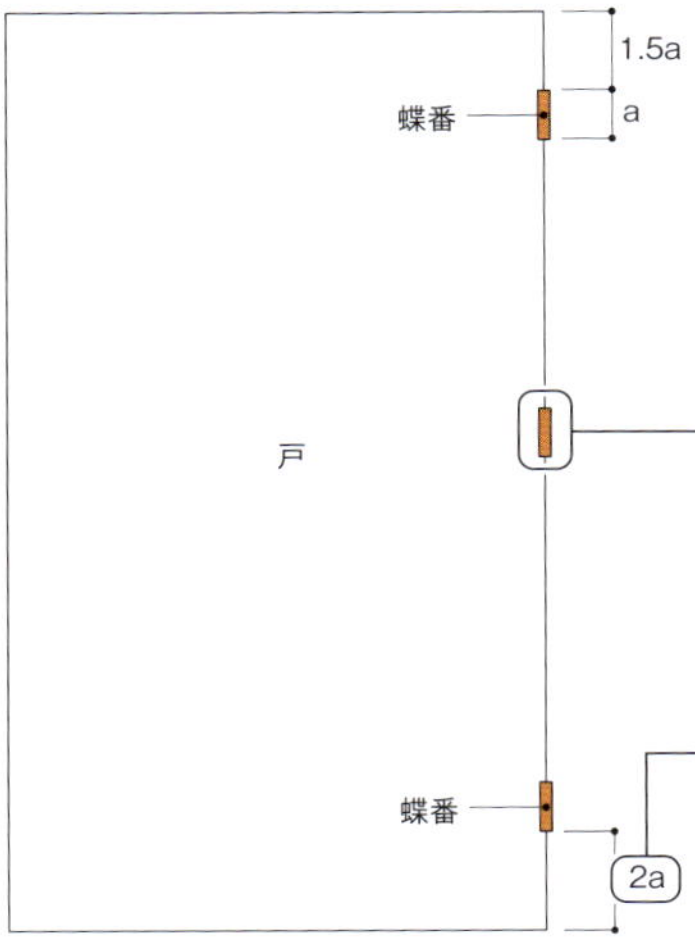

中央部分に蝶番を取り付けると戸の反りを防止できる。設置位置は戸の上下の中心が基準だが、重量がある場合はやや上方に取り付けることもある

戸の上下枠と蝶番の空き寸法は、蝶番高さ（a）に対し、上側は1.5a、下側は2a程度を目安にするとよい

※4 換気効率の求められる水廻りの出入口や24時間換気の経路となる場所は15～20mmほど戸をカットする
※5 建具枠の片面または両面に溝を彫って取り付ける。建具枠と額縁で見付けが2重に見えるため、重厚感を演出できる

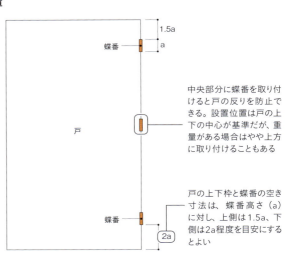

引戸《ひきど》

1 枠とレールの設置

竪枠を柱に留め付け、吊りレールと石膏ボードを野縁にビス留めする。レールを後施工する場合は、石膏ボードはレール部分を避けて張っておく。図ではレールを天井埋込みとしているが、準耐火構造の場合は耐火性能を保持するためボード下に取り付けて切欠き部分を設けないこと。

2 戸の加工

トリマーや鑿《のみ》を用いて、戸に手掛(引手)をはめ込むための孔をあける。孔のなかにボンドを塗り、手掛を玄翁《げんのう》[※6]でたたきながら戸板に入れ込む。

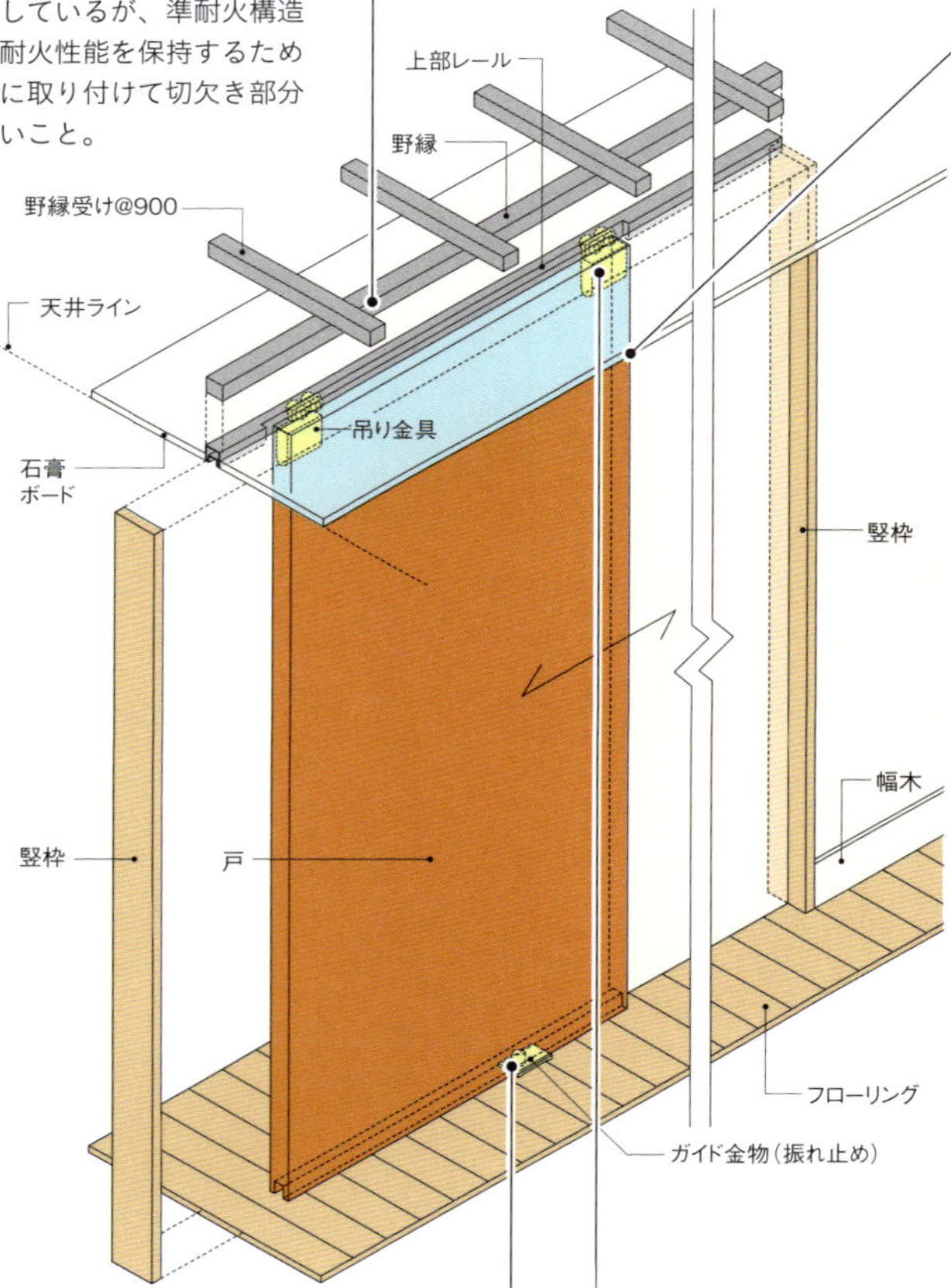

天井にレールを埋込むと戸を開けたときの開放性が高まりマスね!

3 金具の取り付け

戸の上端の小口に鋸《のこぎり》やトリマーで溝を設け、吊り金具をビス留めする。戸の下端に設置する振れ止めは、フローリングの上にビス留めする。この際、吊り車と戸を仮留めし、振れ具合を見ながら振れ止めの設置位置を決める。

4 戸の吊り込み

金具をすべて取り付けたら戸を吊り込む。開閉時に戸がばたつかないか、何度か開閉確認を行う。最後に手掛を戸の裏からビス留めして完了。

※6 打面の片方がフラット、もう片方の打面がゆるやかな曲面になっている金槌《かなづち》

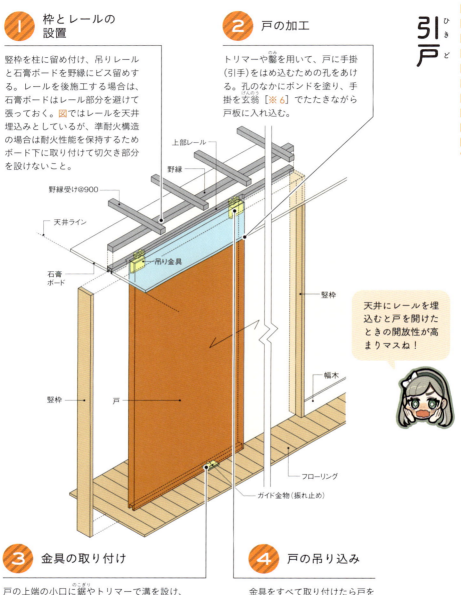

variation

PICK UP 1

吊り戸型引戸の枠廻りディテール

吊り戸タイプの引戸は床面にレールや敷居が出てこないため、床仕上げを連続させたい場合や、バリアフリー性を高めたい場合にお勧め。扉が重い場合（30kg以上が目安）などは床面にレールを敷き、その上を戸車が走ることで開閉するタイプを用いる

外部建具の場合は、枠に戸《と》決《じゃく》り［※7］や気密材を設けて気密性・遮音性を上げる工夫を。また、戸を外側に引き込ませるようにすると防犯性もアップしますよ

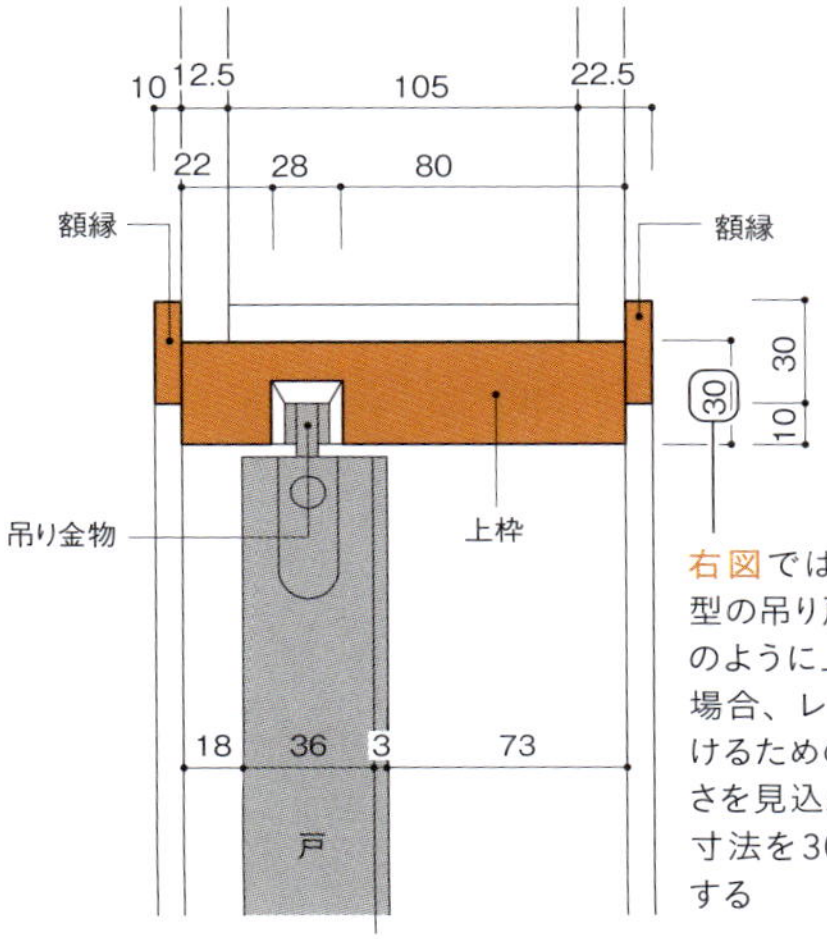

右図では天井埋込み型の吊り戸だが、左図のように上枠を設ける場合、レールを取り付けるための彫り込み深さを見込んで、見付け寸法を30㎜程度確保する

PICK UP 2

引戸の扉寸法の考え方

戸を現場採寸でつくる場合は、まずレールの有無を確認する。敷居にレールを付ける場合は、戸車部分のクリアランス［※8］が必要なため、その寸法を引いた高さが戸の高さとなるので注意

現場採寸は内法寸法で、竪枠間、上枠の下端から下枠の上端までを採寸しよう。鴨居（上枠）の溝の深さ（A）は15㎜程度、柱や竪枠と戸の隙間は3㎜程度が一般的デス

①レールを付けない場合

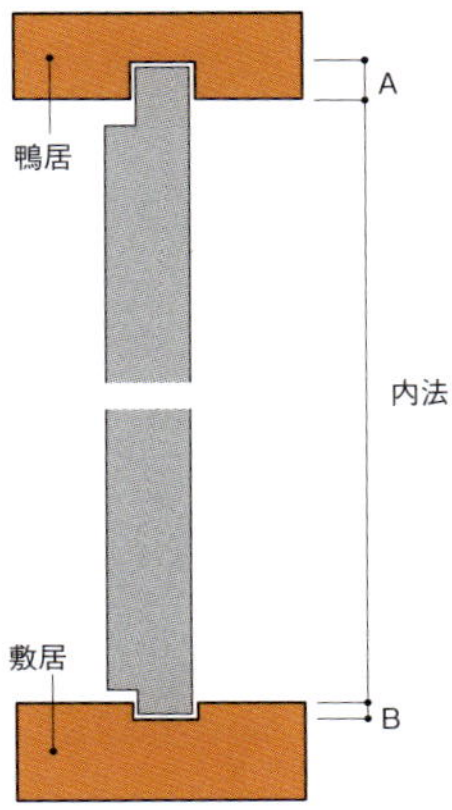

引戸の高さ=内法+A+B

②レールを付ける場合

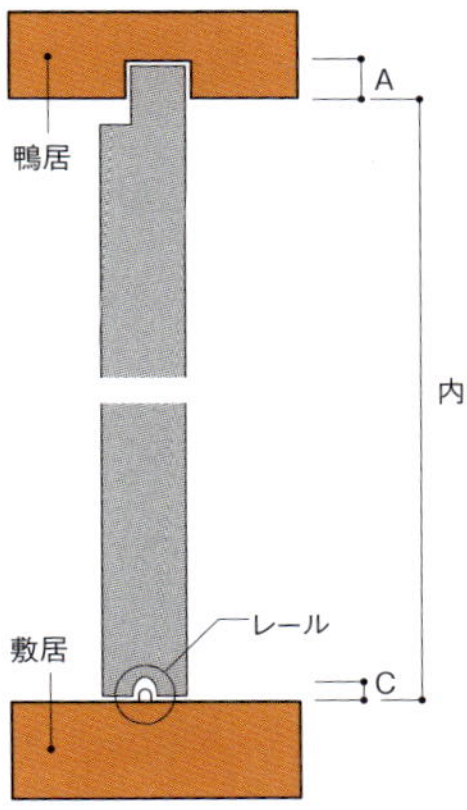

引戸の高さ=内法+A-C

※7 引戸を閉めた際、竪枠と戸の間に隙間が生じないよう、竪枠や柱に戸の厚さ分より数ミリふかして彫り込んだ部分
※8 メーカーにより異なるため要確認

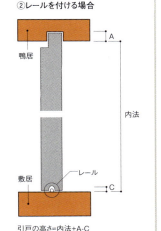

引《ひき》込《こ》み戸《ど》

1 建具枠の設置

床仕上げの上に養生シートを敷き、戸が入る壁の柱・間柱に狂いがないかレーザーレベル［33頁］でチェックする。次に建具枠と戸袋部分の方立を取り付ける。方立は、メンテナンスを考慮して、後から戸を取り外せるよう着脱可能な形状とし、現段階では戸が傷つかないよう外しておく。

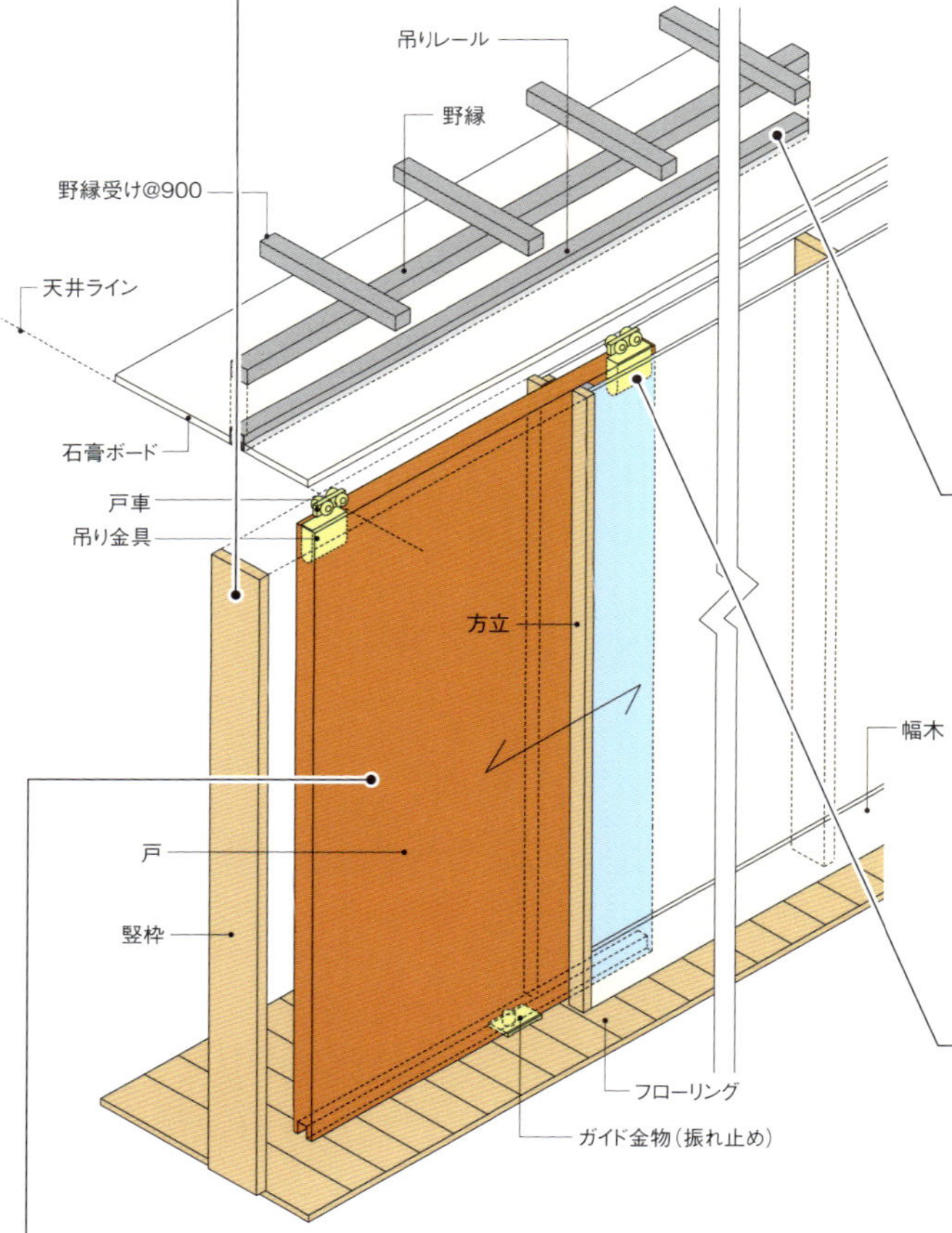

2 吊りレールの設置

引戸［150頁］と同様、野縁に吊りレール［※9］、床下のフローリングに振れ止めを留め付ける。2枚以上の戸を引き込む場合は、壁厚をふかす納まりになる。戸が襖やガラス戸の場合は、厚みが異なるため詳細図を起こし、枠幅やふかした壁の材料を事前に検討する。

3 戸の製作

枠とレールの寸法に合わせて戸をカットする。図面で手掛の位置を確認し、孔を鑿《のみ》で彫り込み、孔のなかにボンドを塗る。そこに手掛を玄翁《げんのう》でたたいてはめ込む。戸を枠に吊り込んでみて、スムーズに開閉できるまでカット・鉋《かんな》での調整を繰り返す。

4 戸の吊り込み

建て込む際に、建具に傷がつかないよう外しておいた押縁をビスで留め付け、引込み戸を吊り込む。吊り込み終えたら、Vレールや敷居を取り付けた部分が傷つかないように養生しておくこと。

※9 下付けの場合は、床面にレールを埋め込む溝を彫り込み、その上にVレールを取り付ける

PICK UP 1

建具の仕上がり状態の検査

引込み戸は壁内に戸が入るため、建具自体に狂いが生じないよう、建て込み前に目視で十分に検査を行う必要がある。JASSでは表のように仕上がり状態を定めているため、参考にするとよい

表 検査箇所と検査内容

項目	鉋削りの程度	接合部			
		取合い・組付き部	面との取合い		目違い［＊5］
			面尻［＊3］	面落とし［＊4］	
仕上がり状態	鉋耳［＊1］・鉋枕［＊2］・逆目が認められない	隙がない	そろっている	面より出ていない、かつ面より下がりすぎない	認められない

＊1 削り面における削り方向と平行するわずかな線状の段差
＊2 削り面に垂直に交差する段差
＊3 框・桟の接合部における面の接合具合
＊4 框・桟の接合部における段差
＊5 接着部におけるわずかな段差

戸車を使用せず、敷居や鴨居を設ける場合は溝の切込み幅や深さを事前にチェックしておこう。壁をつくった後では削って調整することができないので気を付けて！

PICK UP 2

戸を複数枚引き込む場合のディテール

上吊りタイプで2枚以上の戸を引き込む場合は、戸のバタつきを防止するために戸の下にガイドピースを付けたり、戸と方立のクリアランスを確保するために戸の厚みを薄くしたりする必要がある

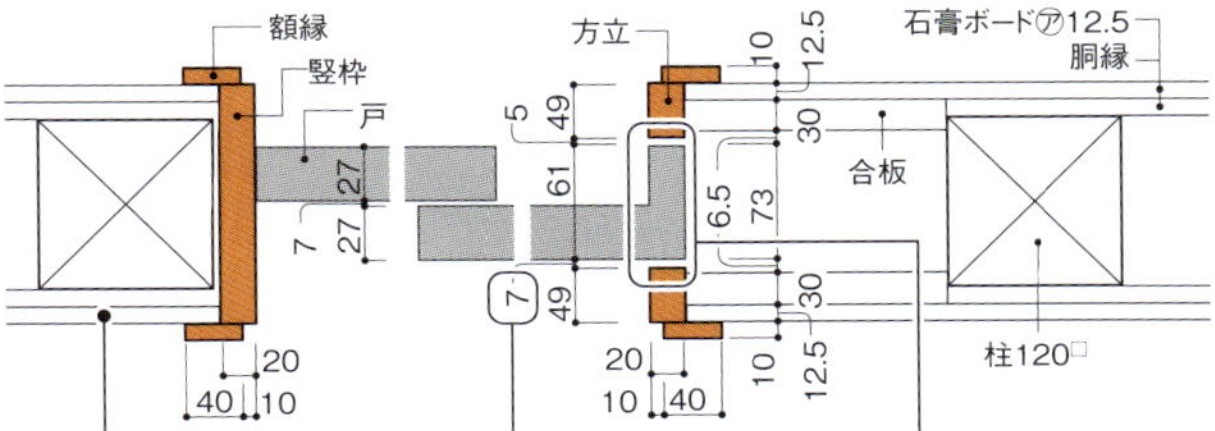

戸を2枚以上引き込む場合、壁厚をふかすため戸の厚みとクリアランスを事前にチェック

戸と方立のクリアランスは一般的に5mm程度だが、金物を取り付ける場合は7mm程度見込む

戸を引き出すと戸袋内の下地が見えるため、壁側の1枚をL字形にしておくとよい

床や戸に付けるガイド金物は、種類が少なく、戸の厚みやクリアランスもメーカーごとに決まっています。図面を起こす前にカタログを事前に確認しておきましょう

引《ひき》違《ちが》い戸《ど》

1 敷居《しきい》・鴨居《かもい》の材の選定

敷居・鴨居に使われる材は造作用の木材で、節がなく十分に乾燥した狂いのないものを選ぶ。露しとなるため、周囲の枠材との色や木目のバランスも確認したい。

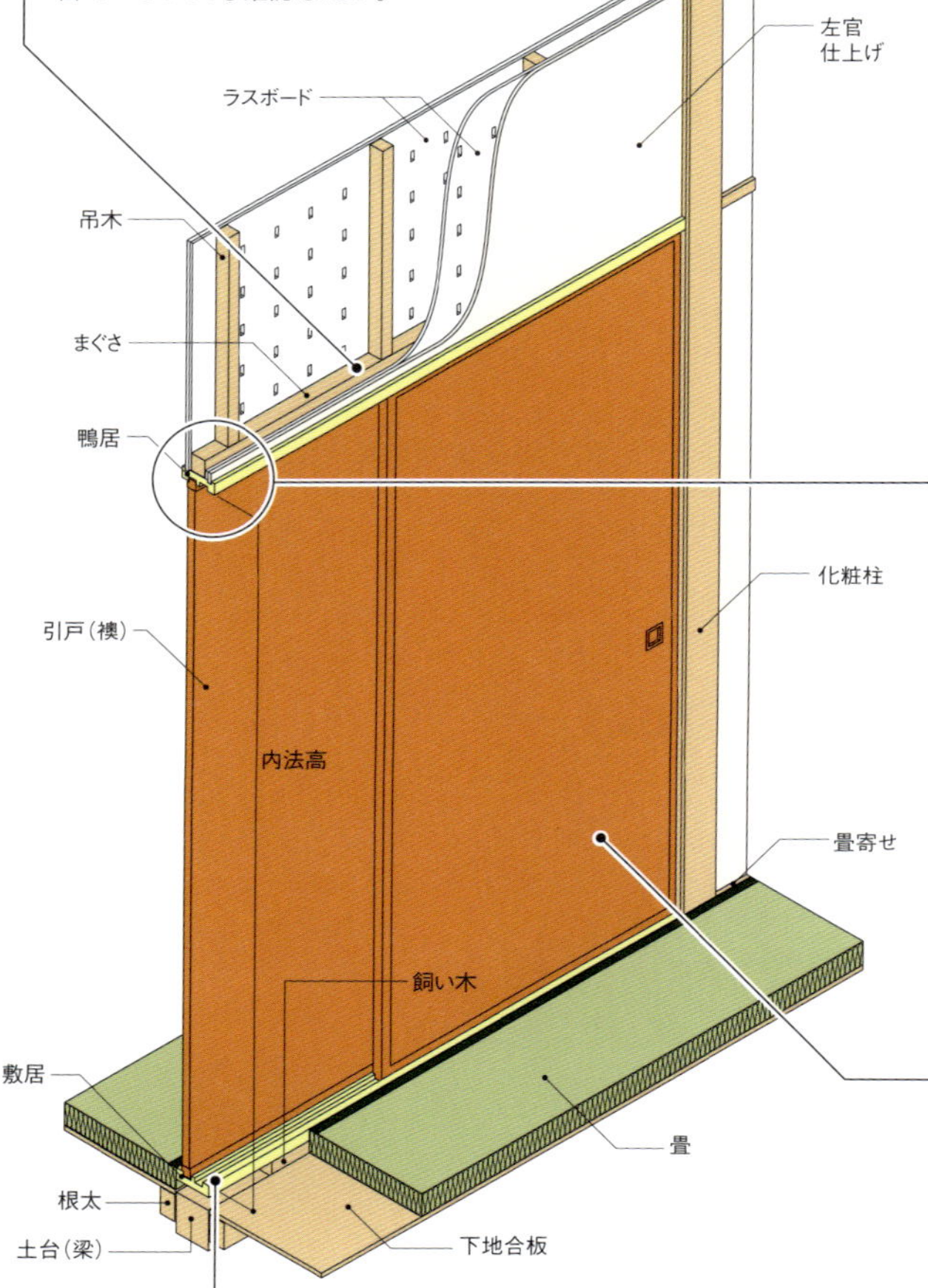

2 敷居・鴨居に溝を彫る

鴨居・敷居に鉋を用いて溝を彫り込む。溝の位置は、和室では柱または枠の中央にとり、洋室では戸を柱または枠の中央にとってから溝の位置を決めるのが原則[左頁上図]。ただし、納まり上、左右どちらかに寄せることもある

3 敷居・鴨居の設置

敷居は床仕上げ材を張る前に、鴨居は天井下地のボードを張った後に、それぞれ溝の上から下地材にフィニッシュ釘でビス留めする［※10］。柱や方立をボードなどで隠蔽する場合は、敷居と柱の間にボード分の厚みを残して留め付ける。

4 戸の建込み

戸を現場の寸法に合わせてつくり、敷居と鴨居にはめ込む。襖をはめる際、2～3枚組の場合は部屋のなかから見て左手を奥に、右手を手前に建て込む。4枚組の場合は中央2枚が手前に、左右の2枚が奥側にくる。

※10 床にVレールを設ける場合は、溝の上から細ビスで敷居を留め、その上からVレールを取り付ける

PICK UP 1

敷居溝の取り方

和室の鴨居や敷居に彫られた溝を樋端《ひばた》といい、室内側を内樋端《うちひばた》、その反対側を外樋端《そとひばた》、中央の凸部分を中《なか》樋端《ひばた》と呼び、戸の種類によって寸法が決められている。下図は紙張り障子の場合を示す

① 和室の場合

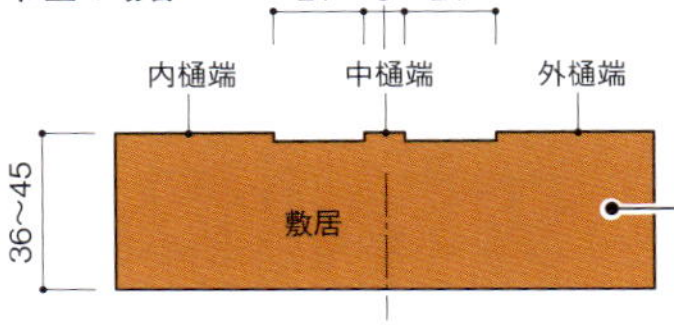

溝を柱または枠の中央にとる。敷居溝の深さは通常2㎜程度だが、埋め樫［※11］を設ける場合は、埋め樫の厚みを見込んでおく

② 洋室の場合

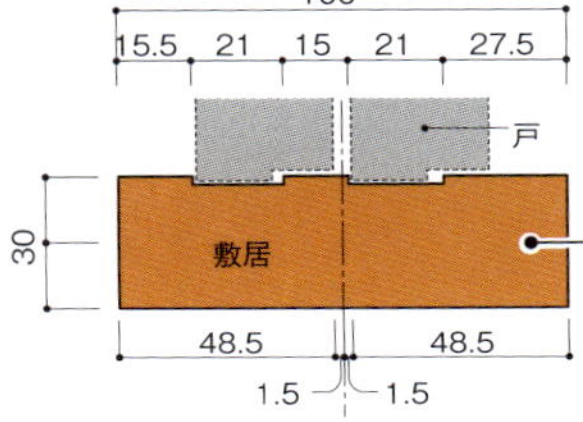

戸が柱または枠の中央にくるように溝がとられるため、敷居溝は左右どちらかに偏る

襖を設ける場合は、中樋端3分（9㎜）、溝幅7分（21㎜）の溝にするのが原則。戸と戸の間のクリアランスは3㎜程度を確保すると、開閉がスムーズになりマス

PICK UP 2

枠のディテール（大壁納まり）

露しとなる敷居、鴨居は美しく納めたいもの。特に柱を隠蔽する大壁納まりの場合は、壁仕上げと敷居、鴨居と床仕上げの取合い部分を建具職人と現場で打ち合わせしておこう

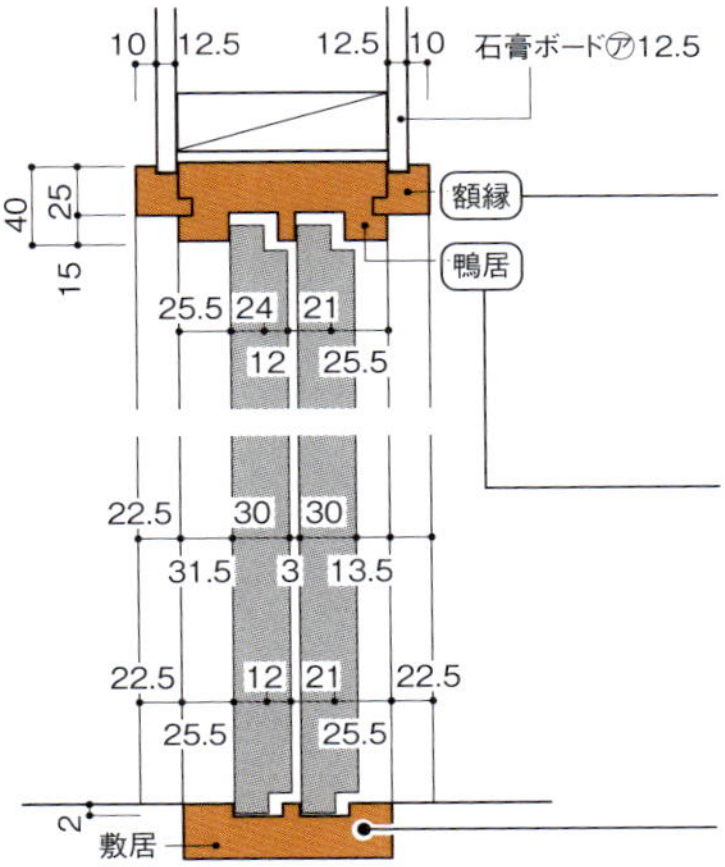

壁仕上げと接する部分に隙間ができないよう決りを入れ、下地ボードをはめ込んで納める。額縁は決り部分から忍び釘［※12］で留め付ける

溝の深さは15㎜が一般的

材質は床材と同材か、傷が付きにくい堅木（タモやナラ）とする

真壁納まりでは、柱が壁より前に出てくるから壁の仕上げは柱と壁仕上げのチリを15㎜前後取り、7㎜厚のラスボード下地の上に左官材塗り厚13㎜前後とすることが多いね

※11 溝の摩耗を防ぎ、戸の滑りをよくするために溝に敷き込む材。竹やケヤキなどの堅木が用いられる
※12 仕上げ材を下地材に釘で留め付けるとき、表面から釘頭が見えないよう斜めに打ち付けること

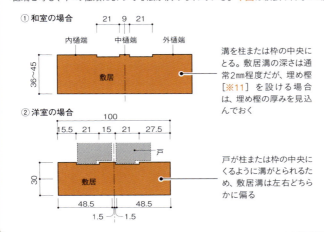

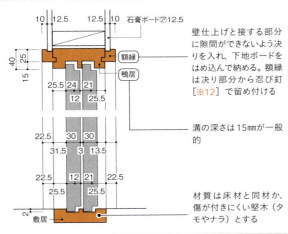

外構《がいこう》・植栽《しょくさい》

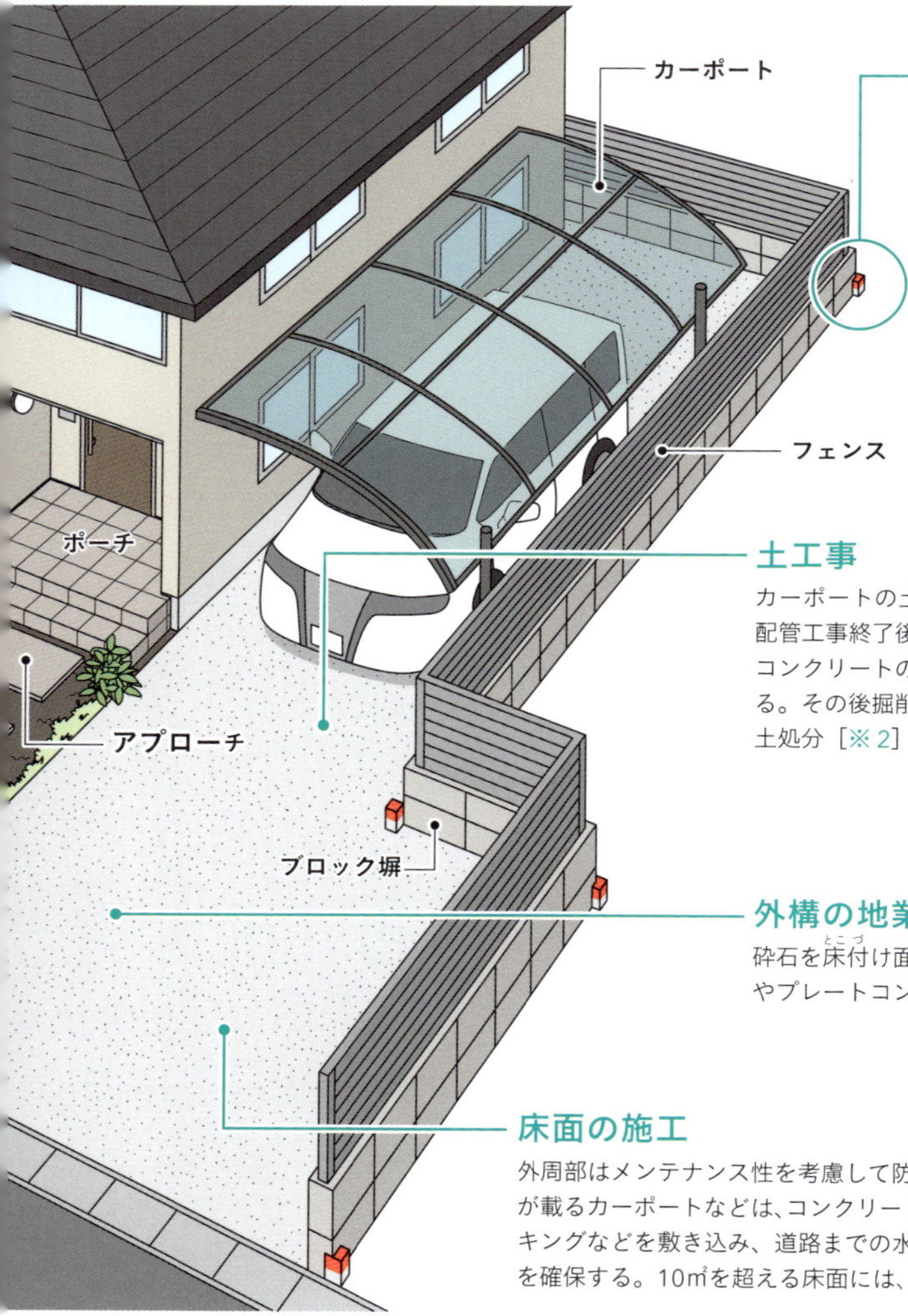

境界杭確認の立ち合い

必要に応じて建て主、隣地関係者、設計者などとともに境界杭を確認する。重機での掘削などで境界杭が動く場合、または境界杭の移動が必要な場合は、必ず逃げ墨を打ってから移動させ、後に復元すること［※1］

土工事

カーポートの土間コンクリートを打設する場合は、配管工事終了後、植栽工事の前に行う。また砕石とコンクリートの分で計200㎜程度の掘削が必要になる。その後掘削（根切り）→山止め→埋め戻し→残土処分［※2］→整地の順で施工する

外構の地業・基礎工事

砕石を床付《とこづ》け面に平らに敷き込み、ランマー［28頁］やプレートコンパクター［※3］などで転圧する

床面の施工

外周部はメンテナンス性を考慮して防草シートの上に砂利を敷く。重量物が載るカーポートなどは、コンクリート（金鏝仕上げ）や石、インターロッキングなどを敷き込み、道路までの水勾配（最低でも1／200程度以上）を確保する。10㎡を超える床面には、間隔2m前後に伸縮目地を入れる

※1 地業の時点でも境界杭は確認するが、外構工事では施工する職人も変わるうえ、境界線ギリギリのところで作業することが多いので、改めて確認すること
※2 残土処分は宅地内転用など特記がない限り、場外に搬出する。汚泥が含まれる場合は産業廃棄物として必要な処理を行う

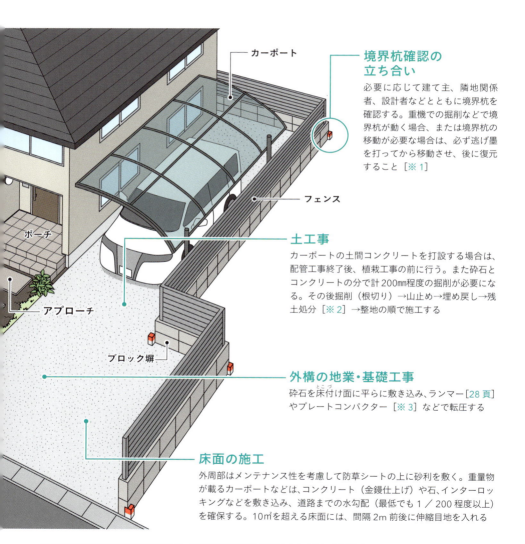

現場養生

近隣トラブルを防ぐためにも現場養生を行う。敷地に人を入れさせない仮設門、作業スペースの囲い養生やバリケード、集塵機、散水養生や誘導員なども必要に応じて配置する

設計図の確認

外構工事の前に設計図と現場の状況を照合し、特に設計 GL［23 頁］、建物配置、排水枡の位置は改めて確認。仕上げ材の搬入や職人の出入りを考慮して、外構工事は建物の仕上げ工程が終わってから始める

塀・フェンス工事

基礎コンクリートの仕様や寸法は塀の高さによって異なる。地上６段以下など低いブロック積みの塀は基礎根入れに規制はないが、より安全性に考慮して基礎と一体型のコンクリート塀とすることが多い。板塀の場合は、既製品のコンクリートの基礎に支柱を立てて板材を張る。基礎埋込みが必要な門柱やポストなどの付属物がある場合は、このタイミングで同時に施工する

ウッドデッキの施工

駐車場のコンクリートと同時にデッキ下のコンクリートを打つ場合、コンクリート打設後に束石の上に束立てし、デッキの下地材を回して床を張る。コートハウスなど中庭がある場合は、後ではコンクリートが打ちにくいため、最初の基礎打設と同時にデッキ用のコンクリートを打つこともある

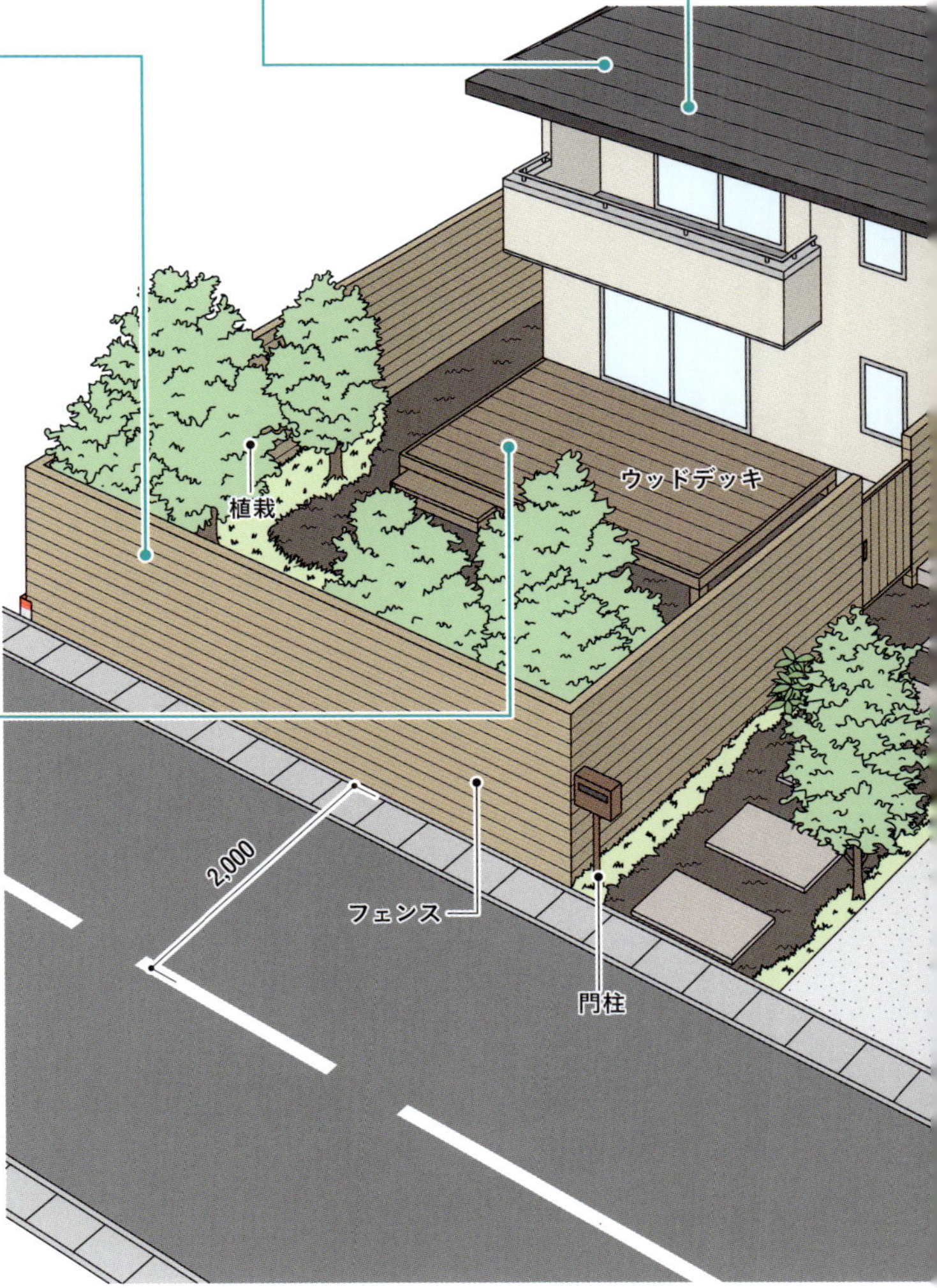

※3 砂、アスファルトなどに力を加えて空気を押し出し、粒子どうしの接触を密にして密度を高めて転圧を行う機械。同様の用途に用いられるランマーに比べて、よりきれいに床付けを行える

PICK UP! ＞ブロック塀の施工

塀の基礎部分は、ベース型枠を組んだのちコンクリートを打設する［※4］。その後鉄筋を組み、空洞部分にモルタルを充填しながらコンクリートブロックを積んでいく。ブロックはJIS製品、もしくはJISA5406に適合する品質を有するものとする。特記なき限りC種ブロックを用いる。表面に塗装を施す場合は、下地処理（清掃、サンダー掛け、目地埋めなど）の上に塗装するが、下地には高い施工精度が求められる

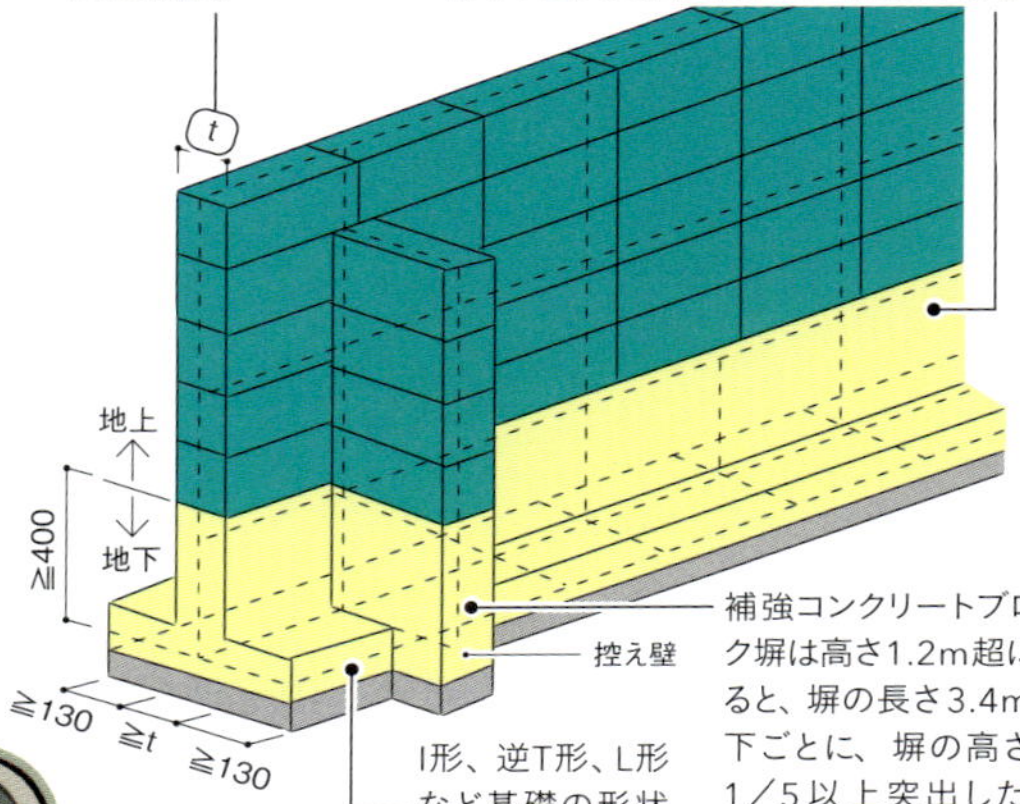
塀の厚さ（t）は10cm以上（塀の高さ2m超2.2m以下の場合は15cm以上）
地震などの外力でブロック塀が崩壊することを考慮し、地中はブロック1段、地上はブロック2段＋法規制の高さ［※5］までフェンスとして施工することが多い
補強コンクリートブロック塀は高さ1.2m超になると、塀の長さ3.4m以下ごとに、塀の高さの1／5以上突出した控え壁が必要となる
I形、逆T形、L形など基礎の形状によって必要寸法が変わる

下部がブロック、上部がフェンスの「連続フェンス塀」にすると、見通しがよく防犯性もアップしマス！高いブロック塀は地震などで倒壊する危険があるので、控え壁などの補強も忘れずにデス……

PICK UP! ＞植栽を植え付ける

植栽工事はまず植える穴（植枡《うえます》）を設ける。直径は根鉢径［※6］の1.5倍以上、深さは根鉢の高さ＋10～15cm程度とする。底部を軽く耕し、鉢の底に隙間ができないよう底面を軽くほぐす。水はけの悪い土壌であれば、パーライトなど透水性を高める土壌改良剤なども混入する。植枡ができたら植え付けを行い、剪定で余分な枝を除いて形状を整える。樹木の表裏、向き、立ちの角度をさまざまな方向からチェックし、必要に応じて支柱を添える

一般的な植え付けのかたち

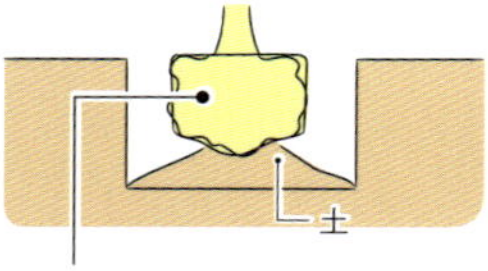

根鉢の径と高さは樹種によって異なる

水はけが悪い場合①

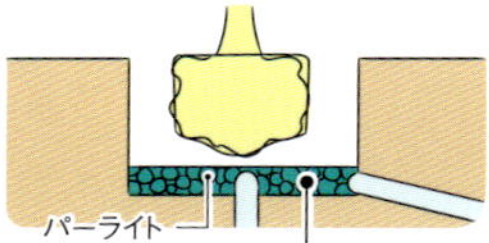

水はけの悪い場合にはパーライトを混入し、水が抜ける処理を施す

水はけが悪い場合②

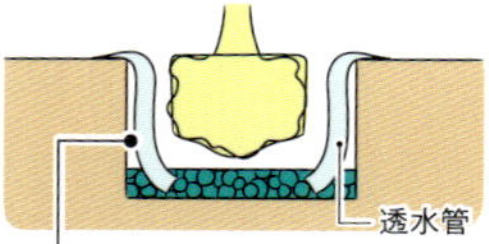

酸素管や透水管で、酸素補給や排水を促進する方法

水はけが悪い場合③

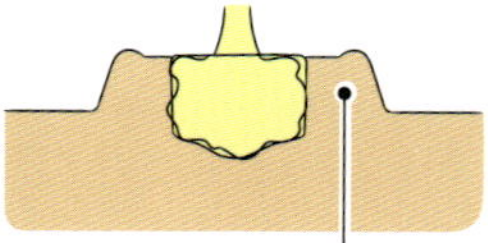

根鉢を高めに植えて水はけのより悪い下層の影響を受けづらくしている

ポイントとなる植栽は、木杭で位置を示して事前に建て主に確認してもらいましょう！写真などで植物そのものを見られるとなおよいです

※4 設計基準強度のないRC門柱、擁壁やブロック積みの基礎コンクリートは、21N／㎟（温度補正＋3、＋6　根拠はJASS5より）を基準とする
※5 連続フェンス塀の高さは2.2m以下とし、ブロック壁体部分の高さは1.2m以下、フェンス部分の高さは1.2m以下とする
※6 鉢植えなどの植物がしっかりと根を張ったことにより、土と根が固まりとなったものの直径

PICK UP! ＞ アプローチとポーチをつなげる床面施工

ポーチ部分の床仕上げはコンクリートが一般的だが、御影石やコンクリートタイル製品を飛び石のように配置すればコストが抑えられ、見栄えもよい。厚みは35〜60㎜程度と厚めにすれば割れる心配もない。右写真はアプローチからポーチを、左写真はポーチからアプローチを見ている。植栽に囲まれたアプローチを抜け、豆砂利洗出しのポーチ床面と連続した美しい意匠を実現している。「平屋建てコートハウス」設計：JYU ARCHITECT充総合計画、写真：杉浦充

そのほか、足場板のようなものを並べたり砂利敷きにしたり、コストやメンテナンス性を考慮して、建て主の要望をヒアリングしておくデス！

庭の面積が狭い場合は坪庭を設けることで植栽を楽しめる　写真：桧川泰治

完《かん》了《りょう》検《けん》査《さ》

内部の検査は設計図書と照らし合わせて

工事が終わったら設計者による完了検査を行います。建物の内外を詳細に確認し、不具合があれば付箋などで印を付け、チェックシートと図面に記入します。その前後には指定確認検査機関や建て主などによる完了検査も行われます。そのほか、ケースによっては住宅金融支援機構、瑕疵担保責任保険、住宅性能評価などの検査も行われますよ〔※〕

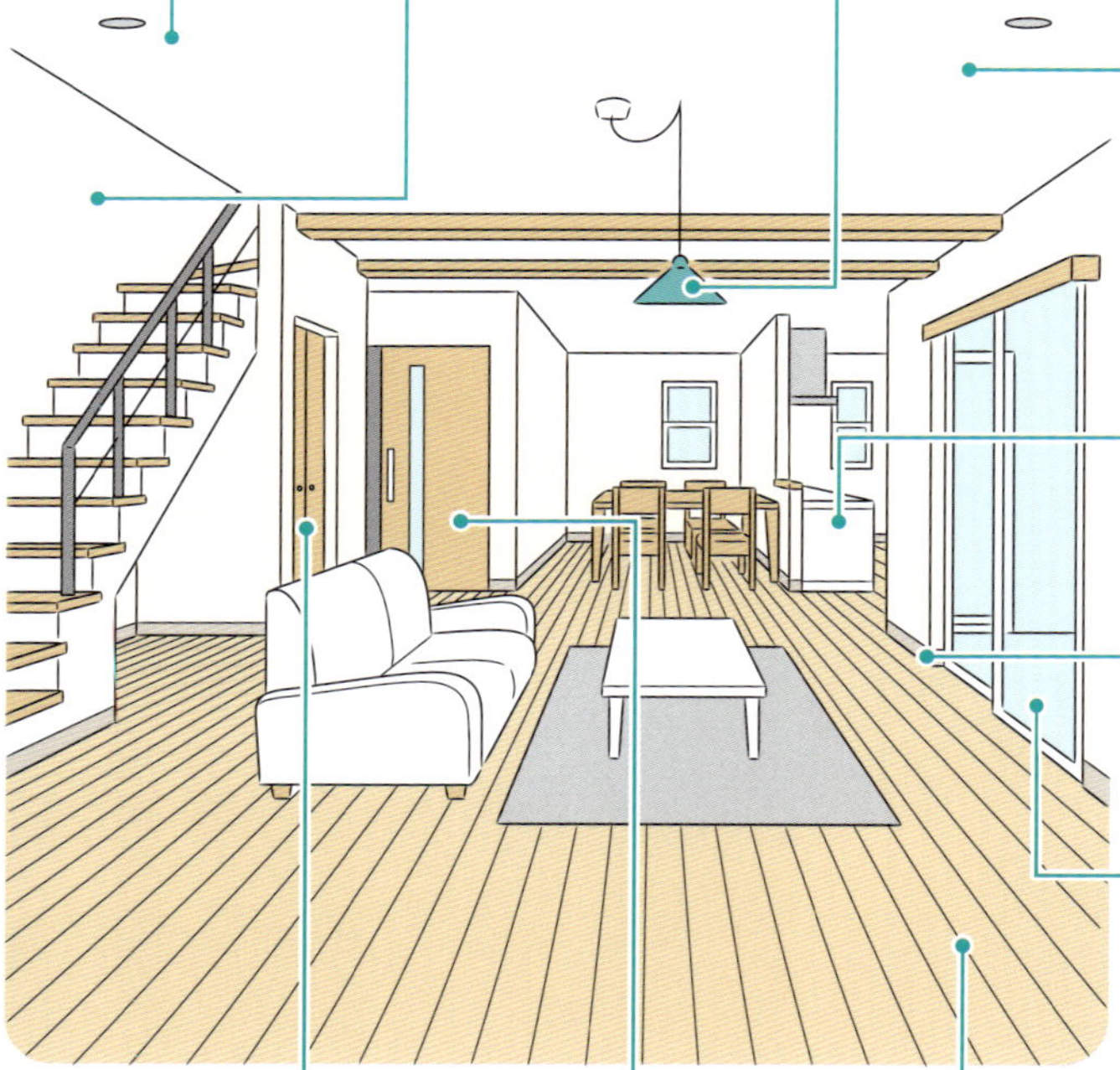
全体：仕様書・図面どおりに施工されているか
壁：クロスなどに浮き・汚れ・不陸・傷・シール切れなどがないか。ジョイント処理は適切か
電気設備：照明器具、換気扇、スイッチコンセントなどの機器は仕様どおりか。位置、個数は図面どおりか。破損・汚れ・傷の有無の確認、動作の確認
天井：クロスなどに浮き・汚れ・不陸《ふりく》・傷・シール切れなどがないか。照明と天井の取合い、ジョイント処理は適切か
給排水設備：洗面台、収納棚などの機器は仕様書どおりか。破損・汚れ・傷などの有無。動作は正常か。水漏れはないか。臭気や異音はないか。タオル掛けにガタつきはないか
幅木：汚れ・不陸・傷などの有無。床や壁との取合いに隙間はないか
サッシ：網戸の有無。汚れ・不陸・傷・破損などの有無。建付けの確認。開閉状態の確認
床：床鳴り・浮き・汚れ・不陸・傷などの有無。目地に目違いや隙間はないか。傾きはないか
収納：汚れ・傷などの有無。棚板は水平に取り付けてあるか。ハンガーパイプにガタつきはないか。扉の開閉状態の確認。戸当りが適正に取り付けてあるか
建具：建具金物や戸当りは適正に取り付けてあるか。汚れ・不陸・傷などの有無。建付けの確認。開閉状態の確認

※ 建築基準法6条1項4号に掲げる建築物で、建築士が設計図書を作成し、建築士である工事監理者の責任において、設計図書のとおりに実施されたことが確認されたものは、同法に基づく特定行政庁などの完了検査において、筋かいや仕口金物の確認など検査の一部を省略できる特例がある。その代わり、適切に工事監理された工事写真の添付や、特定行政庁の定める書類の提出などが求められる場合があるので注意

PICK UP! ＞ 完了検査のうえ、検査済証を交付される

❶申請

建物の工事が完了した日から４日以内に、特定行政庁の建築主事または民間機関である指定確認検査機関に、所定の完了検査申請をしなければならない。「申請者」は建て主。ただし、工事監理者である工務店や設計者などが代理人となって申請するケースがほとんど。なお、検査の実施は完了検査申請が受理された日から７日以内に行うことが建築基準法で定められている（法７条）

➡

❷検査

特定行政庁または指定確認検査機関の検査担当が現場に赴き、目視や寸法測定などによって、申請時に添付した設計図書どおりに施工されているかを検査する。検査時には工事監理者の立会いが求められる

➡

❸検査済証の交付

建物が申請内容に適合し、設計図書どおりの施工が確認できた場合は「検査済証」が交付される。不適合と判断された場合は、是正または計画変更の手続きを行わなければならない。この場合、検査済証が交付されるまでその建物の使用は認められない

建具などの可動部分が正常に作動するか。スイッチと作動する照明の位置が合っているか。さらに、換気扇にティッシュを当てて動作状態を確認するなど、設備の配置確認や動作テストも必ず行いましょう！

住宅ローン申請時などに、金融機関から融資の実行条件として検査済証の提出が求められるので要注意デス！

設計者が立ち会う
完了検査の様子

外部の検査は性能に
かかわるので要注意

全体：仕様書・図面どおりに施工されているか。建物が傾いていないか

屋根：屋根材に割れ、不陸、汚れはないか。取合い部分の雨仕舞いは適切になされているか

サッシ：開口部廻りのシーリングは適切に打設されているか

外壁・軒裏：仕上げ材に傷・クラック・ムラ・汚れなどがないか

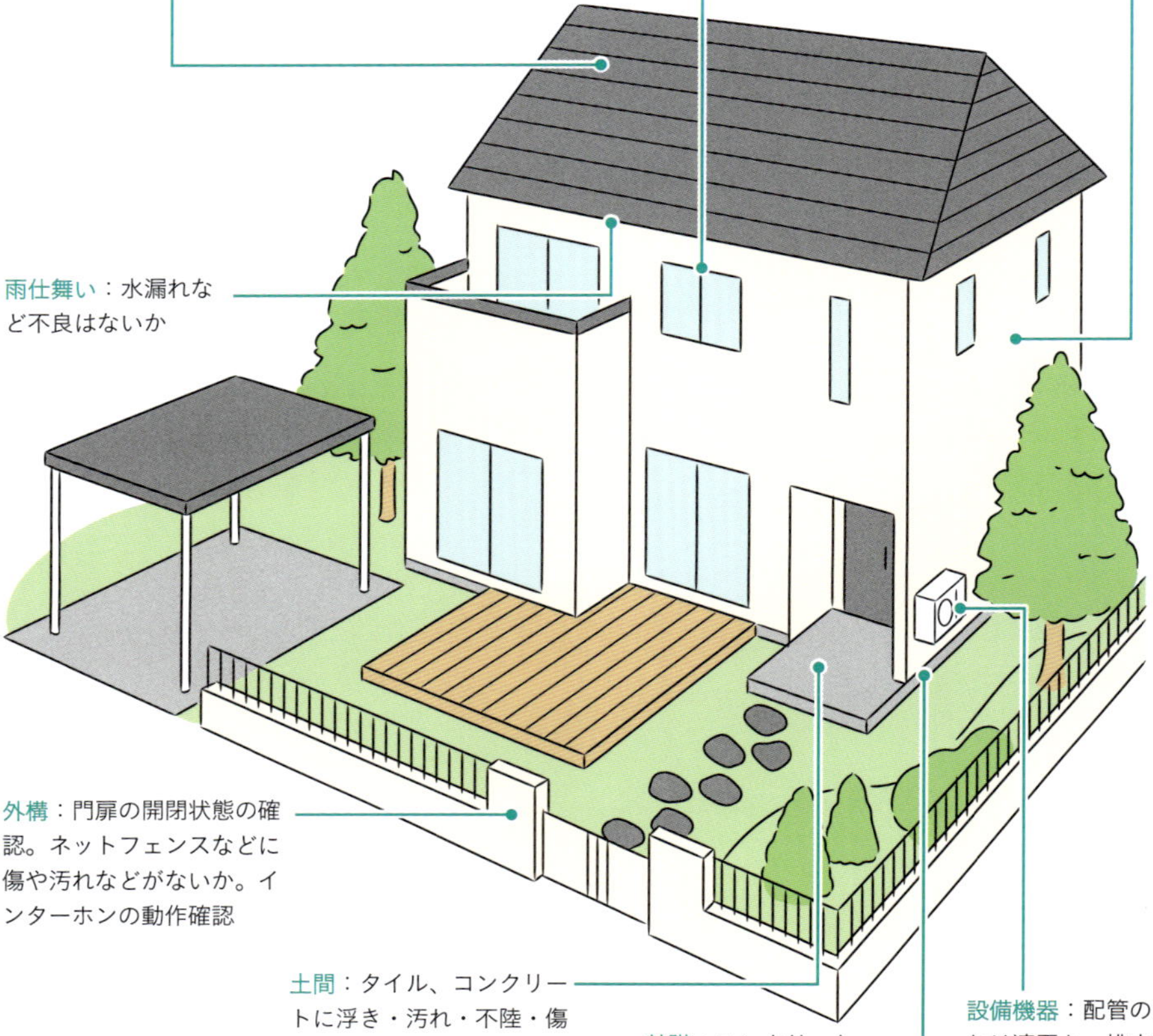

雨仕舞い：水漏れなど不良はないか

外構：門扉の開閉状態の確認。ネットフェンスなどに傷や汚れなどがないか。インターホンの動作確認

土間：タイル、コンクリートに浮き・汚れ・不陸・傷などがないか。目地に目違い、隙間はないか

基礎：コンクリートにひび割れや浮きはないか

設備機器：配管の流れは適正か。排水枡の位置は適切か。異臭や異音はないか

内部と同様に、サッシや雨戸など可動部分の開閉状況、施錠は正常にできるか、建付けに問題はないかもチェック。問題が見つかった場合は１～２週間程度で補修や補強を行って、必ず是正すること！

PICK UP! 〉建て主への取り扱い説明

❶外装・内装・収納・建具

□屋根仕上げ材・外装仕上げ材：メンテナンスの時期や割れた場合の補修の仕方などを説明する
□収納・造付け家具：材質、扉の開閉、棚の移動の仕方などを説明する
□各部屋の内装仕上げ：壁・床・天井それぞれの仕上げの説明と、そのメンテナンス方法。特に汚れた場合の掃除方法を説明する
□建具：玄関ドア、木製建具の説明とメンテナンスについての説明、鍵の説明を行う
□サッシ：全数の開け方と施錠の仕方、掃除の仕方、ガラスや網戸について説明する

❷電気・換気・設備

□電気の受電位置、メーター、外廻り照明器具、分電盤、スイッチ、タイマースイッチ、テレビアンテナの説明を行う
□テレビ付きインターホン：取り扱いについて説明する
□照明器具・スイッチ：全数の性能、機能、入／切の方法、電球の種別について、およびその取り替えについて説明する
□換気扇：全数の機能と性能、入／切の方法と掃除方法について説明する。24時間換気の目的とシステムの説明も行う

❸給排水・衛生・ガス設備

□給水メーター・下水公共枡・各汚水雨水枡・外部水道：使い方や水抜きの方法、掃除の仕方も説明する
□雨樋：メンテナンス方法やその頻度について説明する
□ガス：供給の仕方、地震などの緊急時における取り扱いを説明する
□給湯器：使い方と注意点を説明する
□内部水栓：各位置それぞれの使い方、特に温度調節について説明する
□床暖房：使い方と注意点を説明する
□ユニットバス・洗面化粧台・ウォシュレット：取り扱い説明を行う

❹外構

□植栽：各樹木の樹種名や特徴。庭木への水やりの方法を説明する。枝切り、薬剤散布、雪囲いなどのメンテナンス契約について説明する
□玄関・アプローチ：敷いている石、タイルの洗出しやカーポート平板の掃除の仕方を説明する
□濡縁・デッキなど：取り扱い説明とメンテナンスの注意を行う

引渡しをするにあたって、建て主への取り扱い説明会を設けます。この会には設計者、工務店、設備機器メーカーの担当者などが集まり、建物や設備機器の使用方法、手入れの方法、万が一故障した場合の対処の仕方や補償期間などを説明します

未完成部分がある場合、それらの箇所と、いつ完成するのかをリスト化した「ダメ工事リスト」を事前に用意しておくと、完了検査や取り扱い説明時に建て主の安心につながります

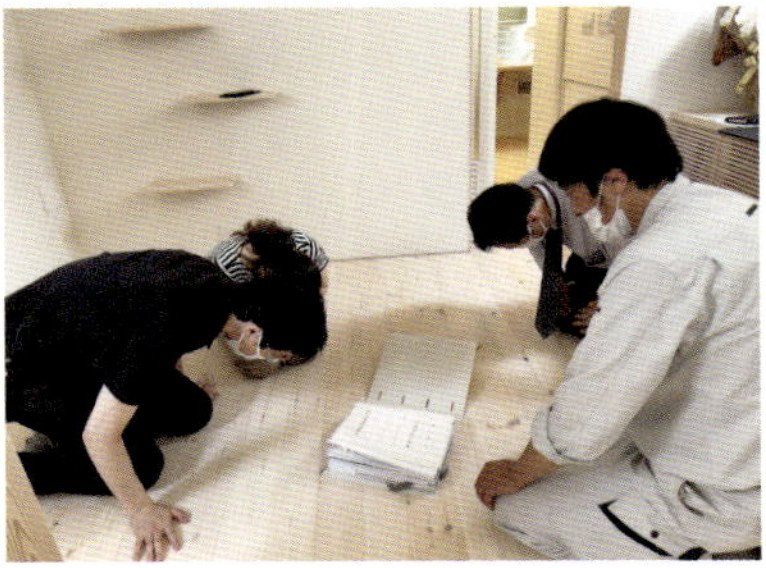

取り扱い説明をする
引渡し様子

キャラクターと実力派設計者が
やさしく解説！

理解がさらに深まる！

現場監理の極意

特別動画

現場でのトラブルや手戻りを未然に防ぐには、設計者自身が現場を詳しく知っておく必要があります。そこで本動画では、木造住宅の現場で設計者が見るべきポイントを、意匠・構造の実力派設計者に徹底取材！現場はどのように進行していくのか、意匠設計者、構造設計者は何を考えどのように現場に臨むのかを40分間の動画に凝縮しました。もちろん、知っておきたい設計のノウハウや構造上の工夫も満載です。新人現場監督の赤坂建美とともに、現場監理の極意を楽しく深く学びましょう！

本書と一緒に動画を見るとさらに理解が深まりますよ！

現場監督　赤坂《あかさか》建美《たけみ》

動画の見どころ－1

施工を知らずに巧い設計はできません！

工程の流れと監理ポイントが一緒に理解できる

不慣れでは難しい設計者の監理のポイントを解説。工程ごとに分かれているので、現場を見に行く適切なタイミングがつかみやすい！ もちろん、気になるコンテンツから見るのもOKです

コンテンツ一覧

1……工程概要
2……配筋検査
3……コンクリート打設
4……高さ制限と屋根
5……建方
6……間取りと軸組
7……金物検査・中間検査
8……耐力壁
9……断熱
10……耐火・防水

各コンテンツの詳しい説明に入る前に、実力派意匠設計者が構造設計者とともに監理ポイントを分かりやすく解説。ここでは、コンテンツにはないプレカット図のチェックについて詳しく説明しています

配筋検査や中間検査、建方やコンクリート打設などは、現場映像を見るのが一番理解が深まります。ここでは、中間検査のチェックポイントについて、構造設計者が金物の位置を示しながら説明しています

動画の見どころ－2

見て納得！ 読んで再確認！

本書と一緒に見れば、さらに理解が深まる！

本動画は、本書の「写真帖」とも連動しています。紙面では説明し尽くせない部分も現場の動画を見ることでグンと分かりやすくなります。本書と併用すれば設計・施工双方への理解がさらに深まるはずです。動画内では撮影した物件の模型を使って、施工現場だけでなく意匠や構造の設計全般に役立つポイントも紹介しています。

現場映像

撮影した物件の詳細は2頁でも確認できますよ！

動画では現場映像と模型を使って交互に解説！

模型による解説 ↔ **書籍（写真帖）**

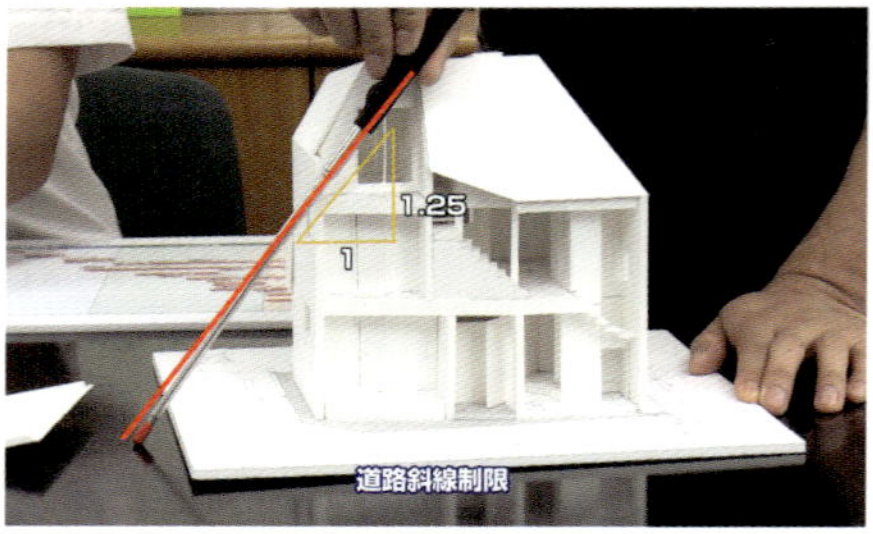

物件の模型を使って、現場映像だけでは押さえきれないポイントも解説。ここでは、道路斜線制限の基本と、天空率を用いて部屋のスペースを取る工夫を解説しています

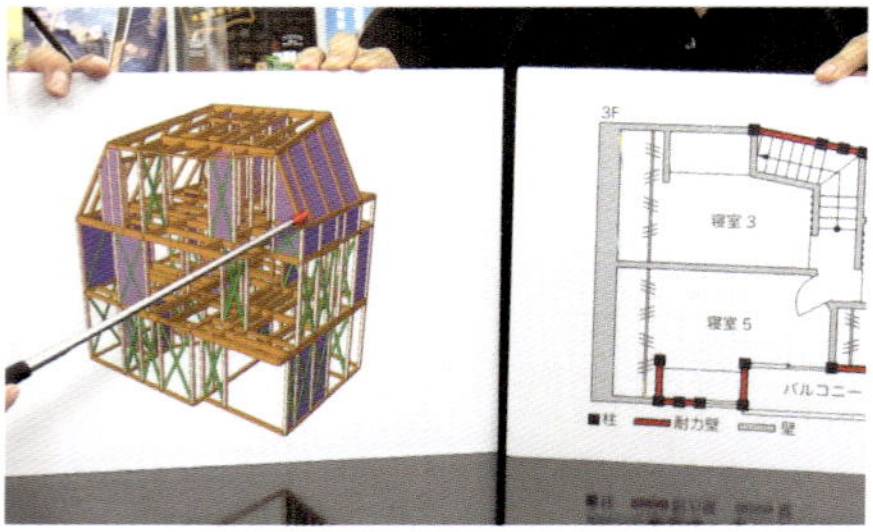

耐力壁や金物など構造の基礎知識も、動画と一緒に見れば簡単に理解できます。構造を学びたい人も必見！ここでは、屋根を耐力壁にして壁量不足を補う方法を解説しています

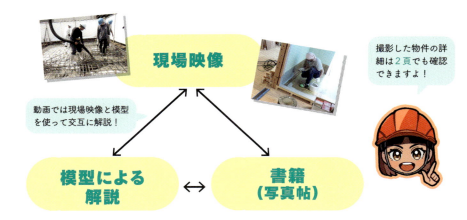

動画はこちらからアクセス！

https://youtu.be/zNlZEsCcET4

動画出演

杉浦充
JYU ARCHITECT
充総合計画一級建築士事務所

1971年千葉県生まれ。'94年多摩美術大学美術学部建築科卒業。2002年JYU ARCHITECT充総合計画一級建築士事務所を設立。NPO法人家づくりの会代表理事

能登英貴
能登建築構造計画

1981年岐阜県生まれ。2009年早稲田大学芸術学校建築設計科卒業。増田建築構造事務所を経て、'19年一級建築士事務所能登建築構造計画を設立。構造設計一級建築士

[撮影協力]
江中建設

[付録動画編集・撮影]
マキシメディア

本動画の利用にあたって

杉浦充（すぎうら・みつる）

JYU ARCHITECT 充総合計画一級建築士事務所

1971 年千葉県生まれ。'94 年多摩美術大学美術学部建築科卒業。同年ナカノコーポレーション（現:ナカノフドー建設）入社。'99 年多摩美術大学院修士課程修了。同年復職。2002 年 JYU ARCHITECT 充総合計画一級建築士事務所を設立。'10 年京都芸術大学非常勤講師。NPO 法人 家づくりの会代表理事。社団法人建築家住宅の会 幹事。'21 年日本大学非常勤講師、ICS カレッジオブアーツ非常勤講師

〈現場取材・撮影協力〉

江中建設
デライトフル
能登英貴（能登建築構造計画）
現場の職人の皆様

建築の仕組みが見える 01
施工がわかる木造住宅入門

2024年12月2日　初版第1刷発行

[著　者]　杉浦充
[発行者]　三輪浩之

[発行所]　株式会社エクスナレッジ
〒106-0032
東京都港区六本木7-2-26
https://www.xknowlege.co.jp

[問合せ先]　編集　Tel：03-3403-6796
Fax：03-3403-1345
info@xknowledge.co.jp
販売　Tel：03-3403-1321
Fax：03-3403-1829